TM

¡Soluciones Prácticas para Todos!

¿Le intimidan y confunden las computadoras? ¿Encuentra usted que los manuales tradicionales se encuentran cargados de detalles técnicos que nunca va a usar? ¿Le piden ayuda sus familiares y amigos para solucionar problemas en su PC? Entonces la serie de libros de computación...Para Dummies® es para usted.

Los libros ...Para Dummies han sido escritos para aquellas personas que se sienten frustradas con las computadoras, que saben que pueden usarlas pero que el hardware , software y en general todo el vocabulario particular de la computación les hace sentir inútiles. Estos libros usan un método alegre, un estilo sencillo y hasta caricaturas, divertidos iconos para disipar los temores y fortalecer la confianza del usuario principiante. Alegres pero no ligeros, estos libros son la perfecta guía de supervivencia para cualquiera que esté forzado a usar una computadora.

"Mi libro me gusta tanto que le conté a mis amigos; y ya ellos compraron los suyos".

Irene C., Orwell, Ohio

"Rápi[...] sin jerga técnica".

Jay A., Elburn, Il

"Gracias, necesitaba este libro. Ahora puedo dormir tranquilo".

Robin F., British Columbia, Canada

Millones de usuarios satisfechos lo confirman. Ellos han hecho de ...*Para Dummies* la serie líder de libros en computación para nivel introductorio y han escrito para solicitar más. Si usted está buscando la manera más fácil y divertida de aprender sobre computación, busque los libros ...*Para Dummies* para que le den una mano.

ST
ST EDITORIAL

Office XP

PARA

DUMMIES®

por Wallace Wang

Office XP Para Dummies®

Publicado por
ST Editorial, Inc.
Edificio Swiss Tower, 1er Piso, Calle 53 Este,
Urbanización Obarrio, Panamá, República de Panamá
Apdo. Postal: 0832-0233 WTC
www.steditorial.com
Correo Electrónico: info@steditorial.com
Tel: (507) 264-4984 • Fax: (507) 264-0685

Para información general de nuestros productos y servicios o para obtener soporte técnico contacte nuestro Departamento de Servicio al Cliente en los Estados Unidos al teléfono 800-762-2974, fuera de los Estados Unidos al teléfono 317-572-3993, o al fax 317-572-4002

For general information on our products and services or to obtain technical support, please contact our Customer Care Department within the U.S. at 800-762-2974, outside the U.S. at 317-572-3993, or fax 317-572-4002

Library of Congress Control Number: 2003104813

ISBN: 0-7645-4099-8

Publicado por ST Editorial, Inc.

Impreso en Costa Rica por Trejos Hermanos Sucesores S.A.

Acerca del Autor

El autor es una especie de forma de vida basada en carbono que actualmente divide su tiempo entre escribir libros de computación y hacer presentaciones de comedia. Al momento de escribir, está intentando decidir cómo inyectarle humor al párrafo a la vez que es políticamente correcto (para evitar ofender a personas que se enfadan rápido al mencionar cualquier idea que contradice su forma de pensar, aun si resulta ser verdad).

Así que en lugar de desviarse en asuntos específicos, el autor continuará refiriéndose a él mismo en tercera persona como un dispositivo literario para distanciarse de lo que escribe. Al utilizar esta táctica, él espera aplacar a aquellos que se ofenden rápidamente (aunque las personas que se ofenden rápidamente a menudo, en la opinión del autor, ni siquiera vale la pena mencionarlas). ¡Es una broma!

Aun así, la página Acerca del Autor debería contener al menos algunos de los detalles más relevantes sobre la vida del autor para satisfacer la curiosidad del público en general, quien probablemente estará preguntándose sobre las calificaciones técnicas de la persona misteriosa cuyo nombre aparece al frente de este libro.

Así que para satisfacer la curiosidad de aquellos que realmente se las arreglaron para leer hasta aquí: El autor ha escrito y co-escrito varios libros de computación, incluyendo *Visual Basic Para Dummies, Principios de Programación Para Dummies,* y las ediciones anteriores de *Microsoft Office Para Dummies.* Asimismo, ha escrito numerosos artículos en revistas a lo largo de su vida, incluyendo una columna mensual para *Boardwatch Magazine.*

Además de su historial anterior de escritura técnica, el autor también ha sido un usuario vívido de computadoras desde los primeros días de MS-DOS 1.25, 2.0, 3.3, 4.01, 5.0, 6.0, Windows 3.1, 95, 98, Millennium Edition y 2000. Cuando no está escribiendo libros de computación o haciendo una presentación de comedia, el autor intenta (a menudo sin éxito) evitar que su sistema operativo de Windows colapse regularmente.

Dedicatoria

Este libro está dedicado a una variedad de personas, incluyendo las siguientes:

Todas las víctimas de gran sufrimiento forzadas a aprender las opciones secretas de Microsoft Office, que parecen cambiar con cada versión, no siempre para bien. Recupere el ánimo, usted no es estúpido —son las personas que escriben, venden y motivan a los programas torpes y complicados de computación en el mercado los que son realmente estúpidos.

Todos los amigos de Riviera Comedy Club, localizado en el Riviera Hotel & Casino (www.theriviera.com) en Las Vegas: Steve Schirripa (que aparecen en el programa de HBO, "Los Sopranos"), Don Learned, Bob Zany (www.bobzany.com), Gerry Bednob, Bruce Clark, Tony Vicich y Kip Addotta. Otra ronda de agradecimientos a las personas que hacen del Riviera Comedy Club uno de los mejores lugares para trabajar: Lynn Snyder, el gerente del club de comedia y Patricia Weber, la Supervisora de Entretenimiento.

Patrick DeGuire también merece un agradecimiento, no porque haya ayudado con este libro (no lo hizo) sino porque me ayudó a formar Top Bananas Entertainment (www.topbananas.com) —nuestra compañía dedicada a suministrar comedia limpia y de gran calidad para las maravillosas personas de San Diego. Un agradecimiento adicional debe ir también a Chris (el "Zooman") Clobber, Michael Elizondo y Leo (el hombre, el mito, la leyenda) Fontaine solo porque les gusta ver sus nombres impresos sin razón aparente.

Continuando con el tema de los agradecimientos a las personas que no tienen nada que ver con este libro, el autor quisiera dedicar este libro a LeStat's, el mejor café en San Diego, por brindarme un ambiente amigable y amistoso para practicar mis comedias en la seguridad y comodidad de personas inteligentes que no han ahogado sus inhibiciones en alcohol.

Un último agradecimiento a Cassandra (mi esposa), Jordan (mi hijo) y Boo, Scraps, Tasha y Nuit (nuestros gatos) por hacer mi vida más interesante.

Reconocimientos del Autor

Matt Wagner y Bill Gladstone de Waterside Productions merecen un reconocimiento especial porque de no haber sido por su trabajo, quizás yo nunca hubiera sido contratado para escribir este libro y usted estaría leyendo los reconocimientos y dedicación de otro autor. Estas dos personas son los mejores agentes que un autor podría soñar, así que merecen todos el 15 por ciento de las regalías del libro que obtengan.

Algunas otras personas que merecen las gracias incluyen a Paul Levesque, Rev Mengle (por ser un aficionado deportivo vívido), y el resto del grupo alegre de editores, administradores y trabajadores que hacen de Hungry Minds, Inc. el mejor editor con el cual trabajar, porque son el opuesto de su competencia al otro lado de la ciudad.

Un agradecimiento adicional para Sharon Moxon por asegurarse de que todo en este libro está preciso.

Una nota final de agradecimiento para cualquier persona que haya leído las páginas Acerca del Autor, Dedicación y Reconocimientos del Autor, porque por lo general contienen información inútil que a nadie excepto el autor y sus amigos más cercanos les interesa. Gracias por leer esto —y rece una oración por todos los árboles que han sacrificado su pulpa para permitirle a los autores (como yo mismo) la indulgencia de imprimir párrafos como este.

ST Editorial, Inc

Edición al Español

Presidente y Editor en Jefe:
Joaquín Trejos C.

Traducción:
Ana Ligia Echeverría

Directora Editoral:
Karina S. Moya

Corrección de Estilo:
Alexánder Hernández A.

Editora Gráfica:
Everlyn Castro
Milagro Trejos C.

Asistente Editorial:
Adriana Mainieri

Impreso por: Trejos Hermanos Sucesores, S.A.

Edición al Inglés

Adquisiciones, Editorial y Desarrollo de Medios

Editor del Proyecto:
Paul Levesque

(Ediciones anteriores: Kathy Cox, Jeanne S. Criswell)

Editor de Adquisiciones: Carol Sheehan

Copy Editor: Barry Childs-Helton

Editor Técnico: Sharon Moxon

Gerente Editorial: Leah Cameron

Gerente de Desarrollo de Medios:
Laura Carpenter

Supervisor de Desarrollo de Medios:
Richard Graves

Asistente Editorial: Amanda Foxworth

Producción

Coordinador del Proyecto: Jennifer Bingham

Diseño y Gráficos: Gabriele McCann, Kristin Picket, Brent Savage, Jacque Schneider, Ron Terry, Jeremy Unger, Erin Zeltener

Correctores: John Greenough, TECHBOOKS Production Services

Ayuda Especial: Teresa Artman, Rebecca Huehls, Amy Pettinella

Un Vistazo a los Contenidos

Un Vistazo a las Caricaturas

Por Rich Tennant

página 9

"HICISTE CLIC SOBRE LA BARRA DE MENÚ 'AYUDA' RECIENTEMENTE? EL SR. GATES ESTÁ AQUÍ Y QUIERE SABER SI TODO ESTÁ BIEN".

página 299

página 393

"MI NOVIA CORRIÓ UNA HOJA ELECTRÓNICA DE MI VIDA Y GENERÓ ESTE GRÁFICO. MI ESPERANZA ES QUE CAMBIE SU ESPECIALIZACIÓN DE CIENCIAS DE LA COMPUTACIÓN A SERVICIOS DE REHABILITACIÓN".

página 141

"¿VES? CREÉ UNA PEQUEÑA FIGURA DE UN DELINCUENTE QUE CORRE POR NUESTRO SITIO WEB OCULTÁNDOSE DETRÁS DE CADA ANUNCIO. EN LA ÚLTIMA PÁGINA, NUESTRO LOGOTITO LO PONE EN UN AHOGO NO LETAL Y LO TRAE DE NUEVO A LA PÁGINA DE INICIO".

página 357

"LA NUEVA TECNOLOGÍA ME HA REALMENTE AYUDADO A ORGANIZARME. AHORA MANTENGO MIS REPORTES DEL PROYECTO BAJO MI PC, LOS PRESUPUESTOS BAJO MI LAPTOP Y MIS MEMOS BAJO MI LOCALIZADOR".

página 249

"BONITO GRÁFICO FRANK, PERO NO DEL TODO NECESARIO".

página 199

LO GRACIOSO ES QUE NUNCA HABÍA ESCUCHADO QUE TUVIERAN SOFTWARE DE PUBLICACIÓN DE ESCRITORIO PARA TRITURADORES DE PAPEL.

página 49

E-mail: richtennant@the5thwave.com

World Wide Web: www.the5thwave.com

Tabla de Contenidos

Introducción

Microsoft Office XP está compuesto por varios programas: un procesador de palabras (Word), un programa de hoja de cálculo (Excel), un programa de gráficos de presentación (PowerPoint), un organizador de información personal (Outlook) y un programa de base de datos (Access). Dependiendo de la versión de Microsoft Office XP que tenga, puede también tener programas extra, incluidos entre ellos un programa de diseño de página Web y de administración (FrontPage).

Aunque cada programa comparte comandos similares y menúes para hacerlos más fáciles de usar, todavía puede encontrar la tarea de descubrir cómo utilizar cada programa un poco desalentador. Esa es la razón de por qué *Microsoft Office XP Para Dummies* gentilmente explica los elementos básicos para utilizar cada programa, de manera que puede iniciarlos inmediatamente.

Después de leer *Microsoft Office XP Para Dummies*, puede obtener más información específica sobre los programas leyendo *Word 2002 Por Dummies*, por Dan Gookin; *Excel 2002 Para Dummies*, por Greg Harvey; *Access 2002 Para Dummies*, por John Kaufeld; *PowerPoint 2002 Para Dummies*, por Doug Lowe; *Outlook 2002 Para Dummies*, por Bill Dyszel y *FrontPage 2002 Para Dummies*, por Asha Dornfest; todos publicados por Hungry Minds, Inc.

¿Quién Debería Comprar Este Libro?

Todos deberían comprar este libro, ya que esta oración dice que debería, y debería creer absolutamente todo lo que lee. Pero debería comprar este libro especialmente si tiene alguna de las siguientes versiones de Microsoft Office XP:

- ✔ *Standar Edition (Edición estándar):* contiene Microsoft Word, Excel, Outlook y PowerPoint.
- ✔ *Small Business Edition (Edición para pequeñas empresas):* contiene Microsoft Word, Excel, Outlook, Publisher y Small Business Edition Tools.
- ✔ *Professional Edition (edición profesional):* contiene Microsoft Word, Excel, Outlook, FrontPage, Access y PowerPoint.

Si tiene cualquiera de estas ediciones de Microsoft Office XP husmeando en su disco duro como un virus de computadora que no puede eliminar, entonces puede utilizar este libro para ayudarse a descubrir cómo empezar a utilizar Microsoft Office XP hoy mismo.

Este libro ofrece una fuente que puede poner a trabajar inmediatamente y luego edificar más adelante suministrando los otros libros en la serie popular Para Dummies.

¿Cómo está Organizado este Libro?

Este libro utiliza el método probado con el tiempo de unir páginas y pegarlas en un lado para formar un libro. Para ayudarlo a descubrir rápidamente qué necesita, este libro está dividido en ocho partes. Cada parte cubre un cierto tema sobre Microsoft Office XP. Cuando necesite ayuda, solo pase las páginas de este libro, encuentre la parte que trata el tema que está buscando y luego tírelo y regrese al trabajo.

Parte 1: Conocer Microsoft Office XP

Aun cuando Microsoft Office XP se ve como un montón de programas no relacionados puestos juntos por Microsoft, en realidad consiste en un montón de programas no relacionados que han sido torturados con los años para trabajar juntos.

Todos los programas de Microsoft Office XP brindan menúes similares, iconos y comandos de teclas, así que cuando sabe cómo utilizar un programa, podrá ser capaz de comprender rápidamente cómo utilizar otro programa de Office XP.

Parte II: Trabajar con Word

Microsoft Word es el procesador de palabras más popular en la faz de la tierra. Aunque puede utilizar Word para escribir solamente cartas, propuestas o disculpas, puede también utilizarlo para crear documentos más sofisticados, como boletines informativos que pueden incluir gráficos y dividir texto en varias columnas.

Si no puede digitar, no le gusta escribir o se quedó en ortografía cuando estaba en segundo grado, podría estar feliz de saber que puede utilizar Word para convertir su computadora de $2,000 en su secretaria personal. Con la revisión ortográfica, de gramática, el trazador y traductor de otros idiomas de Word, puede convertir sus pensamientos aleatorios en palabras coherentes que incluso su jefe puede comprender.

Parte III: Jugar a los Números con Excel

Esta parte le muestra cómo diseñar sus propias hojas de cálculo utilizando Microsoft Excel. Descubre que lo maravilloso de estas hojas es que puede meter etiquetas y números en ellas, crea sus propias fórmulas para que Excel calcule nuevos resultados automáticamente y formatea todo para hacerlo placentero al ojo.

Después de obtener los elementos básicos para la creación de la hoja de cálculo, el próximo paso es convertir sus datos puros en gráficos atractivos, cuadros e imágenes coloridas que pueden sorprender a todos, desde compañías CEOs of Fortune 500 hasta niños que pasan el día en guarderías.

Parte IV: Hacer Presentaciones con PowerPoint

Si Word le ayuda a verse bien en la impresión y Excel le ayuda a convertir los números en cuadros atractivos, PowerPoint puede ayudarle a crear presentaciones de diapositivas, transparencias con retroproyectores y presentaciones de computadora en pantalla que destacan su información u ocultan el hecho de que no tiene la menor idea de lo que está hablando.

En cualquier momento que necesite hacer una presentación, permítale a PowerPoint ayudarle a desarrollar una dinámica, la cual incluye visuales (que pueden ser diapositivas de 35mm, transparencias de retroproyector o imágenes de pantalla), notas (para ayudarle a ensayar su presentación) y folletos (para darle a la audiencia algo que ver en lugar de mirarlo a usted).

Parte V: Organizarse con Outlook

Todos parecen ocupados todo el tiempo (aun cuando hacen absolutamente nada sino esperar hasta que sea hora de ir a la casa). En el mundo acelerado de hoy donde los segundos cuentan, quizás desee darle seguimiento a sus tareas, citas e itinerario para que pueda efectivamente administrar su tiempo mientras sus amigos rondan sin objeto alguno a través del paisaje corporativo.

Para ayudarle a lograr esta tarea, Microsoft Office XP incluye Outlook, un programa que combina las opciones de un libro de citas, calendario y una lista en una pantalla. Al administrar su tiempo con Outlook, puede planear sus proyectos, porción de su tiempo y efectivamente reducir cada segundo productivo de última hora de cada día. A menos que, por supuesto, no active su computadora ese día.

Aparte de organizar sus citas y tareas, Outlook puede también organizar todo el correo electrónico que puede fluir todos los días. Desde Outlook, puede escribir, responder, enviar y recibir correo electrónico a sus amigos sin importar si están a la vuelta de la esquina o en otro continente.

Parte VI: Almacenar Cosas en Access

Si tiene la edición Profesional de Microsoft Office XP, tiene un programa llamado Access. Para aquellos de ustedes que les gustan las definiciones oficiales, Access es una base de datos relacional que le permite almacenar y recuperar información, diseñar reportes y realmente crear sus propios programas. Si no tiene Access en su edición de Microsoft Office XP, puede siempre comprarlo por separado e instalarlo en su computadora para que esta parte del libro pueda ser útil para usted.

Quizás encuentra que Access es útil para guardar listas de correo o información más esotérica, como números de parte, direcciones de Internet o números de tarjetas de crédito. Si necesita guardar y recuperar información en una fecha posterior, utilice Access para que le ayude a hacerlo rápida y fácilmente.

Parte VII: Hacer Páginas Web con FrontPage

Los propietarios de la edición Professional de Microsoft Office XP tienen un programa adicional en la forma de FrontPage. Con FrontPage puede crear o editar páginas Web con muchos más detalles y mayor control de lo que puede al utilizar Word.

Si desea crear un sitio Web profesional para uso personal o de negocios, FrontPage puede simplificar los detalles técnicos para que pueda concentrarse en hacer que sus páginas Web se vean tan coloridas y excitantes como su imaginación pueda crear.

Parte VIII: Los Diez Mejores

Para aquellas personas que solo desean encontrar accesos directos de teclado para acceder a comandos corrientemente utilizados y consejos para trabajar más eficientemente con Microsoft Office XP (de manera que puedan tomar el resto del día libre), esta parte del libro le brinda teclasos comunes para utilizar todos los programas de Microsoft.

Además, puede encontrar consejos para hacer que Microsoft Office XP se vea mucho más fácil de lo que los manuales incomprensibles lo pueden hacer pensar. Solo recuerde que si algo en Microsoft Office XP no tiene sentido o lo confunde, no es culpa suya; es culpa de Microsoft, así que siéntase libre para culpar a los programadores millonarios en Redmond por no anticipar sus necesidades y no venderle un programa más intuitivo.

¿Cómo Utilizar este Libro?

Puede utilizar este libro como una referencia, un tutor o un arma (dependiendo de cuán duro se lo tira a alguien). A diferencia de las novelas, este libro no está diseñado para que alguien lea de portada a portada (aunque podría si quisiera). En lugar de ello, examine a través de las partes que le interesan e ignore el resto.

Si planea tomar ventaja completa de Microsoft Office XP, lea la Parte I primero para que pueda acostumbrarse con las opciones más comunes de Office XP. Las otras están aquí para su referencia y sorpresa. Aunque quizás no le importe hacer presentaciones con PowerPoint al principio, un día quizás desee jugar con él para ver lo que puede hacer. Para su sorpresa, ciertos programas que pensó que jamás utilizaría pueden resultar más útiles de lo que imaginó. De nuevo, los programas pueden realmente resultar ser inútiles después de todo, pero nunca lo descubrirá hasta que los pruebe.

Suposiciones Tontas

Primero que todo, siempre debe tener Microsoft Office XP instalado en su computadora. Debería también estar corriendo Microsoft Windows 95/98/Me/ NT/2000. Si no se siente cómodo con Windows 95/98/Me, quizás desee comprar *Windows 95 Para Dummies*; *Windows 98 Para Dummies* o *Windows Millennium Edición Para Dummies*; todos por Andy Rathbone, publicados por IDG Books Worldwide, Inc. Para más información sobre Windows NT/2000, escoja una copia de *Windows NT 4 Para Dummies* o *Windows 2000 Profesional Para Dummies*, por Andy Rathbone y Sharon Crawford, también publicados por IDG Books Worldwide, Inc.

Convenciones

Para sacar mayor provecho de la información presentada en este libro, necesita comprender lo siguiente:

- El *cursor del mouse* o *puntero* aparece como una flecha o un puntero *I-beam* (dependiendo del programa que está utilizando en ese momento). En cualquier momento que pierda la pista del cursor del mouse, empiece a moverlo alrededor hasta que vea algo que parpadea en su pantalla. Las probabilidades son que está viendo el cursor del mouse.

- El *clic* se refiere a pulsar el botón izquierdo del mouse una vez y luego soltarlo. Haciendo clic es como activa botones en la barra de herramientas y escoge comandos de los menúes que caen.

- *Doble clic* se refiere a pulsar el botón izquierdo del mouse dos veces en forma rápida. Al hacer doble clic activa un comando.

- *Arrastrar* se refiere a mover el puntero del mouse mientras sostiene el botón izquierdo del mouse. Para arrastrar un objeto, seleccione el elemento haciendo clic sobre él y luego sostenga el botón izquierdo del mouse y mueva el elemento en la dirección deseada. Cuando libera el botón del mouse, Windows lo coloca donde lo desea.

- *Clic derecho* significa hacer clic en el botón derecho del mouse (algunos mouse tienen tres botones, así que ignore el botón del medio por ahora). Al hacer clic en el botón derecho por lo general aparece un menú de selección en la pantalla.

Nota: Si es zurdo y ha cambiado las configuraciones del mouse para poder utilizar su mano izquierda para operarlo, hacer clic significa pulsar el botón derecho del mouse y hacer clic en el botón derecho significa pulsar el botón izquierdo del mouse.

Iconos utilizados en este libro

Los iconos destacan consejos útiles, información importante de recordar o explicaciones técnicas que puede saltar si desea. Mantenga un ojo abierto para los siguientes iconos a lo largo de este libro:

Este icono destaca partes de información que pueden ser útiles (siempre que los recuerde, por supuesto).

Este icono marca ciertos pasos o procedimientos que puede hacer su vida mucho más fácil al utilizar Microsoft Office XP.

¡Ojo! Este icono le indica cómo evitar problemas antes de que empiece.

Este icono destaca información absolutamente inútil de conocer para operar Microsoft Office XP, pero podría ser interesante para impresionar a sus amigos de trivia.

Accesos directos de teclado

Microsoft Office XP le brinda dos formas para escoger comandos:

- ✔ Hacer clic sobre el mouse en un botón de comando de menú.
- ✔ Pulsar una combinación de teclas, como Ctrl+S (que significa que sostuvo la tecla Ctrl, golpear la tecla S y luego liberar ambas teclas al mismo tiempo).

La mayoría de los accesos directos involucran sostener la tecla Ctrl o Alt (típicamente localizadas a la izquierda y derecha de la barra espaciadora de su teclado) en combinación con una de las teclas función (las teclas etiquetadas F1, F2, F3, etcétera) o una tecla de letra (A, B, C, etcétera).

Microsoft Office XP también despliega accesos directos de teclado en sus menúes de selección. Cuando vea una letra subrayada en un título de menú como File o Edit, puede mostrar el menú pulsando Alt seguido de la letra subrayada. Así que si desea mostrar el menú de File, pulse Alt-F.

Después de mostrar un menú que cae, Office XP subraya una sola letra en cada comando, como New en el menú de File. Para escoger un comando desplegado en un menú que cae, digite la letra subrayada. Si desea escoger el comando New en el menú de File, primero muestre el menú de File pulsando Alt+F y luego digite N (porque la letra N está subrayada en el comando New).

Puede utilizar cualquier método que prefiera, en la medida que sepa lo que está haciendo. Algunas personas sudan por el mouse, algunas sudan por el teclado y otras sudan con solo estar con la computadora.

Iniciar

Por ahora, probablemente esté ansioso de probar el Microsoft Office XP. Prenda su computadora y alístese para saltar millas delante de la competencia, haciendo que los miopes utilicen los programas más poderosos y dominantes del mundo en Microsoft Office XP.

Parte I
Conocer Microsoft Office XP

En esta parte . . .

De primera impresión, Microsoft Office XP puede parecer como una bestia complicada que engulle megabytes de espacio en disco duro y ofrece suficientes opciones para abrumar hasta al veterano más experimentado de las guerras de las computadoras personales. Pero después de que supera su impresión inicial (o temor) de Office XP, puede comprender (e incluso admirar) la elegante locura detrás del volumen masivo de Office XP.

A pesar del hecho de que Microsoft Office XP contiene más comandos que cualquier persona sana podría jamás usar, Office XP puede ser conquistado. Para guiarlo a través de multitud de comandos que pudiera necesitar en el trabajo, Office XP ofrece el Office Assistant para responder sus preguntas y brindar soporte.

¿Quiere saber cómo imprimir etiquetas de correo, guardar un archivo de Excel en un formato de Lotus 1-2-3 o diseñar su propio boletín en Word? Solo pregúntele al amigable Office Assistant. En segundos, el Office Assistant despliega una lista de temas que (esperamos) responden su pregunta y lo llevan de vuelta al trabajo productivo.

Aparte de mostrarle cómo obtener ayuda en Microsoft Office XP, esta parte del libro también explica cómo iniciar los varios programas de Office XP. Después de que empiece a utilizar Office XP, comprenderá rápidamente los teclasos básicos y los comandos del menú que todos los programas de Office XP comparten. En esa forma aprenderá cómo utilizar un programa de Office XP, puede rápidamente aprender y utilizar otro programa de Office XP con un mínimo de capacitación y unirse a los rangos de muchas personas felices que ya utilizan Microsoft Office XP para realizar su trabajo.

Capítulo 1

Iniciar Microsoft Office XP

* *

* *

Como es lo acostumbrado, la nueva versión de Microsoft Office está compuesto por varios programas —de manera que este capítulo suministra instrucciones básicas para ayudarle a iniciar cualquier programa y salirse de nuevo. Después de todo, si no puede descubrir cómo iniciar Microsoft Office XP, el resto del libro podría también ser un prensapapeles pesado.

Para darle alguna libertad de escogencia (bueno, está bien, un facsímil razonable de ello), Microsoft ofrece múltiples maneras de iniciar cualquier programa de Microsoft Office XP. Puede escoger la forma que más le guste. Después de que encuentre su manera favorita de correr un programa de Microsoft Office XP, puede ignorar todos los otros métodos si así lo desea. Recuerde, usted es quien tiene el control, no su computadora ni el monstruo del software. Ellos tienen que hacer lo que usted les dice que hagan.

Iniciar Microsoft Office XP con el Botón Start

Windows brinda un botón Start útil que puede presionar en cualquier momento que desee escoger un programa para correr. Así que naturalmente, una forma de iniciar cualquier programa de Microsoft Office XP es escoger el programa después de que hace clic sobre el botón Start. Solo para dejarlo boquiabierto, Microsoft Office XP ofrece dos formas de cargar un programa de Office XP:

✔ Haga clic sobre el botón Start en la barra de tareas, escoja Programs y luego escoja el programa específico (como Word) que desea cargar.

✔ Haga clic sobre el botón Start en la barra de tareas y escoja New Office Document u Open Office Document. Luego debe escoger la *clase* de documento, lo que inicia el programa automáticamente.

Utilizar el menú de selección de Programs

Si no le importe abrirse paso en la (algunas veces) aglomerada apariencia del menú de Programs, puede cargar y correr cualquier programa de Microsoft Office XP siguiendo estos pasos:

1. **Haga clic sobre el botón Start en la barra de tareas.**

   Aparece un menú de selección.

2. **Escoja Programs.**

   Aparece el menú de Programs, como se muestra en la Figura 1-1.

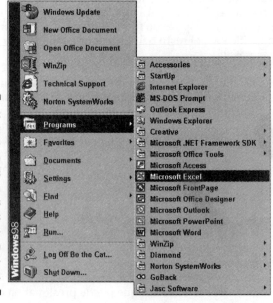

Figura 1-1: El menú de selección de Programs enumera todos los programas disponibles en su computadora.

3. **Haga clic sobre el programa que desea utilizar, como Microsoft Word o Microsoft PowerPoint.**

   Aparece el programa que escoge, listo para que cree un nuevo archivo o abrir uno existente.

Hacer clic sobre New Office Document en la barra de tareas

Si su Menú de selección de Programs contiene tantos programas que no puede encontrar fácilmente el que desea, hay una forma más rápida de cargar un programa de Microsoft Office XP:

1. **Haga clic sobre el botón Start en la barra de tareas.**

   Aparece un menú pop-up.

2. **Haga clic sobre New Office Document.**

   Aparece el recuadro de diálogo New Office Document (como se muestra en la Figura 1-2); puede utilizarlo para escoger el programa que desea.

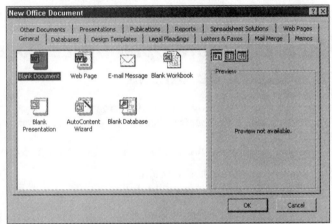

Figura 1-2:
Recuadro de diálogo New Office Document.

3. **Haga clic sobre la pestaña General.**

   Si desea crear un tipo específico de archivo de Microsoft Office XP (como una portada de fax o una factura), haga clic sobre una pestaña diferente en este paso, como las pestañas Letters & Faxes o Spreadsheet Solutions.

4. **Haga clic sobre el tipo de documento que desea crear.**

   Si desea crear una nueva base de datos de Access, escoja Blank Database. Si desea crear un nuevo documento de Word, escoja Blank Document. Aparte de crear nuevos archivos, puede también hacer clic sobre un icono de Wizard o plantilla. Un icono de Wizard lo guía paso por paso en la creación de un nuevo archivo. Una plantilla ofrece un archivo preformateado que puede editar.

De esta forma, no tiene que gastar tiempo formateando el archivo usted mismo.

Puede saltar al Paso 5 si hace doble clic sobre el archivo que desea crear durante el Paso 4.

5. **Haga clic sobre OK.**

Aparece su programa escogido, listo para empezar a digitar y crear información valiosa que puede almacenar en su computadora.

Abrir un Archivo Existente

En lugar de crear un archivo nuevo de la nada, probablemente gastará más tiempo abriendo y editando archivos existentes. De nuevo, Microsoft Office XP lo bombardea con diferentes formas de abrir un archivo existente. Escoja el que se adapta a su estilo de trabajo.

Hacer clic sobre Open Office Document en la barra de tareas

La barra de tareas Windows ofrece la forma más rápida de abrir un archivo existente de Microsoft Office XP. Solo siga estos pasos sencillos:

1. **Haga clic sobre el botón Start en la barra de tareas.**

Aparece un menú de selección.

2. **Haga clic sobre Open Office Document.**

Aparece el recuadro de diálogo Open Office Document.

3. **Haga clic sobre el archivo que desea abrir.**

Si el archivo que desea abrir está enterrado en otra carpeta, quizás tenga que abrir esas carpetas en particular haciendo clic sobre un icono que aparece en el recuadro de diálogo Look In, como My Documents o Desktop.

Puede saltar al Paso 4 si hace doble clic sobre el archivo que desea abrir durante el Paso 3.

4. **Haga clic sobre Open.**

Aparece su archivo escogido, listo para empezar a visualizar y editar la información.

Hacer doble clic sobre Windows Explorer

Otra forma de iniciar un programa de Microsoft Office XP es hacer clic (o doble clic) sobre el archivo Microsoft Office XP que desea abrir y editar. Para hacer esto, siga estos pasos:

1. **Haga clic sobre el botón Start en la barra de tareas.**

   Aparece un menú de selección.

2. **Inicie Windows Explorer.**

   - En Windows 95/98, escoja Windows Explorer.
   - En Windows Me/2000, escoja Accessories⇨Windows Explorer.

   Aparece el programa Windows Explorer.

3. **Localice el documento que desea abrir.**

   Quizás deba hacer doble clic sobre una carpeta (como My Documents) para encontrar el documento que está buscando.

4. **Haga doble clic sobre el icono que representa el documento que desea abrir.**

   Microsoft Office XP abre su documento escogido.

Tomar un Acceso Directo

En lugar de abrirse paso por los menúes de selección o el menos intuitivo Windows Explorer, coloque un acceso directo a su programa favorito de Microsoft Office XP directamente en su escritorio de Windows. En esa forma, puede solo hacer doble clic sobre su acceso directo y correr el programa de inmediato.

Un *desktop shortcut* (acceso directo de escritorio) es un icono que representa un archivo específico. Este archivo puede ser un programa real (como Microsoft Word) o un archivo creado por otro programa (como su résumé escrito en Word). Los accesos directos aparecen en su escritorio de Windows para un acceso fácil.

Para colocar un acceso directo a su programa favorito de Microsoft Office XP en el escritorio de Windows, siga estos pasos:

1. **Cierre o minimice cualquier programa que tenga corriendo para que pueda ver el escritorio de Windows.**

2. **Haga clic en el botón derecho sobre el mouse.**

   Aparece un menú de selección.

3. **Escoja New⇨Shortcut.**

   Aparece el recuadro de diálogo Create Shortcut, como se muestra en la Figura 1-3.

4. **Haga clic sobre el botón Browse.**

   Aparece el recuadro de diálogo Browse.

5. **Localice el programa Microsoft Office XP que desea colocar en su escritorio de Windows.**

   Por ejemplo, si desea poner un acceso directo a Excel en el escritorio de Windows, haga clic en el botón derecho sobre el icono Excel. Por omisión, Microsoft Office XP almacena sus archivos de programa en la carpeta C:\Program Files\Microsoft Office\Office.

Figura 1-3:
Puede utilizar el recuadro de diálogo Create Shortcut para colocar un icono de su programa favorito en su escritorio de Windows

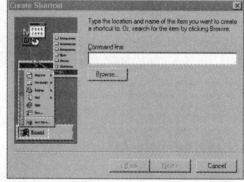

Para ayudarle a descifrar nombres crípticos que Microsoft le da a sus programas, aquí presentamos una lista a la que puede referirse:

Programa	Nombre de icono desplegado en el recuadro de diálogo Browse
Access	Msaccess
Excel	Excel
FrontPage	Frontpg
Outlook	Outlook
PowerPoint	Powerpnt
Word	Winword

6. **Haga clic sobre el icono del programa que desea, como Frontpg o Powerpnt y haga clic sobre Open.**

   El recuadro de diálogo Create Shortcut aparece de nuevo.

7. **Haga clic sobre Next.**

   El recuadro de diálogo Create Shortcut le pide un nombre descriptivo para el icono de su escritorio. Si no digita un nombre, Windows utilizará el nombre del icono del programa predeterminado, como Msaccess or Winword.

8. **Digite un nombre descriptivo para su programa, como Microsoft Word o FrontPage y haga clic sobre Finish.**

   El escritorio de Windows aparece con su acceso directo escogido en el escritorio. Los accesos directos son fáciles de visualizar, ya que tienen una flechita pequeña negra y blanca en la esquina inferior izquierda del icono.

9. **Haga doble clic sobre su acceso directo para correr el programa.**

Si desea eliminar un icono de acceso directo de su escritorio, haga clic en el botón derecho sobre él y escoja Delete en el menú de selección.

Salir de Microsoft Office XP

No importa cuánto le guste Microsoft Office XP, eventualmente tiene que dejar de usarlo para ir a dormir. Microsoft Office XP ofrece diferentes formas de salirse.

- ✔ Si desea cerrar el documento actual y mantener el programa que corre, escoja File⇨Close.

- ✔ Si desea salirse del programa completamente, escoja File⇨Exit o haga clic sobre la ventana del programa Close. El *Close box* (casilla Close) es un recuadro pequeño gris con una X en él, que aparece en la esquina superior derecha de una ventana del programa).

Si hizo cambios desde la última vez que guardó su archivo e intenta salirse, Microsoft Office XP le pregunta si desea guardar los cambios y le ofrece las siguientes opciones: Yes, No o Cancel.

- ✔ Haga clic sobre Yes para guardar su archivo.

- ✔ Haga clic sobre No si no desea guardar ningún cambio técnico.

- ✔ Haga clic sobre Cancel (o pulse la tecla Esc en su teclado) si de repente no desea salir del todo.

La forma más drástica de salirse de Microsoft Office XP es apagar su computadora. ¡Pero no haga esto! Si apaga su computadora sin salirse de un programa de Microsoft Office XP primero, puede perder su información. Peor aun, si apaga su computadora antes de permitirle a Windows 95/98/Me/NT/2000 cerrarse, puede borrar o arruinar otros archivos en su disco duro.

En caso de que olvide apagar Windows 95/98/Me/NT/2000 adecuadamente, haga clic sobre el botón Start en la barra de tareas de Windows y escoja Shut Down. Cuando aparece el recuadro de diálogo Shut Down Windows, haga clic sobre el botón de opción Shut down o escoja Shut Down en el recuadro de lista y luego haga clic sobre OK.

Para más información sobre utilizar Windows, escoja una copia de *Windows 95 Para Dummies*, *Windows 98 Para Dummies* o *Windows Me Para Dummies,* todos por Andy Rathbone (publicados por IDG Books Worldwide, Inc.). Para más información sobre Windows NT/2000, escoja una copia de *Windows NT 4 Para Dummies* o *Windows 2000 Professional Para Dummies*, por Andy Rathbone y Sharon Crawford (también publicados por IDG Books Worldwide, Inc.).

Capítulo 2

Comandos de Menú y
Teclas Comunes de Office XP

● ●

En este Capítulo

▶ Utilizar varios menúes

▶ Mostrar barras de herramientas

▶ Trabajar con varias ventanas

▶ Utilizar el Office Clipboard

● ●

Para ayudarlo a comprender y utilizar los varios programas en Micro-soft Office XP, todos los programas comparten comandos de menú y teclado. Así que después de que haya comprendido cómo utilizar un pro-grama de Microsoft Office XP, debería (en teoría) tener pocos problemas sobre cómo utilizar cualquiera de los otros.

Personalizar sus Menúes

Microsoft Office XP ofrece tres formas de desplegar comandos de menú en pantalla, como se muestra en las Figuras 2-1, 2-2 y 2-3. Puede

✔ Desplegar cada comando posible.

✔ Ocultar los comandos menos utilizados (pero aun puede desplegar los comandos más avanzados, como utilizar una opción de auditoría en Excel, haciendo clic sobre las flechas que apuntan hacia abajo en la parte inferior del menú).

✔ Ocultar los comandos menos utilizados (pero desplegarlos automáticamente) como sombreados después de unos cuantos segundos.

Ocultar los comandos más avanzados desde la vista puede ser desconcertante para algunas personas; otros prefieren una pantalla más limpia o sentir que desplegar cada comando posible en un menú es intimidante. Intente experimentar con la forma en que Office XP despliega sus menúes; puede personalizar los programas para que trabajen en la manera que más le gusta.

Para cambiar la forma en que trabajan los menúes en Microsoft Office XP, siga estos pasos:

1. **Escoja View⇨Toolbars⇨Customize.**

   Aparece un recuadro de diálogo Customize, como se muestra en la Figura 2-4.

2. **Haga clic sobre la pestaña Options.**

3. **Haga clic o libere una de las siguientes casillas de verificación:**

   - **Always show full menus (Siempre mostrar menúes completos):** si está marcada, esta opción hace que el menú de selección despliegue cada comando posible (refiérase a la Figura 2-1).

   - **Show full menus after a short delay (Mostrar menúes completos después de un pequeño retraso):** si está marcada, esta opción espera unos cuantos segundos antes de mostrar los comandos menos utilizados en un menú (refiérase a la Figura 2-3).

4. **Haga clic sobre Close.**

Figura 2-1:
Los menúes pueden desplegar todos los comandos en cualquier momento.

Figura 2-2:
Los menúes
pueden
ocultar co-
mandos no
utilizados
frecuente-
mente hasta
que le indi-
que a Office
XP hacerlos
visibles
de nuevo.

Cuando define la forma en que desea que funcionen sus menúes, afecta la manera en que trabajan en todos los programas de Microsoft Office XP.

Figura 2-3:
Los menúes
pueden
ocultar
comandos
no utilizados
frecuente-
mente por
un corto pe-
ríodo y luego
desplegarlos
de nuevo
automáti-
camente.

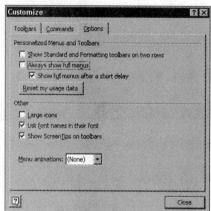

Visualizar sus Barras de Herramientas

Las barras de herramientas contienen iconos que representan los comandos utilizados más frecuentemente. La teoría es que es más fácil hacer clic sobre un icono de barra de herramientas para escoger un comando que excavar a través de un menú de selección o pulsar una combinación oscura de teclas, como Ctrl+Shift+D, solo para terminar algo.

Aunque todos los Microsoft Office XP despliegan diferentes iconos de la barra de herramientas, todos trabajan en forma similar y comparten iconos que representan comandos universales, como Save o Print. Naturalmente, Microsoft Office XP le permite escoger cómo visualizar sus barras de herramientas, dónde colocarlas en la pantalla e incluso cuáles iconos desea visualizar.

Estrechar (o amontonar) las barras de herramientas Standard y Formatting

Las dos barras de herramientas más comunes en Microsoft Office XP con la Standard y la Formatting. La Standard contiene iconos que representan comandos universales, como Save, Cut o Paste. La Formatting contiene iconos que representan comandos que modifican el texto, como cambiar la fuente, tamaño de fuente o subrayado.

Para ahorrar espacio, Microsoft Office XP puede estrechar las barras de herramientas Standard y Formatting como una sola barra. Aunque esto puede ocultar estas barras, unirlas limita el número de iconos que cada una pueda desplegar. La Figura 2-5 muestra las barras Standard y Formatting juntas como una sola. La Figura 2-6 las muestra apiladas una sobre la otra.

Figura 2-5:
Las barras de herramientas Standard y Formatting juntas.

Figura 2-6:
Las barras de herramientas Standard y Formatting apiladas una sobre la otra.

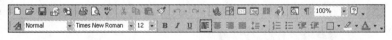

Para combinar o apilar las barras de herramientas Standard y Formatting, haga lo siguiente:

1. **Escoja View⇨Toolbars⇨Customize.**

   Aparece un recuadro de diálogo Customize (refiérase a la Figura 2-4).

2. **Haga clic sobre la pestaña Option.**

3. **Haga clic sobre o despeje las barras Show Standard y Formatting en una casilla de verificación de dos filas.**

4. **Haga clic sobre Close.**

Si combina las barras Standard y Formatting para compartir una fila, tiene que hacer clic sobre el botón Toolbar Options. Esto despliega un menú que cae que contiene cualquier icono de la barra de herramientas que no está desplegado en ella, como se muestra en la Figura 2-7.

Figura 2-7:
Cuando las barras Standard y Formatting están juntas, tiene que hacer clic sobre el botón Toolbar Options para ver el resto de los iconos.

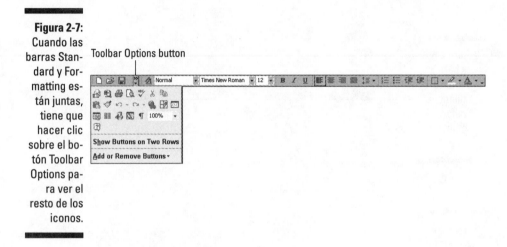

Toolbar Options button

Ocultar y desplegar barras de herramientas

Otra forma de utilizar barras de herramientas es ocultarlas o hacerlas desplegar barras adicionales para hacer disponibles los comandos que utiliza más frecuentemente. Por ejemplo, si a menudo se encuentra creando o editando páginas Web utilizando Microsoft Office XP, quizás desee desplegar la barra de herramientas Web dentro de Word. De esta forma, todos sus comandos para editar (o crear) páginas Web están solamente a un clic de distancia.

Para ocultar o desplegar una barra de herramienta, haga lo siguiente:

1. **Escoja Viewc⇨Toolbars.**

   Aparece el menú que cae Toolbars, como se muestra en la Figura 2-8. Aparecen marcas de verificación junto a las barras de herramientas actualmente desplegadas.

Figura 2-8:
Para ocultar o desplegar una barra de herramientas, solo haga clic sobre la barra que desea desplegar (u ocultar).

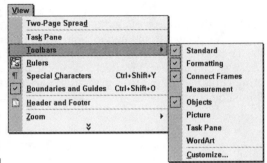

2. **Haga clic sobre la barra de herramientas que desea desplegar.**

   O si desea que desaparezca una barra de herramientas, haga clic sobre la que desea ocultar.

Mover una barra de herramientas

Aunque la mayoría de las personas pueden estar perfectamente felices de mantener sus barras de herramientas en la parte superior de la pantalla, Microsoft Office XP le brinda la opción de moverlas al lado, parte inferior o el medio de la pantalla. La Figura 2-9 muestra una barra de herramientas en el medio.

Para mover una barra de herramientas por la pantalla, haga lo siguiente:

1. **Mueva el puntero del mouse sobre el cuadro de dimensiona-miento de la barra de herramientas que desea mover (si la barra aparece en el medio de la pantalla, mueva el puntero sobre la barra de título de la barra de herramientas).**

   Conforme se cierne sobre el cuadro de dimensionamiento, el puntero del mouse se convierte en una flecha con cuatro puntas, como se muestra en la Figura 2-9. Si mueve una barra de herramientas que aparece en el medio de la pantalla, no verá el puntero convertido en flecha de cuatro puntas hasta que sostenga el botón izquierdo del mouse.

2. **Sostenga el botón izquierdo del mouse y arrástrelo.**

   Aparece la barra de herramientas como una ventana separada (refiérase a la Figura 2-9).

3. **Libere el botón izquierdo del mouse cuando la ventana de la barra de herramientas aparezca donde la desea.**

Si las cosas flotando en el medio de la pantalla lo ponen nervioso, puede estrechar la barra de herramientas a un lado o parte inferior de la pantalla y dejarla allí.

Si deja la barra de herramientas en el medio de la pantalla como una ventana flotante, puede reajustar su tamaño. Solo mueva el puntero del mouse sobre un lado de la ventana de la barra, espere hasta que el puntero del mouse se convierta en una flecha de doble punta y luego sostenga el botón izquierdo del mouse y arrástrelo para ajustar el tamaño de la ventana de la barra.

Toolbar handles

Four-way pointing arrow   Toolbar titlebar

Figura 2-9:
Puede arrastrar el cuadro de dimensionamiento de la barra de herramientas con el mouse para mover una barra al medio o al lado de la pantalla.

Abrir Varias Ventanas

Para ayudarle a ser más productivo que nunca, los programas de Microsoft Office XP pueden abrir varios archivos para ser capaz de trabajar con información diferente dentro del mismo programa. Si, por ejemplo, ha encontrado un nuevo trabajo en Tahití, una ventana podría desplegar un résumé que está escribiendo en Word mientras una segunda ventana muestra su carta de renuncia en Word. Al abrir varios archivos en ventanas separadas, puede visualizar varios archivos al mismo tiempo.

Aunque varias ventanas le permiten editar y visualizar los contenidos de dos o más archivos al mismo tiempo, también acaparan espacio en pantalla. Cuantas más ventanas despliegue, menos texto retiene cada una.

Cambiar entre varias ventanas

Cada vez que abre un archivo (ya sea pulsando Ctrl+O, haciendo clic sobre el icono Open en la barra de herramientas o escogiendo File⇨ Open), Microsoft Office XP abre otra ventana.

Para evitar aglomerar la pantalla, Microsoft Office XP normalmente despliega solamente una ventana a la vez. Para intercambiar entre varias ventanas:

1. **Haga clic sobre el menú de <u>W</u>indow.**

   Aparece un menú enumerando todas las ventanas disponibles que puede visualizar.

2. **Haga clic sobre la ventana que contiene el nombre del archivo que desea visualizar.**

Office XP despliega un botón en la barra de tareas Windows para cada ventana que abre. Para cambiar a otra ventana, haga clic sobre el botón adecuado en la barra de tareas.

Acomodar varias ventanas

Si abre dos o más ventanas, quizás desee ver el contenido de todas ellas simultáneamente. De esa forma, es posible visualizar el contenido de una ventana mientras edita otra.

Para desplegar varias ventanas en la pantalla, siga estos pasos:

1. **Escoja <u>W</u>indow⇨<u>A</u>rrange All.**

   Todos sus archivos actualmente abiertos se acomodan en la pantalla como ventanas separadas.

   Si tiene varias ventanas abiertas, puede escoger Windows⇨Cascade para amontonar sus ventanas en capas, como tarjetas de índice con sus bordes expuestos.

2. **Haga clic sobre la ventana que desea editar.**

   La ventana activa (la que está actualmente editando) destaca su barra de título, mientras que las otras ventanas la atenúan.

Después de un rato, quizás no desee que se amontonen muchas ventanas en su pantalla. Para cerrar una ventana, siga uno de los siguientes pasos:

- ✔ Haga clic sobre el recuadro Close de todas las ventanas que desea cerrar (el recuadro Close es la pequeña X en la esquina superior derecha).

- ✔ Haga clic sobre el recuadro Minimize de todas las ventanas que desea ocultar de la pantalla por el momento (el recuadro Minimize tiene una línea horizontal).

Si hace clic sobre el recuadro Close en la esquina superior derecha, puede salir del programa.

Puede ajustar el tamaño de las ventanas o moverlas arrastrando la barra de título de una ventana a cualquier parte en la pantalla. Al hacer esto puede acomodar sus ventanas de la manera que desee.

Guardar y cerrar varias ventanas

Si tiene dos o más ventanas abiertas, puede editar información en cualquiera de ellas, una a la vez. Puede cerrarlas individualmente (haciendo clic sobre el recuadro Close de cada una o escogiendo File⇨Close). Pero si tiene varias ventanas abiertas, es posible guardarlas más convenientemente utilizando los comandos Close All.

Los comandos Close All no están disponibles en Access o FrontPage.

Para cerrar todas las ventanas abiertas, haga lo siguiente:

1. **Sostenga la tecla Shift.**

2. **Escoja File⇨Close All.**

   Cuando sostiene la tecla Shift, el menú de File cambia el comando Close por Close All. Si no ha guardado un archivo, Office XP despliega un recuadro de diálogo que le pregunta si desea guardar su información antes de cerrar el archivo.

Copiar y Pegar con Office Clipboard

Cuando copia objetos (como texto o gráficos) en Windows, su computadora almacena el objeto copiado en el *Windows Clipboard*, que es como un lugar invisible que almacena temporalmente elementos que puede utilizar de nuevo en el futuro. Desafortunadamente, el Windows Clipboard puede sostener solo un elemento a la vez. En el momento que copia un segundo elemento, Windows Clipboard borra cualquier cosa almacenada allí.

Para evitar este problema, Microsoft Office XP viene con un Office Clipboard especial, que trabaja exactamente igual que el Windows Clipboard, excepto que en Office Clipboard puede tener hasta 24 (cuéntelos, 24) elementos a la vez.

La mayor limitación del Office Clipboard es que puede utilizar solamente esta opción mientras trabaja dentro de uno o más programas de Office XP. El término (digamos) *amable* para las opciones que trabajan así es *proprietary technology* (tecnología propietaria) —eso significa que las opciones trabajan solamente con programas hechos por un creador particular (en este caso, Microsoft) en un intento por hacer los programas rivales verse obsoletos (sutil, ¿no es cierto?).

Cada vez que corta o copia un elemento de un programa de Office XP, el elemento que cortó o copió aparece tanto en Office Clipboard como el ordinario Windows Clipboard. En esa forma, si cambia a un programa diferente a Office XP, puede pegar ese elemento en otro programa. Si corta o copia otro elemento de un programa de Office XP, este segundo elemento se almacena en el Office Clipboard, pero borra cualquier cosa en el Windows Clipboard.

Copiar cosas al Office Clipboard

Para copiar o cortar un objeto (como una imagen de texto o imagen) al Office Clipboard, haga lo siguiente:

1. **Destaque el texto u objeto gráfico que desea copiar o cortar.**

2. **Haga clic sobre el botón Copy (o el botón Cut) en la barra de herramientas Standard.**

   Cuando corta o copia un objeto, Office XP lo pega mágicamente en el Office Clipboard. Después de que haya cortado o copiado 24 elementos, Office XP empieza a borrar el elemento más viejo en el Clipboard y hace espacio para cada nuevo elemento que corte o copie.

Si apaga su computadora, Office Clipboard "olvida" (borra) cualquier elemento almacenado allí.

Pegar cosas desde el Office Clipboard

Para pegar un objeto desde el Office Clipboard, haga lo siguiente:

1. **Haga clic donde desea pegar un objeto desde el Office Clipboard.**

2. **Escoja <u>V</u>iew⇨Task Pane (puede también hacer doble clic sobre el icono Office Clipboard en la barra de herramientas Windows y luego salte al Paso 5).**

   Aparece el Task Pane.

3. **Haga clic sobre el botón Other Task Panes.**

   Aparece un menú que cae.

4. **Haga clic sobre Clipboard.**

   Aparece el Office Clipboard desplegando todos los elementos actualmente disponibles, como se muestra en la Figura 2-10.

5. **Mueva el puntero del mouse sobre el objeto que desea pegar desde el Office Clipboard.**

   Su objeto escogido aparece destacado y despliega una flecha apuntando hacia abajo a la derecha.

6. **Haga clic sobre la flecha que apunta hacia abajo.**

   Aparece un menú que cae.

7. **Escoja Paste (para pegar todos los objetos desde Office Clipboard, solo haga clic sobre el botón Paste All en Office Clipboard).**

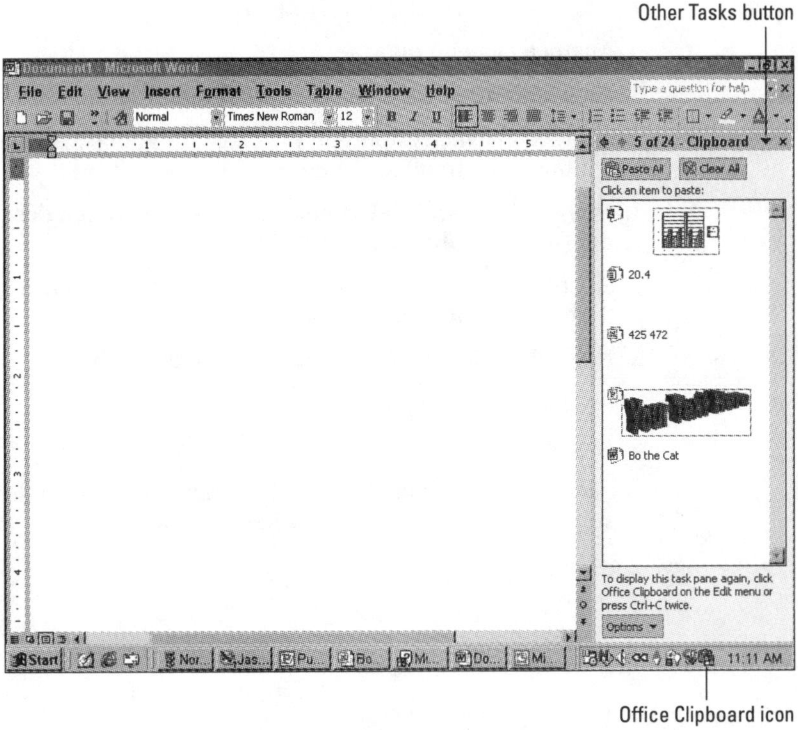

Other Tasks button

Figura 2-10:
Office
Clipboard
despliega
todos los
elementos
cortados o
copiados
desde un
programa de
Office XP.

Office Clipboard icon

Si pulsa Ctrl+V, escoge Edit⇨Paste o hace clic sobre el botón Paste en la barra de herramientas Standard, pega el último objeto que cortó o copió de otro programa.

Limpiar su Office Clipboard

Como Office XP almacena en forma ciega todo lo que usted corta o copia al Office Clipboard, quizás desee eliminar algunos elementos y hacer espacio para elementos que realmente desea utilizar de nuevo (si no elimina un elemento del Office Clipboard, Office XP empieza a quitar los elementos almacenados más viejos y hace espacio para los nuevos que copie o corte el Office Clipboard). Para eliminar un objeto del Office Clipboard, haga lo siguiente:

1. **Escoja View⇨Task Pane (puede también hacer doble clic sobre el icono Office Clipboard en la barra de tareas Windows y luego saltar al Paso 4. Refiérase a la Figura 2-10).**

   Aparece el Task Pane.

2. **Haga clic sobre el botón Other Task Panes.**

   Aparece el menú que cae.

3. **Haga clic sobre Clipboard.**

   Aparece el Office Clipboard desplegando todos los elementos actualmente disponibles (refiérase a la Figura 2-10).

4. **Mueva el puntero del mouse sobre le objeto que desea eliminar del Office Clipboard.**

   Su objeto escogido aparece destacado y a la derecha despliega una flecha apuntando hacia abajo.

5. **Haga clic sobre la flecha que apunta hacia abajo.**

   Aparece un menú que cae.

6. **Escoja Delete.**

   Para quitar todos los objetos del Office Clipboard, solo haga clic sobre el botón Clear All en Office Clipboard.

Capítulo 3

Obtener Ayuda de Microsoft Office XP

Microsoft Office XP puede ser confuso de utilizar. Pero no se preocupe. No tiene que dominar cada opción suministrada en el programa; solo necesita conocer los comandos que requiere para hacer su trabajo.

Entonces ¿qué ocurre si necesita ayuda para utilizar Microsoft Office XP? Antes de entrar en pánico, tome algún tiempo para obtener ayuda. Office XP ofrece dos formas: a través de un Office Assistant en caricaturas o una ventana de Help normal.

El Office Assistant es una pequeña caricatura ajustable que ofrece una interfaz amigable para contestar cualquier pregunta que pueda tener sobre la manera de utilizar Microsoft Office XP. En caso de que no le guste el Office Assistant, puede tener otra vez la ventana de Help original. De cualquier forma, tanto las ventanas de Office Assistant como la de Help original le ofrecen la misma información a cualquier pregunta que pueda tener sobre utilizar Office XP.

Acostumbrarse al Office Assistant

Las computadoras atemorizan casi a cualquier persona, hasta (lo crea o no) a quienes las diseñan y programan. Por esta razón, Microsoft creó el Office Assistant, una figura animada que pone una cara amistosa en un programa de otra forma intimidante.

Cuando corre cualquiera de los programas en Microsoft Office XP (como Word, Excel, PowerPoint, etcétera), puede hacer que el Office Assistant salte (como se muestra en la Figura 3-1), pulsando F1.

Si el Office Assistant no aparece cuando pulsa F1, escoja Help➪Show the Office Assistant.

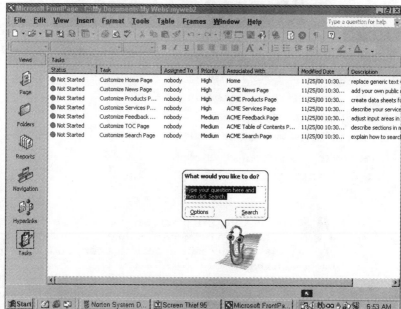

Figura 3-1: La cara amistosa del Office Assistant. (Bueno, algunos de mis mejores amigos son caricaturas).

Ocultar y desplegar el Office Assistant

Para muchas personas, dejar el Office Assistant en la pantalla puede ser impresionante, pero para otros pueden ser más molestos que útiles. Si desea, puede ocultar el Office Assistant desde la pantalla.

Para ocultar el Office Assistant desde la pantalla, haga cualquiera de las siguientes formas:

✔ Escoja Help➪Hide the Office Assistant.

✔ Haga clic en el botón derecho sobre el Office Assistant y escoja Hide.

Si oculta el Office Assistant, no aparece de nuevo a menos que escoja
Help⇨Show the Office Assistant.

Escoger un nuevo Office Assistant

En caso de que no le guste el carácter de caricatura que Microsoft Office XP escoge para usted, siéntase en libertad de escoger uno diferente
en cualquier momento.

Para escoger un nuevo Office Assistant, haga lo siguiente:

1. **Haga clic sobre el Office Assistant, pulse F1 o haga clic en el botón derecho sobre el Office Assistant.**

   Aparece el Office Assistant (refiérase a la Figura 3-1).

2. **Haga clic sobre Options.**

3. **Haga clic sobre la pestaña Gallery.**

   Aparece un nueva ventana, permitiéndole escoger un Office Assistant en caricatura diferente, como se muestra en la Figura 3-2.

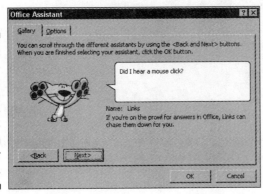

Figura 3-2:
Puede es-
coger un
carácter de
Office As-
sistant dife-
rente en
cualquier
momento.

4. **Haga clic sobre Back o Next para ver los diferentes Office Assistants disponibles.**

   Escoger un Office Assistant que le gusta es su absoluta elección.
   Todos funcionan igual; aunque se ven diferente.

5. **Haga clic sobre OK cuando encuentra un Office Assistant que
   le guste.**

   Quizás necesite insertar el disco compacto de Office XP cada vez
   que escoge instalar un Office Assistant diferente.

Deshacerse de su Office Assistant para siempre

A algunas personas les gustan las simpáticas caricaturas del Office Assistants, mientras otras sienten ganas de darles un tiro cada vez que ven uno. En caso de que no le gusten los Office Assistants y prefiere trabajar con ventanas de Help ordinarias, aquí le mostramos cómo puede evitar que aparezcan:

1. **Haga clic sobre el Office Assistant, pulse F1 o haga clic en el botón derecho sobre el Office Assistant.**

2. **Haga clic sobre Options.**

   Aparece el recuadro de diálogo Office Assistant, como se muestra en la Figura 3-3.

Figura 3-3: El recuadro de diálogo Office Assistant es donde puede hacer que el Office Assistant se vaya para siempre.

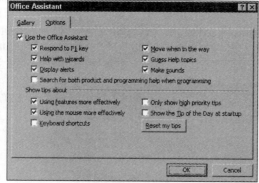

3. **Haga clic sobre la pestaña Options y sobre la casilla de verificación Use the Office Assistant para limpiar la casilla.**

4. **Haga clic sobre OK.**

   El Office Assistant desaparece y cada vez que pulsa F1 para obtener ayuda, aparece una ventana de Help ordinaria, como se muestra en la Figura 3-4.

RECUERDE

Si desea desplegar el Office Assistant de nuevo, escoja Help➪Show the Office Assistant.

Animar su Office Assistant

Si se aburre mientras utiliza Office XP (lo que significa que probablemente es hora de buscar otro trabajo), puede animar su Office Assistant para que se mueva a otra pantalla y le ofrezca unos cuantos segundos de entretenimiento mientras observa la pantalla y pretende estar haciendo trabajo útil. Para animar su Office Assistant, haga lo siguiente:

1. **Haga clic en el botón derecho sobre el Office Assistant.**

2. **Haga clic sobre Animate!.**

   El Office Assistant se mueve por la pantalla haciendo algo simpático e interesante.

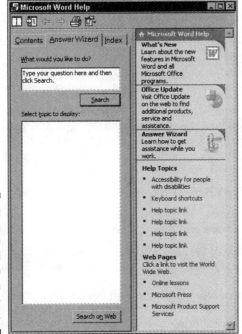

Figura 3-4: La ventana Help que aparece si escoge no mostrar un Office Assistant.

Obtener Ayuda del Office Assistant

El Office Assistant existe para su conveniencia (¿cuántas cosas pueden decir eso?). Cada vez que necesite ayuda, haga clic sobre el Office Assistant y digite una pregunta. Este responde desplegando una lista de temas relevantes (si cerró el Office Assistant, puede aun digitar una pregunta en la ventana Help ordinaria utilizando el Answer Wizard como se explica a continuación).

Cuando le digita una pregunta al Office Assistant, asegúrese de deletrear todo correctamente; de lo contrario, no sabrá cuál tipo de ayuda necesita.

Pedirle Ayuda al Office Assistant

Para obtener ayuda del Office Assistant digitando una pregunta, haga lo siguiente:

1. **Haga clic sobre el Office Assistant, pulse F1 o haga clic sobre el icono Help en la barra de herramientas.**

   Aparece un globo amarillo parecido al globo de diálogo de caricaturas (refiérase a la Figura 3-1).

2. **Digite su pregunta (cómo Tabular párrafo o Gráficos) y haga clic sobre <u>S</u>earch.**

   El globo de diálogo amarillo despliega una lista de temas relacionados con su pregunta, como se muestra en la Figura 3-5.

Cuando pide ayuda digitando una pregunta, el Office Assistant copia su oración para buscar palabras relevantes que puede reconocer, como *format*, *save* o *stylesheet*. Así que, en lugar de digitar oraciones completas, como "Deseo saber cómo formatear un párrafo", solo digite "Formatear párrafo".

3. **Haga clic sobre el tema en el que desea más ayuda.**

   Aparece una ventana de Help desplegando información más detallada sobre un tema escogido, como se muestra en la Figura 3-6.

4. **Haga clic sobre el recuadro Close (la X en la esquina superior derecha de la ventana) para quitar la ventana de Help.**

Si hace clic sobre el icono Print en la ventana de Help, puede imprimir una copia en papel de las instrucciones, paso por paso, que ofrece el Office Assistant. De esta forma, puede guardar las instrucciones para referencia futura.

Pedir ayuda a través del Answer Wizard

En caso de que hubiera apagado el Office Assistant, puede aun digitar una pregunta y obtener ayuda utilizando el Answer Wizard. Para obtener ayuda del Answer Wizard digitando una pregunta, haga lo siguiente:

1. **Pulse F1.**

   Aparece la ventana de Help (refiérase a la 3-4).

2. **Haga clic sobre la pestaña Answer Wizard.**

3. **Digite su pregunta (como "Tabular párrafos o Gráficos") en el recuadro de texto What Would You Like To Do? y haga clic sobre Search.**

   Aparece una lista de temas relacionados con su pregunta en el recuadro Select topic to display.

4. **Haga clic sobre el tema del que desea más ayuda.**

   La ventana de Help despliega ayuda para su tema escogido en el lado derecho de la ventana de Help.

5. **Haga clic sobre el recuadro Close (la X en la esquina superior derecha) para cerrar la ventana de Help.**

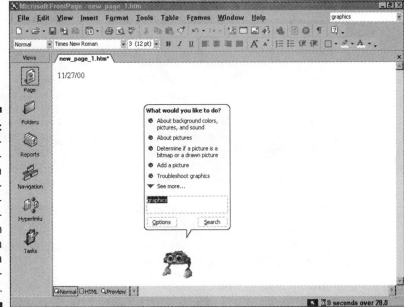

Figura 3-5: El Office Assistant despliega una lista de temas de ayuda relacionados con la pregunta que digita en el recuadro de texto.

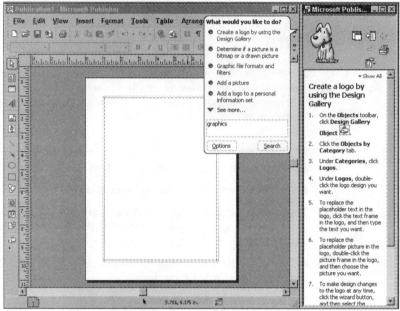

Figura 3-6:
El Office Assistant muestra una ventana que despliega la información que necesita para mantener el Microsoft Office XP trabajando (esperamos).

Identificar Iconos con el Comando What's This?

Aunque todos los programas en Microsoft Office XP utilizan menúes, barras de herramientas y comandos similares, todavía puede encontrar el críptico de la interface de usuario, confusa y completamente. Pero no se preocupe, ya que Microsoft ofrece un comando útil llamado What's This?.

El comando What's This? le permite apuntar a cualquier icono extraño en la pantalla para hacer que Office XP despliegue una pequeña descripción explicando el propósito de ese icono en particular.

Para utilizar el comando What's This?, haga lo siguiente:

1. Escoja Help⇨What's This? o pulse Shift+F1.

Aparece un signo de pregunta junto al puntero del mouse (en caso de que de repente decidiera que no desea utilizar el comando What's This?, pulse la tecla Esc).

2. **Mueva el puntero del mouse sobre un icono de la barra de herramientas o comando de menú y haga clic sobre el botón del mouse.**

   Office XP despliega una pequeña ventana que ofrece una breve explicación sobre el icono de la barra de herramientas o el comando de menú que escoja.

3. **Pulse cualquier tecla (como Esc) o haga clic sobre el mouse para quitar la ventanita de explicación.**

Obtener Ayuda en la World Wide Web

Para brindarle las últimas actualizaciones de software, correcciones, reparaciones de pulgas, noticias sobre programas, consejos y agregados de software, Microsoft corre su propio sitio Web (`www.microsoft.com`). Para ayudarlo a alcanzar el sitio Web de Microsoft rápida y fácilmente, cada programa de Office XP tiene un comando *Office on the Web* especial.

Antes de que pueda utilizar este comando *Office en la Web*, debe tener una cuenta de Internet existente o estar dispuesto a crear (y pagar) una cuenta de Internet.

Para acceder el sitio Web de Microsoft, que está lleno de información útil de Microsoft Office XP, software, noticias o actualizaciones de pulgas, haga lo siguiente:

1. **Escoja Help⇨Office on the <u>W</u>eb.**

   Office XP inicia su explorador de la Internet y carga la página Web de Microsoft Office XP.

2. **Examine las páginas hasta que encuentre la información que necesita.**

3. **Escoja <u>F</u>ile⇨E<u>x</u>it o haga clic sobre el recuadro Close de su explorador para hacer que este se oculte.**

Salirse de su explorador de la Web no siempre puede desconectarlo de la Internet. Para asegurarse de que se desconecta de la Internet, haga clic sobre el icono Dial-Up Connection, que aparece en la esquina inferior derecha de la Barra de Tareas Windows. Cuando aparezca un recuadro de diálogo, haga clic sobre Disconnect.

Recuperarse de Accidentes con Office XP

Uno de los problemas más comunes al utilizar una computadora es tenerla congelada, rota o que actúe erráticamente sin razón aparente. Cuando esto ocurre, no se culpe, culpe a todas las personas que hacen las computadoras tan poco confiables en primer lugar. Como las computadoras probablemente no se volverán más confiables en el futuro, Microsoft Office XP ofrece dos formas de protegerse:

- ✔ Reparar los programas de Microsoft Office XP.

- ✔ Proteger documentos corrompidos durante un problema con la computadora.

Reparar Microsoft Office XP

Cada programa (Word, Excel, PowerPoint, etcétera) está compuesto por varios archivos con extensiones de archivo crípticos, como .EXE, .DLL y .OLB. Si accidentalmente borra o modifica uno de estos archivos, su programa de Microsoft Office XP ya no puede funcionar.

Para protegerlo de este problema, Microsoft Office XP contiene el comando especial Detect and Repair, que —¿qué más?— revisa para asegurarse de que todos esos archivos importantes aun existen en su disco duro y están en orden de trabajo.

(Por supuesto, el gran problema es que si un archivo no aparece o está corrupto, quizás no pueda correr ningún programa de Microsoft Office XP con el fin de utilizar el comando Detect and Repair. En ese caso, quizás deba regresar a reinstalar todo el programa de nuevo. Asegúrese de hacer soportes de su información importante en caso de que el procedimiento de instalación salga mal y estropee su disco duro por completo).

Así que, la próxima vez que cualquier programa de Office XP empiece a parpadear, intente arreglarlo utilizando el comando Detect and Repair:

1. **Corra un programa de Microsoft Office XP, como Word o PowerPoint.**

2. **Escoja Help⇨Detect and Repair (quizás deba hacer clic sobre la flecha doble que apunta a la derecha en el menú de Help antes de poder ver el comando Detect and Repair).**

Aparece el recuadro de diálogo Detect and Repair, como se muestra en la Figura 3-7.

Figura 3-7:
El recuadro
de diálogo
Detect and
Repair pue-
de ayudarle
a arreglar la
mayoría de
los pro-
blemas
que pueda
tener con
Office XP.

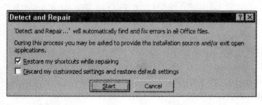

3. **Haga clic sobre las casillas de verificación para escoger cualquier opción que desee.**

   Las dos opciones para reparar Microsoft Office incluyen las siguientes:

   • **Restore my shortcuts while repairing (Restaurar mis accesos directos mientras repara):** se asegura de que cualquier acceso directo al escritorio que puede crear continúa apuntando a los programas y documentos correctos.

   • **Discard my customized settings and restore default settings (Descartar mis configuraciones personalizadas y restaurar las configuraciones predeterminadas):** regresa su copia de Office XP a sus configuraciones originales, quitando cualquier cambio personalizado que le haga a los menúes o barras de herramientas.

4. **Haga clic sobre S̲tart.**

   Siga las instrucciones en la pantalla conforme Microsoft Office XP valientemente intenta arreglárselas solo si detecta algún problema. Quizás deba insertar el disco compacto de Microsoft Office XP en su unidad de CD-ROM.

Proteger archivos de un colapso en la computadora

Una fuente común de frustración (aparte de la computadora en sí) es cuando la computadora colapsa mientras está trabajando en un documento. Esa es la razón de por qué todas las personas recomiendan guardar su documento durante intervalos frecuentes. Como no puede predecir colapsos en la computadora (excepto saber que sí colapsará algún día), Microsoft Office XP ofrece varias opciones para minimizar el chance de perder datos durante un colapso:

- ✔ **Timed saving of files (Guardada de archivos programada):** guarda automáticamente la información sobre su documento a intervalos de tiempo específicos. Al guardar información de documentos, puede aumentar las probabilidades de que Office XP pueda recuperar su información en el evento de un colapso. Disponible solo en Word, Excel, PowerPoint y Outlook.

- ✔ **Hang manager (Administrador Hang):** le permite intentar reiniciar Word, Excel o PowerPoint si colapsan.

- ✔ **Corrupt document recovery (Recuperación de documento corrompido):** intenta recuperar un archivo que pueden haberse corrompido cuando el programa colapsó. Disponible solo en Word y Excel.

La mejor forma de proteger su información es guardar sus archivos a menudo y almacenar copias de respaldo de su información en ubicaciones separadas, como un disco compacto reescribible o disco ZIP.

Guardar archivos automáticamente

Para su primera línea de defensa al proteger su información, puede hacer que Word, Excel, PowerPoint y Outlook guarden sus archivos automáticamente en intervalos específicos, como cada diez minutos, siguiendo estos pasos:

1. **Escoja Tools➪Options.**

   Aparece el recuadro de diálogo Options.

2. **Haga clic sobre la pestaña Save.**

   La pestaña Save despliega la casilla de verificación Save AutoRecover Info, como se muestra en la Figura 3-8.

3. **Asegúrese de que aparezca una marca de verificación en la casilla de verificación Save AutoRecover Info.**

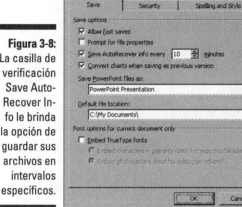

Figura 3-8:
La casilla de
verificación
Save Auto-
Recover In-
fo le brinda
la opción de
guardar sus
archivos en
intervalos
específicos.

4. **Haga clic sobre el recuadro de texto m̲inutes y digite el número de minutos que desea esperar antes de guardar su información del documento en forma automática, como cada diez minutos.**

5. **Haga clic sobre OK.**

Reiniciar una aplicación congelada

En lugar de colapsar, Word, Excel o PowerPoint pueden *congelarse*, lo que significa que el programa aun aparece en la pantalla aunque nada parece trabajar (como el teclado o el mouse). Cuando esto ocurre (note el énfasis en *cuándo* y no *si*), puede intentar reiniciar Word, Excel o PowerPoint corriendo la herramienta Microsoft Office Application Recovery, como sigue:

1. **Haga clic sobre el botón Start en la barra de tareas Windows.**

   Aparece un menú de selección.

2. **Escoja P̲rograms➪Microsoft Office Tools➪Microsoft Office Application Recovery.**

   Aparece el recuadro de diálogo Microsoft Office Application Recovery, como se muestra en la Figura 3-9.

Figura 3-9:
El recuadro
de diálogo
Microsoft
Office Appli-
cation Re-
covery le
muestra
cuáles pro-
gramas está
corriendo
Office y
cuáles han
colapsado.

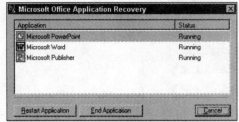

3. **Haga clic sobre el programa colapsado que desea reiniciar y haga clic sobre Restart Application.**

   Si tiene suerte, Microsoft Office XP reinicia su aplicación escogida. Si nada ocurre, haga clic sobre End Application e intente reiniciar la aplicación de nuevo.

Después de que un programa colapsa, hay mayor probabilidad de que colapsará de nuevo. Así que, después de que reinicie una aplicación colapsada como Word, deberá inmediatamente guardar cualquier documento abierto y salirse de la aplicación previamente colapsada antes de iniciarla de nuevo. Para seguridad extra, considere también reiniciar su computadora entera.

Recuperar sus archivos corrompidos

No importa cuán cuidadoso pueda ser, si Microsoft Office XP colapsa, podría destrozar cualquier documento en los que estaba trabajando al momento del colapso. Si esto ocurre, Word, Excel y PowerPoint puede intentar recuperar sus archivos la próxima vez que inicia el programa. Para intentar recuperar sus archivos, haga lo siguiente:

1. **Cargue Word, Excel o PowerPoint inmediatamente después de que colapsara su programa de Office XP.**

   Aparece el panel de Document Recovery, como se muestra en la Figura 3-10.

2. **Haga clic sobre el documento que desea recuperar.**

   Aparece una flecha apuntando hacia abajo a la derecha.

3. **Haga clic sobre la flecha apuntando hacia abajo.**

   Aparece un menú de selección.

4. **Haga clic sobre Open o Save As.**

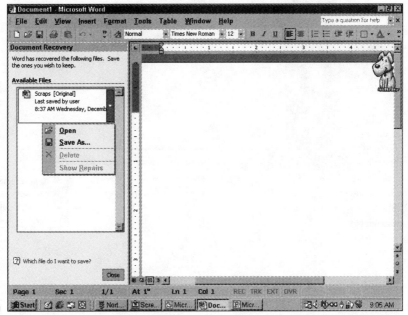

Ambos, Word y Excel, ofrecen otra forma de recuperar archivos corrompidos durante un colapso de computadora. Para utilizar esta opción, siga estos pasos:

1. **Cargue Word o Excel.**

2. **Escoja File⇨Open (o pulse Ctrl+O).**

   Aparece el recuadro de diálogo Open.

3. **Haga clic sobre el archivo que desea recuperar.**

4. **Haga clic sobre la flecha que apunta hacia abajo y que aparece a la derecha del botón Open en la esquina inferior derecha.**

   Aparece un menú de selección, como se muestra en la Figura 3-11.

5. **Haga clic sobre Open and Repair.**

   Word o Excel intentan cargar su archivo escogido y reparar cualquier problema que puede haber ocurrido durante un colapso.

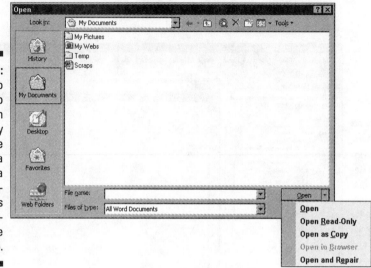

Figura 3-11:
El recuadro
de diálogo
Open en
Word y
Excel ofrece
una forma
alternativa
de recupe-
rar archivos
corrompi-
dos durante
un colapso.

Parte II
Trabajar con Word

La 5a Ola   Por Rich Tennant

LO GRACIOSO ES QUE NUNCA HABÍA
ESCUCHADO QUE TUVIERAN SOFTWARE DE
PUBLICACIÓN DE ESCRITORIO PARA
TRITURADORES DE PAPEL.

En esta parte . . .

*E*l procesamiento de palabras es la función más popular de una computadora personal (después de jugar y perder horas en la Internet), así que esta parte del libro gentilmente lo guía para utilizar el procesador de palabras eléctronico conocido como Microsoft Word. Al utilizar la versión 2002 de Word, puede crear cualquier cosa desde una simple carta hasta un résumé o reporte de negocios.

A lo largo del camino de descubrir cómo utilizar las opciones poderosas de Word, puede también encontrar las opciones más básicas, como imprimir, editar, revisar ortografía y gramática y cómo formatear texto para que se vea bonito.

Word puede verse como un procesador de palabras ordinario al principio, pero esta parte del libro abre las técnicas de convocan a Word a ayudarle a escribir, crear e imprimir sus ideas tan rápido como pueda escribirlas. (Siempre y cuando su computadora no se rompa).

Capítulo 4

Trabajar con Documentos de Word

Como su nombre lo implica, Word le permite escribir palabras para que usted pueda crear cartas, reportes, propuestas, panfletos, boletines informativos, fichas, notas de rescate y prácticamente cualquier cosa que requiera un comando rudimentario de lenguaje escrito. Como Word puede verse intimidante de primer entrada, este capítulo lo guía a través de abrir, guardar e imprimir su trabajo, además de ayudarle a comprender la apariencia general de Word.

Crear un Nuevo Comando de Word

Word le brinda cuatro formas de crear un nuevo documento:

- ✔ Cuando corre Word, automáticamente crea un nuevo documento, listo para que empiece a digitar (así que deje de leer y empiece a digitar).

- ✔ Puede hacer clic sobre el botón New Blank Document en la barra de herramientas Standard.

- ✔ Puede escoger File⇨New.

- ✔ Puede pulsar Ctrl+N.

Si escoge File⇨New, se abre un nuevo panel New Document y le da la opción de abrir un documento existente, crear un documento en blanco o crear un documento basado en una plantilla, como se muestra en la Figura 4-1.

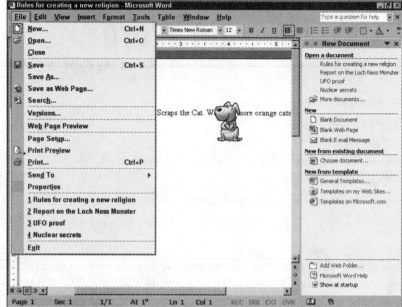

Figura 4-1:
El panel New Document le brinda diferentes formas de crear un documento nuevo.

Utilizar una plantilla

Quedarse viendo una página en blanco intimida a muchas personas, así que Word le ofrece la opción de crear un nuevo documento basado en una plantilla que le brinda encabezados y párrafos preformateados. De esta forma, en lugar de digitar texto y formatear todo, puede solo digitar texto en una plantilla para crear una portada de fax, reporte de negocios o résumé. Para utilizar una plantilla, haga lo siguiente:

1. **Escoja File⇨New.**

   Aparece el panel New Document (refiérase a la Figura 4-1).

2. **Haga clic sobre el icono General Templates.**

   Aparece el recuadro de diálogo Templates, como se muestra en la Figura 4-2.

3. **Haga clic sobre la plantilla que desea utilizar y haga clic sobre OK.**

   Word despliega la plantilla y está listo para empezar a digitar.

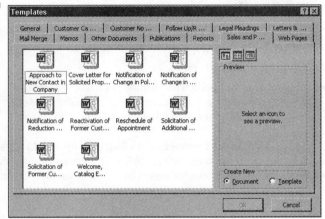

Crear un documento a partir de otro existente

Las plantillas le ayudan a crear nuevos documentos rápidamente, pero algunas veces quizás no desee utilizar una de las plantillas predefini- das que Office XP ofrece. En ese caso, puede crear un nuevo documen- to basado en el formato de uno de sus documentos previamente crea- dos. Para hacer esto, siga estos pasos:

1. **Escoja File⇨New.**

   Aparece el panel New Document (refiérase a la Figura 4-1).

2. **Haga clic sobre el icono Choose Document (está debajo del encabezado New from Existing Document).**

   Aparece el recuadro de diálogo New from Existing Document.

3. **Haga clic sobre el documento sobre el que desea basar su nuevo documento y haga clic sobre Create New.**

   Word despliega una copia de su documento escogido. En este punto, puede empezar a modificar cualquier texto o formato.

Abrir un Archivo Guardado Anteriormente

En lugar de crear nuevos documentos, quizás desea dedicar más de su tiempo editando documentos que ya creó. Para abrir un archivo ante- riormente guardado, Word le ofrece cuatro opciones:

> ✔ Pulsar Ctrl+O.
>
> ✔ Hacer clic sobre el botón Open en la barra de herramientas Standard.
>
> ✔ Escoger File⇨Open.
>
> ✔ Escoger uno de los cuatro últimos archivos que guardó; sus nombres aparecen en la parte inferior del menú File o dentro del panel New Document (refiérase a la Figura 4-1).

Si escoge una de las tres primeras opciones, aparece el recuadro de diálogo Open. Solo haga doble clic sobre el archivo que desea abrir y deberá estar descubierto ante sus ojos en todo su esplendor.

Poner Texto en un Documento

Después de que abre un documento existente (o crea uno nuevo), todavía necesita agregar texto a su documento. Dos formas comunes de agregar texto a un documento de Word incluyen:

✔ Digitar texto.

✔ Importar texto de otro programa.

Digitar texto

Digitar es la forma más obvia de agregar texto a un documento, pero como no todas las personas se sienten bien digitando en forma precisa, Word ofrece la herramienta útil AutoCorrect, la cual reconoce los errores ortográficos comunes y automáticamente los corrige conforme digita (para ver la opción AutoCorrect en acción, digite "apra" y vea a Word automáticamente redigitarlo como "para").

Word reconoce los errores ortográficos de las palabras más comunes, como *osbre* y *otora* vez, pero solo en caso de que escriba incorrectamente muy a menudo una palabra que Word no reconoce, puede enseñarle a reconocer su error ortográfico y la escritura correcta haciendo lo siguiente:

1. **Escoja Tools⇨AutoCorrect**

   Aparece el recuadro de diálogo AutoCorrect como se muestra en la Figura 4-3.

2. **Haga clic sobre el recuadro de texto Replace y digite la manera en que a menudo escribe mal la palabra.**

Asegúrese de digitar la palabra mal escrita exactamente en la forma que normalmente la escribe mal.

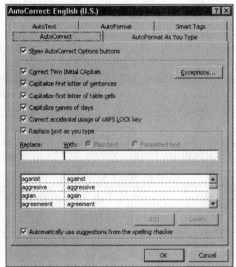

Figura 4-3:
El recuadro de diálogo AutoCorrect es donde le enseña a Word la ortografía correcta de las palabras que usted escribe mal con más frecuencia.

3. **Haga clic sobre el recuadro de texto UIT y digite la escritura correcta de la palabra que escribió en el Paso 2.**

Asegúrese de digitar la escritura correcta de su palabra en el Paso 3 o, de lo contrario, Word corregirá su escritura con las palabras mal escritas que digitó en el Paso 3.

4. **Haga clic sobre OK.**

Word ahora está capacitado para reconocer y automáticamente corregir su palabra escogida.

Importar texto desde otro programa

Algunas veces puede desear convertir o transferir el texto almacenado en otro programa a un documento de Word. Una forma sencilla de importar texto es copiarlo desde ese otro programa a Windows Clipboard (o el nuevo Office Clipboard, si está transfiriendo varios elementos desde otro programa de Office XP) y luego pegar el texto a su documento de Word.

Sin embargo, si el texto está almacenado en otra computadora, como una Macintosh, debe seguir estos pasos para importarlo a un documento de Word:

1. **Guarde el texto atrapado en otra computadora en uno de los formatos de archivo enumerados en la Tabla 4-1.**

   La mayoría de los programas le permiten guardar archivos en un formato de archivo diferente escogiendo File⇨Save As y luego especificando el formato que desea utilizar.

   Si desea mantener el formato original —como fuente, tamaño y espaciado— entonces utilice el formato de archivo enumerado en la parte superior de la Tabla 4-1; retiene la mayoría del formato. Si el texto en sí es todo lo que desea importar, entonces utilice el formato de archivo enumerado en la parte inferior de la tabla —no retiene virtualmente ningún formato.

Tabla 4-1	Algunos Formatos de Archivo Populares que Word Puede Comprender
Tipo de Formato de Archivo	*Extensión de Archivo Común*
Word 2000	.DOC
Word 6.0/95	.DOC
Word 4.0-5.1 para Macintosh	.DOC
Works 5.0 para Windows	.WPS
Works 4.0 para Windows	.WPS
WordPerfect 5.x/6.x	.WP
Excel	.XLS
Formato rico en texto	.RTF
Página Web HTML	.HTML or .HTM
Lotus 1-2-3	.WKx (such as .WK4)
ASCII o archivo de texto	.TXT or .ASC

2. **Copie el archivo en el Paso 1 a su computadora.**

   Puede guardarlo en un disquete y luego copiarlo a su disco duro desde dicho disquete, o utilizar un enfoque directo —su red de área local amistosa.

3. **Cargue Word y escoja File⇨Open o pulse Ctrl+O.**

   Aparece el recuadro de diálogo Open.

4. **Haga clic sobre el recuadro de lista Files of Type: y escoja el tipo de archivo en el que guardó su texto durante el Paso 1, como WordPerfect 5.x.**

5. **Haga clic sobre el archivo que contiene el texto que desea importar y haga clic sobre Open.**

Word carga su texto. Quizás tenga que hacer algo de reformateo menor (o mayor) para embellecer el texto, pero al menos no tendrá que digitarlo de nuevo letra por letra (al menos podemos esperar eso).

Visualizar Documentos de Microsoft de Word

Como el procesador de palabras involucra observar el texto por períodos largos, Word ofrece varias formas de visualizar sus documentos. Puede hacer su texto más fácil de leer desplegándolo en diferentes vistas —agrandando el texto o revelando espacios y marcas de párrafos— para que pueda saber exactamente cómo su documento se ve cuando está impreso.

Escoger una vista diferente de un documento

Word le permite ver su documento desde cuatro perspectivas, cada una mostrando una cantidad diferente de texto y los gráficos en la pantalla. Para cambiar la vista de su documento, escoja View desde la barra del menú y luego escoja uno de los siguientes:

- ✔ **Normal:** maravilloso cuando desea escribir en una pantalla limpia sin preocuparse por encabezados, pies de página o reglas verticales que aparecen en su camino.

- ✔ **Web Layout (Esquema de la Web):** le muestra por qué su documento se ve como una página Web cuando está desplegado.

- ✔ **Print Layout (Esquema de Impresión):** le muestra exactamente cómo se verá su documento impreso, incluyendo encabezados y pies de página.

- ✔ **Outline (Esquema):** es útil cuando no tiene la menor idea de qué escribir y desea crear un esquema para ayudarle a organizar sus pensamientos. Aunque en la vista Outline (refiérase a la Figura 4-4), puede organizar sus pensamientos en temas y subtemas.

En caso de que realmente no le guste el aglomeramiento de las barras de herramientas o menúes que caen, Word le brinda la opción de cambiar a la vista Full Screen, la cual no muestra nada excepto una pantalla en blanco y cualquier texto que digite. Para cambiar a la vista Full Screen, escoja View➪Full Screen. Para salirse de la vista Full Screen, pulse Esc o haga clic sobre el botón Close Full Screen.

Como una forma rápida de cambiar vistas de documentos, solo haga clic sobre los botones de vista Normal, Web Layout, Print Layout y Outline que Word 2000 despliega a lo largo del lado derecho de la barra de desplazamiento horizontal (refiérase a la Figura 4-4).

Ocultar (o mostrar) las barras de desplazamiento

Para darle un poquito más de espacio en la pantalla para ver su texto, puede deshacerse de las barras horizontal y vertical. Para ocultar las barras de desplazamiento, haga lo siguiente:

1. **Escoja Tools➪Options.**

   Aparece el recuadro de diálogo Options, como se muestra en la Figura 4-5.

2. **Haga clic sobre la pestaña View.**

3. **Haga clic sobre las casillas de verificación junto a Horizontal Scroll Bar y Vertical Scroll Bar.**

4. **Haga clic sobre OK.**

   ¡Bien! Word oculta sus barras de desplazamiento, dándole unos cuantos milímetros de espacio. Si luego desea desplegar sus barras de desplazamiento, repita los Pasos del 1 al 4 y remplace las marcas de verificación en las casillas de verificación.

Cambiar el aumento de la pantalla

Para muchas personas, la forma en que Word despliega texto puede ser demasiado pequeño de ver. Para aumentar (o disminuir) el texto, puede cambiar el aumento de la pantalla hasta que el texto la llene toda.

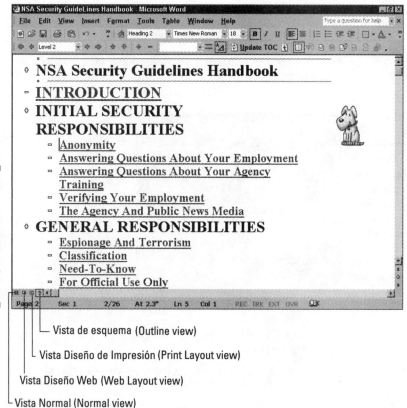

Figura 4-4:
La vista Outline le muestra su documento dividido en temas y subtemas.

Vista de esquema (Outline view)

Vista Diseño de Impresión (Print Layout view)

Vista Diseño Web (Web Layout view)

Vista Normal (Normal view)

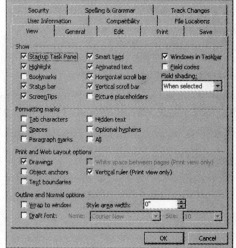

Figura 4-5:
El recuadro de diálogo Options le permite ocultar o desplegar las barras de desplazamiento de Word.

Para cambiar el aumento de su pantalla, siga estos pasos:

1. **Escoja View⇨Zoom.**

   Aparece el recuadro de diálogo Zoom, como se muestra en la Figura 4-6.

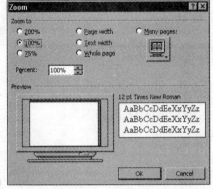

Figura 4-6:
Puede utilizar el recuadro de diálogo Zoom para aumentar o disminuir su vista del texto.

2. **Haga clic sobre uno de los siguientes botones de opciones en la lista Zoom To:**

   - **200%:** Hace que su texto aparezca el doble del tamaño normal.

   - **100%:** Hace que su texto aparezca con el tamaño normal, predeterminado.

   - **75%:** Hace que su texto aparezca más pequeño.

   - **Page Width (Ancho de la página):** Hace que su línea de texto aparezca tan ancha como la ventana abierta actual desplegada en Word.

   - **Text width (Ancho de texto):** Aumenta o disminuye la página para que el texto calce en la pantalla (disponible solamente en la vista Print Layout).

   - **Whole page (Página completa):** Disminuye toda la página en la pantalla (disponible solo en la vista Print Layout).

   - **Many pages (Muchas páginas):** Muestra versiones miniatura de todas las páginas de su documento completo (disponible solamente en la vista Print).

Sus espíritus libres que tienen que expresar su individualidad pueden utilizar el recuadro de lista Percent para especificar un aumento del porcentaje exacto al cual mostrar su documento. El recuadro de lista Percent puede incluso manejar porcentajes como 57%, 93% ó 138%.

3. Haga clic sobre OK.

Mostrar espacios y marcas de párrafo

Si su documento exhibe espaciado extraño entre palabras o párrafos, quizás necesita saber si inadvertidamente metió dos espacios entre palabras (o ninguno del todo) o pulsó la tecla Enter dos veces después de los párrafos. Para hacer que Word muestre espacios y marcas de párrafo en su documento, haga lo siguiente:

1. Haga clic sobre el botón Show/Hide Paragraph Marks (que se ve como una P hacia atrás con dos líneas paralelas verticales) en la barra de herramientas Standard.

Word despliega los espacios (como puntos), marcas de párrafo (esas Ps hacia atrás con doble tallo) y cualquier texto oculto en su documento.

2. Haga clic sobre el botón Show/Hide Paragraph Marks de nuevo para ocultar espacios, marcas de párrafo y cualquier texto oculto.

Descifrar las Barras de Herramientas de Word

En lugar de forzarlo a memorizar combinaciones de teclas oscuras o vagar por múltiples capas de menúes, Word le permite escoger comandos comunes haciendo clic sobre botones almacenados en barras de herramientas.

Las dos barras de herramientas más comunes son la Standard y Formatting (Word realmente ofrece más de una docena de barras de herramientas diferentes, pero las barras de herramientas Standard y Formatting son las principales). Estas dos barras automáticamente aparecen cuando primero instala e inicia Word. Puede ocultarlas más adelante para hacer su pantalla menos aglomerada, si lo desea (pero luego podría encontrar todo en la pantalla —¿dónde está el reto en esto? Es broma).

Explorar la barra de herramientas Standard

La barra de herramientas Standard ofrece acceso a los comandos más frecuentemente utilizados del programa, acomodados de izquierda a derecha en más o menos el orden de su frecuencia de uso, como se muestra en la Figura 4-7.

Figura 4-7:
Vea todos los botones bonitos en la barra de herramientas Standard.

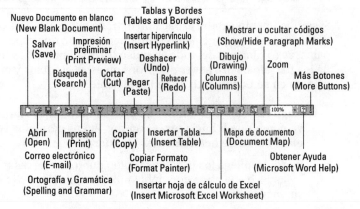

Para rápidamente descubrir qué hace cada botón en la barra de herramientas Standard, ponga el puntero del mouse sobre un botón y espere uno dos segundos hasta que ScreenTip —una breve explicación del botón— aparece (estas etiquetas útiles también responden al nombre *tooltips* cuando identifican herramientas particulares en un programa de software).

Verse bien con la barra de herramientas Formatting

La barra de herramientas Formatting contiene comandos para hacer que su texto se vea bien con diferentes fuentes, tamaños de tipo y preferencias (como negrita, cursiva y subrayado). La Figura 4-8 muestra la barra de herramientas Formatting.

Para utilizar cualquier comando en la barra de herramientas Formatting, solo seleccione el texto que desea formatear y luego haga clic sobre el botón adecuado (o la flecha que apunta hacia abajo junto a cualquier lista en la barra de herramientas Formatting). El Capítulo 5 explica cómo seleccionar texto de manera que pueda formatearlo con la barra de herramientas Formatting más adelante.

Explorar la regla de Word

La *ruler* (regla) define los márgenes y tabuladores de su documento. Si crea un documento de múltiples columnas, la regla también muestra la colocación de la columna y la distancia entre ellas. Al utilizar la regla, puede hacer los márgenes más anchos (o más pequeños) y cambiar la tabulación de los párrafos.

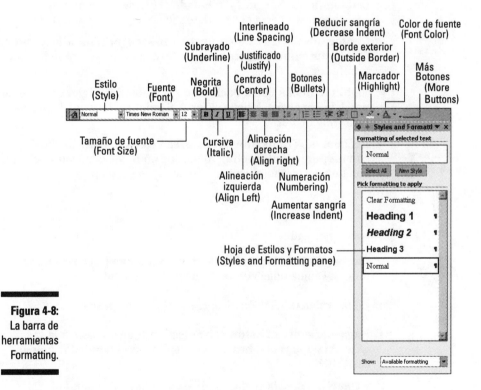

Figura 4-8:
La barra de herramientas Formatting.

Ocultar y desplegar la regla

Si no desea ver la regla en su pantalla (o si desea desplegarla después de ocultarla), puede ocultarla (o desplegarla) escogiendo View⇨Ruler.

Si cambia su vista Print Layout, Word despliega una regla vertical a lo largo del lado izquierdo de la pantalla. Para ocultar esta regla vertical, cambie a una vista diferente, como Normal o Web Layout.

Establecer tabuladores en la regla

Word ofrece cinco tipos diferentes de tabuladores (mostrados en la Figura 4-9) que puede establecer en la regla.

Los cinco tipos de tabuladores (no, no son un grupo musical de los 60) tienen cinco diferentes funciones:

- **Left tab (looks like an *L*) (tabulador Left, se ve como una L):** Mueve el texto hacia el lado derecho de la página conforme digita.

- **Center tab (looks like an upside-down *T*) (tabulador Center, se ve como una T hacia abajo):** Centra el texto alrededor del tabulador.

- **Right tab (looks like a backward *L*) (tabulador Right, se ve como una L hacia atrás):** Mueve el texto al lado izquierdo de la página conforme digita.

- **Decimal tab (Tabulador decimal, se ve como una T hacia abajo con un punto junto a ella):** Alínea los números decimales de una columna en el punto decimal, como en este ejemplo:

    24.90

    1.9084

    58093.89

- **Bar tab (Tabulador de barra, se ve como una línea recta, como una |):** Dibuja una línea vertical en el documento.

Para colocar una tabulación en la regla, siga estos pasos:

1. **Haga clic sobre el botón Tab Selection (que aparece a la izquierda de la regla) hasta que despliegue el tabulador que desea utilizar.**

2. **Haga clic sobre la regla donde desea colocar el tabulador.**

Botón de selección de tabulación
(Tab Selection button)

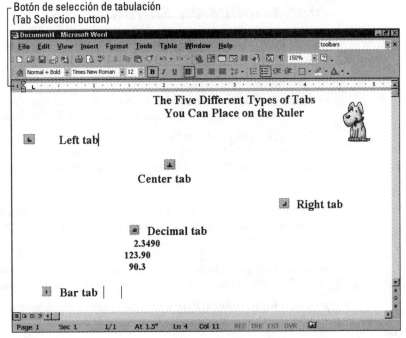

Figura 4-9:
Los cinco ti-
pos diferen-
tes de tabu-
ladores pue-
den colo-
carse en
una regla.

Para mover un tabulador existente en la regla, haga lo siguiente:

1. **Coloque el puntero del mouse en el tabulador que desea mover.**

2. **Sostenga el botón izquierdo del mouse hasta que vea una línea de puntos aparecer directamente debajo del tabulador.**

3. **Mueva el mouse donde desea el tabulador.**

4. **Libere el botón izquierdo del mouse.**

Para quitar un tabulador desde la regla, haga lo siguiente:

1. **Coloque el puntero del mouse en el tabulador que desea quitar.**

2. **Sostenga el botón izquierdo del mouse hasta que vea una línea de puntos aparecer directamente debajo del tabulador.**

3. **Mueva el mouse fuera de la regla.**

4. **Libere el botón izquierdo del mouse.**

Tabulaciones en su regla

Para ayudarle a tabular párrafos, el botón Tab Selection también despliega dos tipos de iconos de tabulación, como se muestra en la Figura 4-10:

- ✔ **Icono First Line Indent:** Este icono se ve como una casa hacia abajo y define el margen izquierdo de la primera línea en un párrafo.

- ✔ **Icono Hanging Indent:** Este icono se ve como una U grande sobre el botón Tab Selection y como una segunda casa hacia arriba sobre el icono Left Indent en la regla. El icono define el margen izquierdo de cada línea menos la primera de un párrafo.

Para brindar más opciones de tabulación, la regla despliega dos iconos que pueden tabular su texto a la izquierda y la derecha, como se muestra en la Figura 4-10.

- ✔ **Icono Left Indent:** Este icono no aparece en el botón Tab Selection y define el margen izquierdo de cada línea de un párrafo.

- ✔ **Icono Right Indent:** Este icono no aparece en el botón Tab Selection y define el margen derecho de cada línea de un párrafo.

La regla puede desplegar solamente una tabulación (ya sea First Line, Hanging, Left o Right) por párrafo.

Para tabular párrafos con los marcadores First Line Indent, Hanging Indent, Left Indent y Right Indent, siga estos pasos:

1. **Seleccione los párrafos que desea tabular.**

   Salte este paso si no ha escrito ningún párrafo para tabular. Cualquier tabulación que aplique a un documento en blanco afecta el futuro documento completo.

2. **Coloque el puntero del mouse en un marcador (First Line Indent, Hanging Indent, Left Indent o Right Indent) y sostenga el botón izquierdo del mouse.**

   Word despliega una línea vertical de puntos directamente debajo del marcador.

3. **Mueva el mouse donde desea tabular el párrafo y luego libere el botón del mouse.**

En lugar de mover los marcadores de tabulación en la regla, puede hacer clic sobre el botón Tab Selection hasta que aparezca el icono de First Line o Hanging Indent y luego haga clic sobre la regla donde desea colocar el marcador de First Line o Hanging Indent.

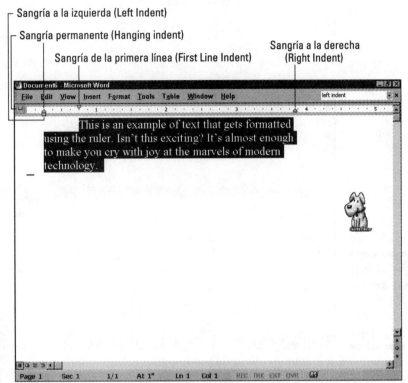

Sangría a la izquierda (Left Indent)

Sangría permanente (Hanging indent)

Sangría de la primera línea (First Line Indent)

Sangría a la derecha
(Right Indent)

Figura 4-10:
Utilizando la
regla, puede
tabular texto.

Moverse a través de un Documento de Word

Puede navegar a través de un documento de Word utilizando el mouse o el teclado. Aunque el mouse es más fácil de dominar, el teclado puede ser más conveniente de utilizar porque no tiene que mantenerse alcanzando el mouse cuando sus dedos ya están en el teclado.

Utilizar el mouse para saltar en un documento

El mouse es a menudo la forma más rápida de moverse alrededor de un documento. Cuando utiliza el mouse, puede usar la barra de desplazamiento vertical, como se muestra en la Figura 4-11.

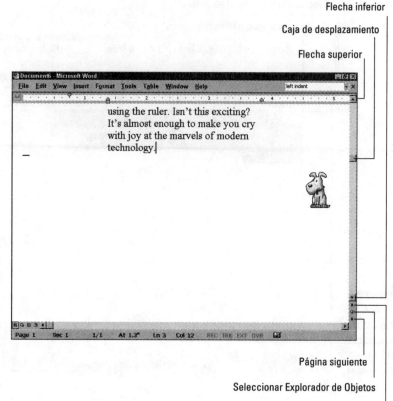

Flecha inferior

Caja de desplazamiento

Flecha superior

using the ruler. Isn't this exciting?
It's almost enough to make you cry
with joy at the marvels of modern
technology.

Figura 4-11:
Barra de
desplaza-
miento
vertical.

Página siguiente

Seleccionar Explorador de Objetos

Página anterior

Puede utilizar la barra de desplazamiento para hacer lo siguiente:

- Haga clic sobre la flecha hacia arriba y hacia abajo, una línea a la vez.

- Arrastre el cuadro de desplazamiento en la dirección deseada para saltar a una ubicación aproximada en su documento.

- Haga clic sobre la barra de desplazamiento encima o debajo del cuadro de desplazamiento para moverse página arriba o página abajo, una ventana a la vez.

- Haga clic sobre las flechas Previous Page o Next Page en la parte inferior de la barra de desplazamiento para saltar a la parte superior de la página siguiente.

Si su mouse tiene una rueda en el centro, puede también girarla para desplazarse una línea a la vez hacia arriba o hacia abajo.

Utilizar el teclado para saltar por un documento

Para aquellos que odian el mouse (o solo les gusta utilizar el teclado), aquí brindamos diferentes formas de saltar por el documento pulsando las teclas:

- Pulse la tecla ↓ para moverse hacia abajo una línea a la vez en su documento.

- Pulse la tecla ↑ para moverse hacia arriba una línea a la vez en su documento.

- Sostenga la tecla Ctrl y pulse ↑ o ↓ para saltar hacia arriba o hacia abajo un párrafo a la vez.

- Pulse la tecla PgDn (o Page Down, en algunos teclados) para saltar hacia abajo en el documento una ventana a la vez.

- Pulse la tecla PgUp (o Page Up, en algunos teclados) para saltar hacia arriba en el documento una ventana a la vez.

- Pulse Ctrl+Home para saltar al principio de su documento.

- Pulse Ctrl+End para saltar al final de su documento.

Utilizar el comando Go To

Cuando desea saltar a una parte específica de su documento, el comando Go To es mucho más fácil y rápido que el mouse o el teclado. Aparte de saltar a un número de página específico, el comando Go To puede también saltar a lo siguiente:

- Un número de línea específico.

- Un comentario escrito por una persona específica.

- Una marca de favoritos que usted o alguien más colocó en el documento.

Para utilizar el comando Go To, haga lo siguiente:

1. **Escoja Edit⇨Go To o pulse Ctrl+G.**

   Aparece la pestaña Go To del recuadro de diálogo Find and Replace, como se muestra en la Figura 4-12.

Figura 4-12:
La pestaña Go To le permite saltar a una parte específica de su documento, como un número de página.

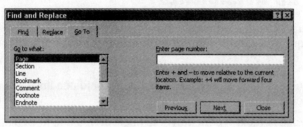

2. **Digite un número de página (o haga clic sobre el elemento que desea encontrar, como un número de línea específico y luego digite lo que desea encontrar) y pulse Enter.**

   Word salta a su elemento escogido, como un número de página o número de línea.

3. **Haga clic sobre Close o pulse Esc para quitar el recuadro de diálogo Go To.**

Guardar su Material

Normalmente, si va a tomarse el tiempo y la dificultad de escribir algo en Word, probablemente desea guardar su trabajo para poder utilizarlo de nuevo en el futuro. Word suministra tres formas de hacerlo.

Guarde siempre su trabajo periódicamente en caso de que su computadora colapse, se vaya la luz, Windows 95/98/Me/NT/2000 se congele inexplicablemente o venga algún payaso y empiece a jugar con su máquina. El Capítulo 3 ofrece información sobre cómo recuperar un documento en caso de que su computadora colapse.

Guardar su documento

Para guardar su documento, escoja uno de los siguientes métodos:

 ✔ Pulsar Ctrl+S.

 ✔ Hacer clic sobre el botón Save en la barra de herramientas Standard (el botón que se ve como un disquete).

 ✔ Escoger File➪Save.

Si está guardando un documento por primera vez, Word le pide escoger un nombre para su archivo. Idealmente, debería hacer su nombre tan descriptivo como sea posible, como Carta a papi o Citación a Exesposa, de manera que sacuda su memoria sobre los contenidos del documento cuando no ha mirado el archivo por un tiempo.

Si tiene múltiples documentos abiertos y desea guardarlos con un golpe de tecla, sostenga la tecla Shift y escoja File⇨Save All.

La mayor longitud de archivo que Word puede manejar es 255 caracteres. Los nombres de archivos no deben incluir el (/), (\), (>), (<), (*), (?), ("), (|), (:), o (;).

Guardar su documento bajo un nuevo nombre o como un tipo de archivo diferente

Suponga que escribió un reporte que duró cinco días haciéndolo y ahora debe escribir otro parecido. En lugar de empezar de la nada, puede abrir su viejo reporte, guardarlo como un nuevo documento y luego editar el nuevo documento mientras deja el original intacto.

Para guardar su documento bajo un nombre diferente, siga estos pasos:

1. **Escoja File⇨Save As.**

   Aparece el recuadro de diálogo Save As.

2. **Digite un nuevo nombre para su archivo en el recuadro Name.**

3. **(Opcional) Haga clic sobre el recuadro de lista Save as Type y escoja un formato de archivo por utilizar, como WordPerfect 5.0 o Works 4.0 para Windows.**

4. **Haga clic sobre Save.**

Los documentos de Word son compatibles con documentos de Word 2000, pero no siempre completamente compatibles con versiones más viejas de Word, como las creadas por Word 97 o Word 6.0. Si desea guardar un documento de Word para que alguien más pueda editarlo utilizando una versión más vieja de Word, escoja el comando Save As y escoja un formato de archivo (como Word 6.0/95), en el recuadro de lista Save as Type del recuadro de diálogo Save As.

Para asegurar la máxima compatibilidad entre documentos de Word y versiones más viejas, como Word 97, puede desactivar opciones específicas de Word que no están soportadas por versiones más viejas de Word. Para desactivar estas opciones, siga estos pasos:

1. **Escoja Tools⇨Options.**

2. **Haga clic sobre la pestaña Save.**

   Aparece la pestaña Save en el recuadro de diálogo Options, como se muestra en la Figura 4-13.

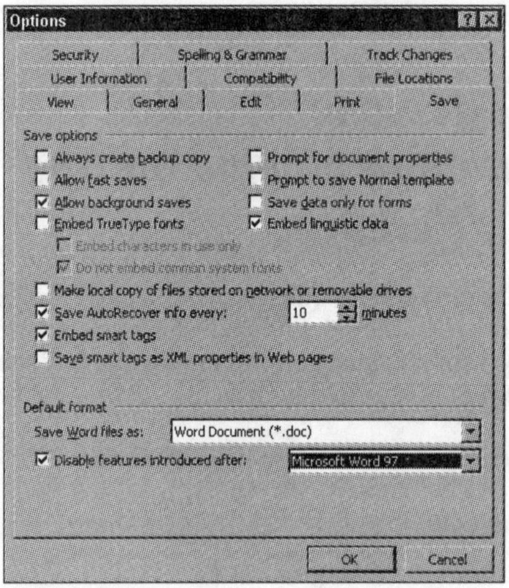

Figura 4-13: Puede deshabilitar ciertas opciones en Word de manera que sus documentos permanezcan compatibles con versiones más viejas de Word.

3. **Haga clic sobre la casilla de verificación Disable Features Introduced After.**

4. **Haga clic sobre el recuadro de lista y escoja una versión de Word, como Microsoft Word 97.**

5. **Haga clic sobre OK.**

Hacer respaldos de su archivo automáticamente

En caso de que esté aterrorizado de perder información (un miedo completamente justificado, dada la inclinación de Windows 95/98/Me/NT/2000 para colapsar), quizás desee utilizar la opción de respaldo de Word.

La opción *backup* (respaldo) crea una segunda copia (un respaldo) de su documento cada vez que lo guarda. Este archivo de respaldo es llamado "Backup of (nombre del documento original)". Así que si guarda un documento llamado "Plan para el dominio del mundo", el archivo de respaldo es llamado "Backup of Plan para el dominio del mundo" y está almacenado en la misma carpeta que su documento original (esto también significa que si accidentalmente borra la carpeta que tiene el documento original, borra la copia de respaldo).

Para activar la opción de respaldo de Word, siga estos pasos:

1. **Escoja Tools➪Options.**

   Aparece el recuadro de diálogo Options (refiérase a la Figura 4-13).

2. **Haga clic sobre la pestaña Save.**

3. **Asegúrese de que aparece una marca de verificación en la casilla de verificación Always Create Backup Copy.**

4. **Haga clic sobre OK.**

Word también ofrece una casilla de verificación Allow Fast Saves donde puede hacer clic después del Paso 3. La opción Fast Saves guarda sus archivos rápidamente (de ahí el nombre Fast Save) porque solamente almacena cualquier cambio que haga en un archivo más pequeño, separado o temporal en el disco. Si escoge la opción Fast Saves, debe despejar la casilla de verificación Allow Fast Saves periódicamente para que Word consolide todos los cambios en un solo archivo.

Vista Preliminar e Impresión de su Obra Maestra

Si no le importa contribuir con la deforestación global, tiene libertad de imprimir cada vez que puede, solo para ver que sus documentos estén alineados adecuadamente. Pero si es una de esas personas que sufren al desperdiciar recursos preciosos en impresiones innecesarias, utilice la opción Word Print Preview antes de imprimir todo su trabajo.

Poner Print Preview a trabajar

Print Preview le permite saber cómo se verán sus documentos antes de imprimirlos. De esta forma, puede verificar si sus márgenes están alineados adecuadamente y sus números de página aparecen en el lugar derecho —y detectan cualquier punto que está intentando escapar de la página.

Para utilizar la opción Print Preview, haga lo siguiente:

1. **Escoja File⇨Print Preview.**

   Word despliega su documento en una impresión minúscula, como se muestra en la Figura 4-14, y el cursor como una lupa.

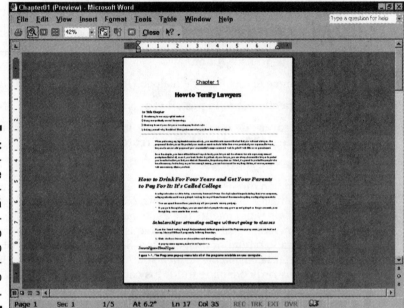

Figura 4-14: Print Preview le muestra cómo se verá su documento cuando eventualmente lo imprima.

2. **Mueva el cursor del mouse (la lupa) sobre el documento y haga clic para visualizarlo en su tamaño completo.**

3. **Haga clic sobre Close para cerrar el Print Preview.**

Definir sus páginas

Antes de imprimir sus documentos de Word, quizás desee definir sus márgenes de página y tamaño de papel. Para definir sus páginas, haga lo siguiente:

1. **Escoja File⇨Page Setup.**

   Aparece el recuadro de diálogo Page Setup.

2. Haga clic sobre la pestaña M̱argins y luego sobre los recuadros Ṯop, Ḇottom, Le̱ft o Rig̱ht para definir los márgenes que desea establecer.

Aparece la pestaña Margins en el recuadro de diálogo Page Setup, como se muestra en la Figura 4-15.

3. Haga clic sobre la pestaña P̱aper y luego sobre el recuadro de lista Pape̱r Size para definir el tamaño de papel (como Legal o A4).

Quizás también desee definir al ancho y largo específicos de sus páginas.

Figura 4-15: Utilizando el recuadro de diálogo Page Setup, puede definir los márgenes, esquema y tipo de papel para imprimir su documento.

4. Haga clic sobre los recuadros de lista First Page y Other Pages bajo el grupo Paper Source para definir la ubicación del papel que desea utilizar para su impresora.

5. Haga clic sobre la pestaña Ḻayout.

La pestaña Layout le permite definir si desea que aparezcan sus encabezados y pies de página diferentes en páginas pares e impares, o si deberían aparecer o no en la primera página.

6. Haga clic sobre OK.

Después de este proceso tedioso y exhaustivo de definir el papel que va a utilizar, está listo para imprimir sus documentos de Word.

Imprimir su trabajo

Tarde o temprano, usted sucumbe a la necesidad de imprimir algo que creó en Word. Para imprimir un documento de Word, siga estos pasos:

1. **Escoja File⇔Print o pulse Ctrl+P.**

   Aparece el recuadro de diálogo Printer, como se muestra en la Figura 4-16.

2. **Haga clic sobre el recuadro de lista Name y escoja la impresora que va a utilizar.**

3. **En el grupo Page range, haga clic sobre un botón de opción para escoger las páginas que desea imprimir, como All o Current page.**

   Si hace clic sobre la opción Pages, puede escoger selectivamente las páginas que desea imprimir, como páginas 1, 3 y de la 5 hasta la 12.

Figura 4-16:
Puede utilizar el recuadro de diálogo Print para definir el número de copias y el rango de la página que desea imprimir.

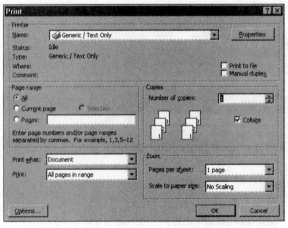

4. **Haga clic sobre el recuadro Number of Copies y digite el número de copias que desea.**

5. **Haga clic sobre el recuadro de lista Print WHAT y escoja lo que desea imprimir, como su Documento o cualquier comentario que haya agregado al documento.**

6. **Haga clic sobre el recuadro de lista Print y escoja lo que desea imprimir, como páginas Odd o Even.**

7. **Haga clic sobre OK.**

Cuando haga clic sobre el botón Print (el que parece una impresora) en la barra d herramientas Standard, Word inmediatamente empieza a imprimir todo su documento, haciendo caso omiso del recuadro de diálogo Print. Si desea imprimir páginas específicas o un cierto número de copias, repase el menú (o pulse Ctrl+P).

Capítulo 5

Manipular sus Palabras

Aun los mejores escritores en el mundo necesitan editar su trabajo de vez en cuando para eliminar texto, reacomodar párrafos o revisar ortografía y gramática. Afortunadamente, Word le puede simplificar (o incluso automatizar) la mayoría de estas tareas. De esta forma, puede concentrarse en escribir más que preocuparse sobre las tareas triviales de ortografía y utilizar la gramática correctamente.

Seleccionar texto

Antes de que pueda eliminar, mover, copiar o formatear texto, debe seleccionarlo primero. Al seleccionar texto le dice a Word, "¿Ve este texto que acabo de destacar? Eso es lo que quiero que cambie".

Puede seleccionar texto en dos formas:

✔ Arrastrando o haciendo clic sobre el mouse.

✔ Utilizando el teclado.

Arrastrar o hacer clic sobre el mouse para seleccionar texto

Arrastrar el mouse es la forma más fácil e intuitiva de seleccionar texto (siempre que se sienta cómodo utilizando el mouse).

Para seleccionar texto con el mouse:

1. **Mueva el puntero del mouse al principio (o final) del texto que desea seleccionar.**

2. **Sostenga el botón izquierdo del mouse y muévalo al otro extremo del texto, destacando todo el texto que desea seleccionar.**

3. **Libere el botón del mouse.**

Si confía en sus habilidades de hacer clic de su mouse, intente estas otras formas de seleccionar texto con el mouse:

✔ Haga doble clic sobre una palabra (seleccione la palabra y el espacio que le sigue).

✔ Sostenga la tecla Ctrl y haga clic dentro de una oración para seleccionarla toda.

✔ Haga triple clic dentro de un párrafo para seleccionarlo todo.

✔ Haga clic en el extremo izquierdo (donde el cursor cambia a una flecha) de la primera palabra en una línea para seleccionar toda la línea.

✔ Haga doble clic en el extremo izquierdo de un párrafo para seleccionar todo el párrafo.

✔ Con su mouse en el extremo izquierdo del texto, arrastre verticalmente (o sea, sostenga el botón del mouse y muévalo) para seleccionar múltiples líneas, ya sea que estas formen parte de un solo párrafo o varios párrafos.

Utilizar el teclado para seleccionar texto

En lugar de estirarse para alcanzar el mouse, puede encontrar uno de los accesos directos del teclado mostrados en la Tabla 5-1 más fácil para seleccionar texto. Si repite la combinación de teclas, selecciona más texto en la dirección indicada.

Tabla 5-1	Accesos directos de Teclado para Seleccionar texto
Al pulsar esto	*Selecciona esto*
Shift+→	Carácter a la derecha del punto de inserción
Shift+←	Carácter a la izquierda del punto de inserción

Al pulsar esto	Selecciona esto
Shift+Home	Toda la línea a la izquierda del punto de inserción
Shift+End	Toda la línea a la derecha del punto de inserción
Shift+PgUp	Una pantalla de texto desde el punto de inserción hacia arriba
Shift+PgDn	Una pantalla de texto desde el punto de inserción hacia abajo
Ctrl+Shift+→	Una palabra a la derecha del punto de inserción
Ctrl+Shift+←	Una palabra a la izquierda del punto de inserción
Ctrl+Shift+Home	Todo el texto desde el punto de inserción al principio del documento
Ctrl+Shift+End	Todo el texto desde el punto de inserción al final del documento
Alt+Ctrl+Shift+Page Down	Todo el texto desde el punto de inserción al final de la ventana desplegada
F8 y una tecla de flecha	Desde el punto de inserción en la dirección de la flecha que escoja. F8 lo pone en el modo de selección, que obtiene pulsando Esc.
Ctrl+Shift+F8 y una tecla de flecha	Destaca un bloque de texto (el tamaño del texto destacado varía dependiendo de cuántas veces pulsa las teclas de flecha arriba/abajo o derecha/izquierda).
Ctrl+A	Todo el documento —todo el texto, incluyendo pies de página (pero excluyendo los encabezados y pies de página; bueno para hacer un cambio de fuente a través de todo el documento

Editar Texto

Ni siquiera los mejores autores pueden escribir sus obras maestras con un solo borrador. La mayoría de las personas necesitan editar sus escritos hasta que diga exactamente lo que quieren decir. Para hacer esta (por lo general desagradable) tarea más fácil Word le permite editar texto de varias formas: eliminando texto, copiando o moviendo texto (incluso entre diferentes documentos) o utilizando la edición arrastrar-y-liberar.

Eliminar texto

Dos teclas pueden eliminar caracteres individuales y texto seleccionado:

- ✔ La tecla Backspace (típicamente gris, con una flecha apuntando a la izquierda), en la parte superior del teclado, elimina los caracteres a la izquierda del punto de inserción.

- ✔ La tecla Delete, que encuentra en más de un lugar —debajo de la tecla Insert (sobre las teclas de flecha) y debajo de la tecla 3 en el teclado numérico— elimina caracteres a la derecha del punto de inserción.

Evite pulsar la tecla Insert (o Ins en algunos teclados). El modo predefinido de Word es Insert, que quiere decir que cuando digita, sus palabras recién digitadas empujan cualquier otra palabra existente a la derecha. Si accidentalmente pulsa la tecla Insert, entra en el modo Overtype. Cuando está en el modo Overtype, al digitar nuevo texto simplemente elimina cualquier texto existente que se atraviesa en el camino.

Aquí presentamos unas cuantas cosas que quizás desee notar:

- ✔ Escoger Edit⇨Clear hace lo mismo que pulsar la tecla Delete.

- ✔ Puede eliminar bloques enteros de texto (o gráficos) seleccionando el texto (o gráficos) primero y luego pulsando la tecla Backspace o Delete.

- ✔ En lugar de eliminar texto y luego digitar algo nuevo, puede eliminar y remplazarlo al mismo tiempo seleccionando dicho texto y luego digitando el nuevo.

Las personas tienen la tendencia de cambiar de parecer (especialmente los políticos). En caso de que elimine texto y de repente se de cuenta de que no quería hacer esa acción en particular, tiene tres opciones:

- ✔ Pulsar Ctrl+Z.

- ✔ Escoger Edit⇨Undo.

- ✔ Hacer clic sobre el botón Undo en la barra de herramientas Standard.

Al escoger una de estas tres opciones de Undo, Word deshace lo último que hizo. Por ejemplo, si elimina un párrafo y de repente se da cuenta que cometió un error, pulse Ctrl+Z y Word restaura su texto.

Copiar y mover texto

Si desea copiar texto y colocar la copia en una parte diferente del documento o simplemente mover el texto de un lugar a otro:

1. **Seleccione el texto que desea copiar.**

   Utilice el mouse o teclado como se explicó en la sección "Seleccionar texto" anteriormente en este capítulo.

2. **Copie o corte el texto seleccionado.**

   Copiar texto le permite mantener el texto original en su ubicación actual, pero pegar una copia del mismo en otra parte de su documento. Para copiar el texto, puede hacer cualquiera de los siguientes pasos:

   - Escoger Edit⇨Copy.

   - Pulsar Ctrl+C.

   - Hacer clic sobre el botón Copy en la barra de herramientas Standard.

   - Hacer clic sobre el botón derecho del mouse y escoger Copy en el menú de selección.

   Al cortar texto lo elimina, de manera que puede moverlo a otra parte de su documento. Para cortar texto, es posible hacer cualquiera de los siguientes pasos:

   - Escoger Edit⇨Cut.

   - Pulsar Ctrl+X.

   - Hacer clic sobre el botón Cut en la barra de herramientas Standard.

   - Hacer clic sobre el botón derecho del mouse y escoger Cut en el menú de selección.

3. **Mueva el cursor donde desea colocar el texto copiado o cortado.**

4. **Escoja el comando Paste en una de las siguientes maneras:**

   - Escoger Edit⇨Paste.

   - Pulsar Ctrl+V.

- Hacer clic sobre el botón Paste en la barra de herramientas Standard.

- Hacer clic sobre el botón derecho del mouse y escoger Paste en el menú de selección.

Cada vez que copia o corta texto, Windows lo almacena en el Office Clipboard, que es un lugar temporal de almacenamiento que tiene 24 objetos copiados o cortados. Para más información sobre Office Clipboard, refiérase al Capítulo 2.

Descubrir la edición arrastrar-y-liberar

Aunque *arrastrar y liberar* suena como algo que usted hace cuando está comprando en el último minuto durante las vacaciones, es realmente un acceso directo para cortar y pegar. En lugar de copiar o cortar texto y pegarlo en alguna otra parte, la edición arrastrar-y-liberar le permite arrastrar el texto a una nueva ubicación. Luego puede soltar el texto liberando el botón del mouse.

La edición arrastrar-y-liberar funciona dentro de un documento al igual que entre documentos. Si tiene dos documentos abiertos, puede simplemente arrastrar y liberar el texto entre ellos.

La edición arrastrar-y-liberar puede ser un poco difícil de dominar al principio. Quizás desee experimentar en un documento que puede darse el lujo de estropear, como el résumé de su jefe. Si comete un error utilizando la edición arrastrar-y-liberar, puede siempre utilizar el comando Undo (pulse Ctrl+Z) para arreglarlo.

Para arrastrar y liberar texto seleccionado a un nueva ubicación, haga lo siguiente:

1. **Seleccione el texto para mover utilizando el mouse o uno de los comandos del teclado.**

2. **Coloque el puntero del mouse dentro del texto seleccionado y sostenga el botón izquierdo del mouse.**

    El puntero del mouse despliega un recuadro debajo y una línea vertical de puntos grises le muestra dónde Word colocará su texto seleccionado cuando libera el botón izquierdo del mouse.

3. **Arrastre el texto a la nueva ubicación.**

    Word despliega una línea gris vertical para mostrarle dónde aparecerá el texto seleccionado cuando libere el botón izquierdo del mouse.

4. **Libere el botón izquierdo del mouse.**

Si prefiere copiar texto a moverlo, siga estos pasos:

1. **Seleccione el texto que desea copiar utilizando el mouse o uno de los comandos del teclado.**

2. **Sostenga la tecla Ctrl.**

3. **Coloque el puntero del mouse sobre el texto seleccionado y sostenga el botón izquierdo del mouse.**

4. **Arrastre el texto a la nueva ubicación.**

5. **Libere el botón del mouse y la tecla Ctrl.**

Revisar su Gramática y Ortografía

Algunos de los mejores escritores del mundo no pueden deletrear correctamente —solo vea toda la ortografía extraña en las obras originales de Shakespeare. Para asegurarse de que su presentación de negocios no se vea como garabatos de un niño de cinco años, permítale a Word revisar su gramática y ortografía antes de mostrarle su documento a alguien más.

Revisar gramática y ortografía conforme escribe

Mientras digita, Word actúa como una maestra de escuela de gramática e inmediatamente subraya posibles problemas para llamar su atención. Una línea verde ondulada aparece bajo posibles errores de gramática y una línea roja ondulada destaca posibles errores de ortografía.

Para abordar problemas gramaticales que Word subraya:

1. **Coloque el puntero del mouse sobre la palabra subrayada con una línea ondulada verde.**

2. **Haga clic sobre el botón derecho del mouse.**

   Aparece un menú de selección, como se muestra en la Figura 5-1.

3. **Escoja una de las sugerencias que Word ofrece o haga clic sobre Grammar para más información.**

   Si hace clic sobre Grammar, aparece el recuadro de diálogo con ese nombre (como se muestra en la Figura 5-2), ofreciendo sugerencias y brindándole la opción de escoger ignorar una regla de gramática en particular.

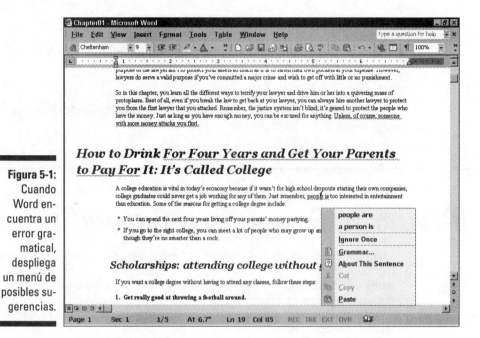

Figura 5-1: Cuando Word encuentra un error gramatical, despliega un menú de posibles sugerencias.

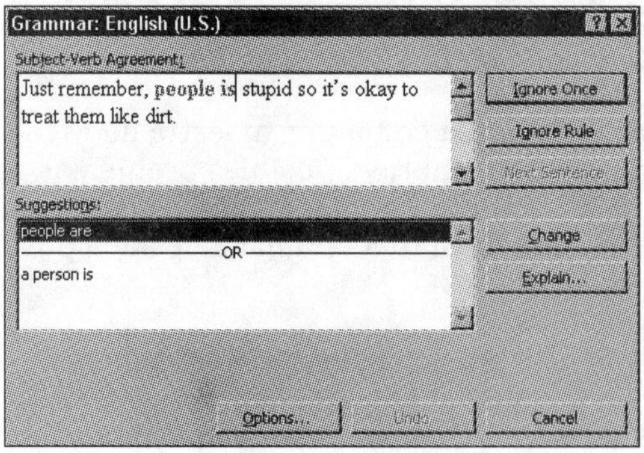

Figura 5-2: El recuadro de diálogo Grammar.

4. Escoja una de las siguientes opciones, dependiendo de su opinión del asunto en cuestión:

• Haga clic sobre Résumé.

• Haga clic sobre Ignore Rule.

• Haga clic sobre una sugerencia en el recuadro de lista Suggestions y haga clic sobre Change.

5. **Haga clic sobre Cancel, haga clic sobre el recuadro de cierre en la esquina superior derecha de la ventana o pulse Esc para retirar el recuadro de diálogo Grammar.**

Para abordar problemas de ortografía que Word subraya:

1. **Coloque el puntero del mouse sobre la palabra subrayada con una línea roja ondulada.**

2. **Haga clic sobre el botón derecho del mouse.**

   Aparece un menú enumerando palabras que Word piensa que usted deseaba en lugar de la palabra mal escrita, como se muestra en la Figura 5-3.

3. **Escoja una de las siguientes opciones**

   - Haga clic sobre una de las palabras que Word sugiere.

   - Haga clic sobre Add to Dictionary para agregar la palabra subrayada al diccionario de manera que no sean señaladas como un error nunca más.

   - Haga clic sobre Ignore All. ***Nota:*** Ignore All hace que Word obvie todas las futuras instancias de esta ortografía en este documento.

Si hacer que Word automáticamente revise su ortografía o gramática conforme digita lo saca de quicio, puede desactivarla siguiendo estos pasos:

1. **Escoja Tools⇨Options.**

   Aparece el recuadro de diálogo Options.

2. **Haga clic sobre la pestaña Spelling & Grammar.**

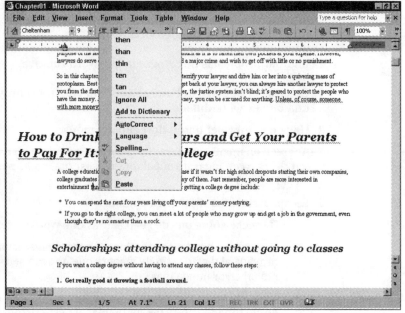

3. **Haga clic sobre la casilla de verificación Check Spelling as You Type o Check Grammar as You Type, de manera que desaparezca la marca de verificación.**

   Cuando la casilla de verificación está vacía, la opción está desactivada.

4. **Haga clic sobre OK.**

Revisar la ortografía y gramática en todo su documento

En lugar de corregir errores de ortografía y gramática mientras digita, quizás desee terminar de escribir y luego revisar su ortografía y gramática. Para revisar la ortografía y gramática de todo su documento, haga lo siguiente:

1. **Escoja una de las siguientes opciones:**

   • Escoja Tools⇨Spelling and Grammar.

   • Pulse F7.

   • Haga clic sobre el botón Spelling and Grammar en la barra de herramienta Standard (el que tiene la marca de verificación y las letras *ABC* sobre este).

Cada vez que Word encuentra un posible problema, se detiene y despliega el recuadro de diálogo Spelling and Grammar, como se muestra en la Figura 5-4.

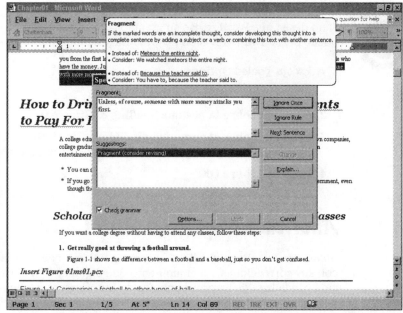

Figura 5-4:
El recuadro de diálogo Spelling and Grammar puede ayudarle a corregir errores en su documento.

2. **Escoja una de las siguientes opciones, dependiendo de su opinión del asunto en cuestión:**

   • Hacer clic sobre Ignore Once.

   • Hacer clic sobre Ignore All (si revisa la ortografía) o Ignore Rule (si revisa la gramática).

   • Hacer clic sobre Add to Dictionary para agregar la palabra subrayada al diccionario, de manera que nunca más sea señalada como error (el botón Add to Dictionary solamente aparece cuando revisa ortografía).

   • Haga clic sobre una sugerencia desplegada en el recuadro lista Suggestions y haga clic sobre Change o Change All.

   Después de que Word termina de revisar su documento, despliega el mensaje, "The spelling and grammar check is complete".

3. **Haga clic sobre OK para regresar a su documento.**

En lugar de destacar una palabra sugerida del recuadro lista Suggestions y hacer clic sobre Change, puede aceptar una palabra sugerida haciendo doble clic sobre esa palabra. Como otra alternativa, solo digite su propia conexión directamente en la ventana superior del recuadro de diálogo Spelling and Grammar.

Si no desea que Word revise su gramática mientras revisa la ortografía, puede desactivar la revisión de gramática siguiendo estos pasos:

1. **Escoja Tools⇨Options.**

   Aparece el recuadro de diálogo Options.

2. **Haga clic sobre la pestaña Spelling & Grammar.**

3. **Haga clic sobre el recuadro de diálogo Check Grammar with Spelling, de manera que la casilla de verificación esté vacía.**

4. **Haga clic sobre OK.**

Ahorrar tiempo con AutoCorrect

AutoCorrect contiene una lista de errores tipográficos comunes junto con sus correcciones. En el momento que digita una palabra que coincida con la lista de errores comunes de AutoCorrect (como *lso* en lugar de *los,* o *cno* en lugar de *con*), AutoCorrect lo lleva a una acción y corrige la mala ortografía inmediatamente (dándole la ilusión que realmente deletrea todo correctamente).

✔ Puede agregar sus propios errores de ortografía comunes al diccionario AutoCorrect para que los corrija automáticamente.

✔ Si ve un montón de términos extraños o nombres propios, puede almacenar referencias de taquigrafía en AutoCorrect. Por ejemplo, en lugar de digitar *Massachusetts Institute of Technology* cada vez, solo almacene las letras *MIT* en AutoCorrect. Cada vez que digita *MIT,* AutoCorrect automáticamente la remplaza con *Massachusetts Institute of Technology* (si realmente desea digitar MIT, tendrá que redigitarlo de nuevo y luego Word deja su escritura sola).

Para modificar AutoCorrect, haga lo siguiente:

1. **Escoja Tools⇨AutoCorrect.**

   Aparece el recuadro de diálogo AutoCorrect, como se muestra en la Figura 5-5.

2. **En el recuadro Replace, digite una palabra que frecuentemente escribe mal.**

   O digite una palabra en taquigrafía para representar una palabra o frase más larga, como **MIT**.

3. **Digite la ortografía correcta de la palabra en el recuadro With.**

O digite la palabra o frase más larga que desea que AutoCorrect utilice, como **Massachusetts Institute of Technology**.

4. **Haga clic sobre Add.**

5. **Haga clic sobre OK.**

Si introduce una palabra mal escrita en el recuadro With, AutoCorrect escribe la palabra mal consistentemente —lo que le muestra que (a) las computadoras no son inteligentes después de todo y, (b) puede realmente llamar su nueva invención "X-punge" o "KleenitOOPS" y enseñarle a AutoCorrect a aceptar el nombre como correcto.

Figura 5-5:
El recuadro
de diálogo
AutoCorrect
despliega
una lista de
errores or-
tográficos
comunes
—y su orto-
grafía co-
rrecta (que
Word ofrece
en su lugar).

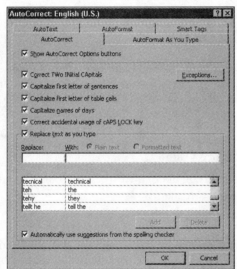

Para eliminar una palabra de AutoCorrect, siga estos pasos:

1. **Escoja Tools⇨AutoCorrect.**

Aparece el recuadro de diálogo AutoCorrect (refiérase a la Figura 5-5).

2. **En el recuadro de lista de dos columnas en la parte inferior del recuadro de diálogo, haga clic sobre la palabra que desea elimi-nar de AutoCorrect.**

Word destaca toda la fila.

3. **Haga clic sobre Delete.**

4. **Haga clic sobre OK.**

Si desea desactivar AutoCorrect para que no lo moleste cuando escribe, siga estos pasos:

1. **Escoja Tools⇨AutoCorrect.**

   Aparece el recuadro de diálogo AutoCorrect.

2. **Haga clic sobre la pestaña AutoCorrect.**

3. **Haga clic sobre todas las casillas de verificación que actualmente tienen las marcas de verificación.**

   Las casillas de verificación aparecen vacías cuando termina.

4. **Haga clic sobre OK.**

Contar sus Palabras

Como muchos escritores reciben su pago por palabra y necesitan crear documentos con un cierto número de palabras (digamos, 1,500 a 2,500), quizás desea saber cuántas hay en su documento. Afortunadamente, Word es lo suficientemente inteligente para contar todas las palabras en su documento. Para contarlas, siga estos pasos:

1. **Escoja Tools⇨Word Count.**

   Aparece el recuadro de diálogo Word Count, como se muestra en la Figura 5-6.

2. **Haga clic sobre Close.**

Puede también desplegar el conteo de palabras de un documento escogiendo View⇨Toolbars⇨Word Count. Este despliega una barra de herramientas Word Count que muestra el conteo cada vez que haga clic sobre el botón Recount.

Herramienta de conteo de palabras
(Word Count toolbar)

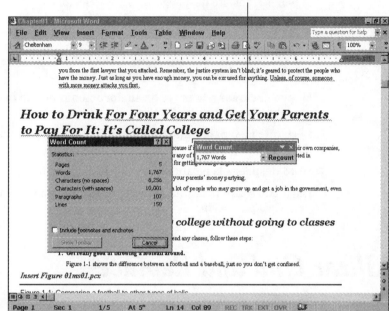

Figura 5-6:
El recuadro
de diálogo
Word Count
enumera las
palabras de
su docu-
mento (junto
con otra in-
formación).

Traducir sus Palabras

Como no todas las personas hablan (o escriben) el mismo idioma,
Word es lo suficientemente inteligente para saber cómo traducir palabras de inglés a francés o español (o desde francés o español a inglés). Así que la próxima vez que necesite traducir algunas palabras,
haga lo siguiente:

Quizás necesita instalar diccionarios de lenguas extranjeras de Word
de los discos compactos de instalación.

1. **Escoja Tools⇨Language⇨Translate.**

   Aparece el panel Translate (como se muestra en la Figura 5-7),
   brindándole opciones para traducir palabras individuales, frases
   o documentos enteros a otro idioma.

2. **Haga clic sobre un botón de opción para definir lo que desea
   traducir: Text, Current selection o Entire document.**

   Si hace clic sobre el botón de opción Text, debe digitar una palabra que desea traducir.

3. **Haga clic sobre el recuadro de lista Dictionary y escoja una opción de traducción, como English (U.S.) to French.**

4. **Haga clic sobre Go.**

El panel Translate despliega varias traducciones.

5. **Haga clic sobre Replace.**

Si escoge el botón de opción Text en el Paso 2, necesita seguir del Paso 6 al 8. De lo contrario, puede hacer clic sobre el recuadro de cierre en el panel Translation para desaparecerlo.

6. **Mueva el cursor a la parte de su documento donde desea que aparezca la palabra traducida.**

7. **Destaque la(s) palabra(s) traducida(s) que desea utilizar y haga clic sobre Replace.**

Word despliega la palabra traducida en su documento.

8. **Haga clic sobre la casilla de verificación del panel Translation para desaparecerla.**

Utilizar Find and Replace

Para encontrar una cierta palabra o frase en su documento, puede desplazarse y examinar el documento línea por línea o puede hacerlo en la forma fácil y permitirle a Word encontrar la palabra o frase para usted.

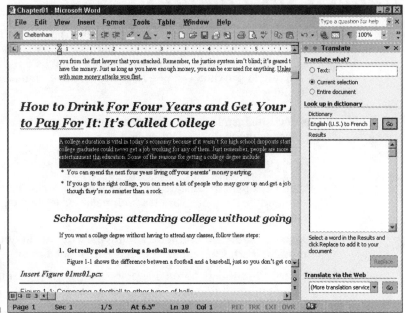

Figura 5-7:
El panel
Translate

La opción Find and Replace puede también ser útil cuando desea remplazar ciertas palabras o frases, pero no desea hacerlo usted mismo. Por
ejemplo, puede tener un acuerdo prenupcial con el nombre Frank escrito
en alguna parte. Si desea encontrar todas las referencias a Frank y rem-
plazarlas por Bob, la opción Find and Replace puede hacerlo más rápida
y eficientemente que un abogado muy preciado (probablemente utiliza la
opción Find and Replace de todas formas).

Utilizar la opción Find

Para encontrar una palabra o frase, siga estos pasos:

1. **Escoja Edit⇨Find o pulse Ctrl+F.**

   Aparece el recuadro de diálogo Find and Replace (como se muestra en la Figura 5-8), listo para buscar a través de su documento
   palabras o frases específicas.

2. **Digite la palabra o frase que desea encontrar dentro de su documento en el recuadro Find What.**

   Si está repitiendo una búsqueda, haga clic sobre la flecha que
   apunta hacia abajo junto al recuadro Find what para desplegar
   una lista de sus cuatro últimas búsquedas.

Figura 5-8:
Recuadro
de diálogo
Find and Re-
place.

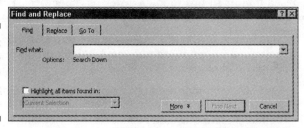

3. **Haga clic sobre More para personalizar su búsqueda o salte al
   Paso 8 si desea iniciar su búsqueda inmediatamente.**

   El recuadro de diálogo Find and Replace crece mágicamente (como se muestra en la Figura 5-9), brindando más opciones que puede utilizar para buscar en su documento un texto específico.

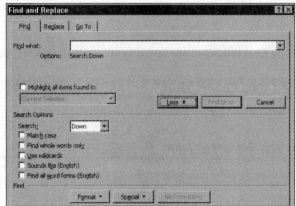

Figura 5-9:
La versión
más grande
del recua-
dro de diálo-
go Find and
Replace.

4. **Haga clic sobre el recuadro de lista S̲earch si desea limitar cuál parte del documento revisa Word. Escoja entre lo siguiente:**

   - **All (Todo):** busca en todo el documento.

   - **Down (Abajo):** busca desde la ubicación presente del cursor hasta el fin del documento.

   - **Up (Arriba):** busca desde la ubicación presente del cursor hasta el principio del documento.

5. **Si desea limitar su búsqueda a criterios específicos, revise las casillas de verificación adecuadas:**

   - **Matc̲h case (Coincidir mayúsculas y minúsculas):** busca la palabra o frase con las mayúsculas o minúsculas que usted digita en el recuadro Find What.

   - **Find whole words onl̲y (Buscar palabras completas sola- mente):** busca palabras completas y no señala las que con- tienen el texto que está buscando (por ejemplo, buscar *Ann* no indica *Anniversary*).

   - **U̲se wildcards (Utilizar comodines):** le permite utilizar co- modines en su búsqueda (por ejemplo, digite ***te** para en- contrar todas las palabras que terminan con *te*).

   - **Sounds li̲ke (Suena como):** busca palabras fonéticamente.

   - **Find all word for̲ms (Buscar todas las formas de la pala- bra):** Busca diferentes formas de una palabra (una búsqueda para *sing* indicaría *sang*, por ejemplo).

6. **Haga clic sobre F̲ormat si desea buscar palabras en una fuente, párrafo, idioma o estilo específicos.**

7. **Haga clic sobre Special si desea buscar signos de puntuación particulares o saltos de sección.**

8. **Inicie la búsqueda haciendo clic sobre Find Next.**

9. **Después de que llega a la primera selección, utilice una de las siguientes opciones:**

   - Para buscar la próxima ocurrencia del objeto de su búsqueda, haga clic sobre Find Next de nuevo.

   - Para cerrar el recuadro de diálogo Find and Replace y trabajar en su documento, haga clic sobre el botón Cancel.

Utilizar la opción Find and Replace

Para encontrar una palabra o frase y remplazarla con otra palabra o frase, siga estos pasos:

1. **Escoja Edit⇨Replace o pulse Ctrl+H.**

   Aparece el recuadro de diálogo Find and Replace.

2. **En el recuadro Find GAT, digite la palabra o frase que desea encontrar dentro de su documento.**

3. **En el recuadro Replace With, digite la palabra o frase que desea utilizar en lugar del texto Find What.**

4. **Haga clic sobre More para personalizar su operación buscar y remplazar o salte al Paso 5 si desea empezar a encontrar y remplazar texto inmediatamente.**

   Si hace clic sobre More, aparece una versión más grande del recuadro de diálogo Find and Replace (como se muestra en la Figura 5-10), ofreciendo más opciones que puede utilizar para buscar (y sí remplazar) texto específico.

   Para una descripción de todas las opciones que tiene para hacer su búsqueda más específica y remplazar, refiérase a los pasos del 4 hasta el 7 en la sección anterior, "Utilizar la opción Find".

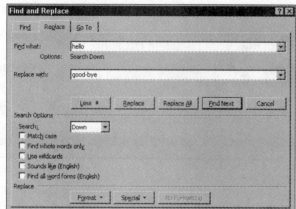

Figura 5-10:
La versión
más grande
del recua-
dro de diálo-
go Find and
Replace.

5. **Inicie la búsqueda y remplace haciendo clic sobre Find Next.**

6. **Cuando Word localiza la palabra o frase deseada, escoja una de las siguientes opciones:**

   • Para no hacer nada y continuar buscando, haga clic sobre Find Next.

   • Si desea que Word remplace el texto encontrado con lo que tiene en el recuadro Replace With, haga clic sobre Replace.

   • Para remplazar cada ocurrencia del texto seleccionado con el texto de remplazo, haga clic sobre Replace All (esa confianza entre los humanos y la computadora es algo lindo, espero).

   • Si desea salirse de la búsqueda, haga clic sobre Cancel.

Tenga cuidado al escoger el comando Replace All. Para evitar que Word remplace palabras enterradas dentro de otras palabras (como remplazar las letras *can* dentro de *cantón*), haga clic sobre la casilla de verificación Find Whole Words Only para poner una marca de ver-ificación en ella.

Capítulo 6

Hacer que sus Palabras se Vean Bonitas

*L*as palabras solas no siempre influyen en una audiencia. Aparte de escribir claramente (algo que rara vez ve en la mayoría de las computadoras manuales) usted debería también formatear lo que escribe de manera que las personas quieran verlo. Entre mejor se vea su documento, más probablemente alguien se tomará el tiempo para leerlo.

Microsoft Word le ofrece dos formas de formatear texto: a mano o utilizando algo llamado *style template (plantilla de estilo)* (explicada más adelante en este capítulo, así que no se preocupe sobre el significado exacto de sus palabras por ahora). Formatear texto a mano toma más tiempo, pero le da más control. Formatear texto utilizando una plantilla de estilo es más rápido pero quizás no lo formatee exactamente en la forma que lo desea, lo que quiere decir que quizás tenga que regresar y formatearlo levemente usted solo.

Entonces, ¿cuál método debería utilizar? Ambos. Si está apurado, utilice una plantilla de estilo. Si solo necesita hacer poquito formateado, hágalo usted mismo.

Formatear Texto Manualmente

Para modificar la apariencia de su texto, puede cambiar una de las siguientes opciones: fuente y tamaño de fuente, estilos del tipo (negrita, cursiva, subrayado, etcétera) y el color del texto.

Escoger una fuente y tamaño de fuente

Su computadora probablemente viene con una variedad de fuentes que ni siquiera sabe que existen. Una fuente define la apariencia de letras individuales. Dependiendo de cuáles fuentes tiene su computadora, puede hacer que su texto se vea como si hubiera sido impreso en un periódico o escrito con una pluma. Algunos ejemplos de diferentes fuentes son:

- ✔ Times New Roman
- ✔ Courier
- ✔ Arial

Cuando hace clic sobre el recuadro de lista Font en la barra de herramientas Formatting, Word convenientemente despliega una lista de todas las fuentes disponibles y le muestra cómo se ven, como se observa en la Figura 6-1.

Figura 6-1:
El recuadro de lista Font le permite visualizar y escoger la fuente que desea para su texto.

El tamaño de fuente hace su texto más grande o pequeño, sin importar el tipo que escoja. Algunas fuentes se ven mejor grandes, otras se ve mejor pequeñas y otras se ven horribles con cualquier tamaño que escoja.

Si no está seguro de si desea o de cómo cambiar la fuente o tamaño de fuente de su texto, experimente con unas cuantas fuentes o combinación de fuentes para ver si mejoran la legibilidad de su texto.

Si planea compartir documentos con otras personas, limítese a las fuentes comunes, como Times New Roman o MS Sans Serif. No todas las computadoras tienen algunas de las fuentes extrañas instaladas, así que si utiliza esas fuentes, su texto puede parecer realmente extraño en la computadora de alguien más.

Para cambiar la fuente y tamaño de fuente del texto, haga esto:

1. **Destaque el texto que desea modificar.**

   Si necesita ayuda para destacar el texto, revise la sección sobre seleccionar texto en el Capítulo 5.

2. **Haga clic sobre el recuadro de lista Font en la barra de herramientas Formatting y escoja una fuente.**

   Dependiendo de cómo se ve su barra de herramientas, quizás deba hacer clic sobre las flechas dobles que apuntan hacia abajo en la barra de herramientas Formatting para mostrar el recuadro de lista Font.

3. **Haga clic sobre el recuadro de lista Font Size en la barra de herramientas Formatting y escoja un tamaño de fuente.**

   Word muestra el texto seleccionado en su fuente escogida y tamaño de fuente.

Si escoge una fuente y tamaño de fuente sin seleccionar texto primero, Word automáticamente utiliza su fuente escogida en cualquier texto que digite después.

Escoger un estilo de tipo

Solo para darle un poquito de control extra sobre su texto, Word también le permite mostrarlo como negrita, cursiva o subrayado, sin importar la fuente o tamaño de fuente que escoja.

- ✔ **Esta oración aparece en negrita.**
- ✔ *Esta oración aparece en cursiva.*
- ✔ <u>Esta oración está subrayada.</u>
- ✔ <u>**Esta oración muestra que puede combinar estilos —negrita y subrayado con *cursiva*, por ejemplo.**</u>

Para cambiar el estilo de tipo de texto, siga estos pasos:

1. **Destaque el texto que desea modificar.**

2. **Escoja una de las siguientes opciones, dependiendo de cómo desea que se vea su texto:**

   - Haga clic sobre el botón Bold (que se ve como una B) en la barra de herramientas Formatting o pulse Ctrl+B.
   - Haga clic sobre el botón Italic (que se ve como una I) en la barra de herramientas Formatting o pulse Ctrl+I.

- Haga clic sobre el botón Underline (que se ve como una U) en la barra de herramientas Formatting o pulse Ctrl+U.

Word despliega el texto seleccionado en su estilo escogido.

Si escoge un estilo de tipo sin seleccionar ningún texto, Word automáticamente utiliza su estilo escogido, como cursiva o subrayado, en cualquier texto que digite después.

Hacer una salpicadura con color

Como el costo de las impresoras a color está bajando tan rápidamente como el capital neto del gobierno de Estados Unidos, quizás no desee experimentar utilizando diferentes colores para mostrar texto (por cierto, agregar color no tiene que ser una opción estática. El color es muy útil cuando desea destacar porciones de texto o forzar los ojos de las personas que tienen que leer su documento).

Dependiendo de cómo se ven sus barras de herramientas, quizás deba hacer clic sobre las flechas dobles que apuntan hacia la derecha, en la barra de herramientas Formatting, para desplegar los botones Highlight y Font Color.

Para cambiar el color de fondo de su texto (que hace su texto verse como si alguien lo hubiera coloreado con un marcador), haga lo siguiente:

1. **Seleccione el texto que desea modificar.**

2. **Haga clic sobre la flecha que apunta hacia abajo a la derecha del botón Highlight en la barra de herramientas Formatting.**

Aparece una paleta de diferentes colores.

3. **Haga clic sobre el color que desea utilizar en el fondo.**

Word mágicamente cambia el color de fondo de su texto.

Para cambiar el color de las letras actuales que conforman su texto, haga lo siguiente:

1. **Seleccione el texto que desea modificar.**

2. **Haga clic sobre la flecha que apunta hacia abajo a la derecha del botón Font Color en la barra de herramientas Formatting.**

Aparece una paleta de diferentes colores.

3. **Haga clic sobre el color que desea utilizar en el texto.**

Word cambia el color de su texto.

Pintar texto con el Format Painter

Suponga que tiene un pedazo de texto formateado perfectamente —fuente, tamaño de fuente, estilo de tipo, etcétera. ¿Tiene que pasar todo el proceso laborioso de nuevo para hacer que otro pedazo de texto se vea exactamente igual? ¡Por supuesto que no! Utilice el Format Painter.

El Format Painter le dice a Word, "¿Ve cómo formateó ese bloque de texto que acabo de destacar? Quiero que utilice ese mismo formato en este otro pedazo de texto".

Al utilizar el Format Painter, no tiene que formatear las características individuales del texto usted mismo, lo que ahorra tiempo para que pueda hacer algo más importante (como hacer planes para el almuerzo o imprimir su résumé).

Para utilizar el Format Painter, siga estos pasos:

1. **Seleccione el texto que contiene el formato que desea utilizar en otro pedazo de texto.**

2. **Haga clic sobre el botón Format Painter (se ve como un pincel y aparece a la derecha del icono Paste) en la barra de herramientas Formatting.**

   El cursor del mouse se convierte en un cursor en forma de I con un pincel a la izquierda. El pincel le permite saber que Word automáticamente formatea el próximo pedazo de texto que selecciona.

3. **Seleccione el texto que desea formatear.**

   Tan pronto libere el botón izquierdo del mouse, Word formatea el texto con todas las características de formato que seleccionó en el Paso 1.

Si el texto que selecciona en el Paso 1 contiene una variedad de características de formato, Word copia solamente las características de formato que todo el pedazo de texto seleccionado tiene en común. Por ejemplo, si selecciona texto que está en la fuente Times New Roman con una oración subrayada, una segunda oración negrita y una tercera oración con un fondo amarillo, Word formatea su nuevo texto con las únicas características de formato compartidas —la fuente Times New Roman.

Alinear texto a la derecha y a la izquierda

Word le permite escoger una alineación para su texto, que puede ser izquierda, centro, derecha o justificar, como se muestra en la Figura 6-2. La mayoría del tiempo probablemente desea alinear el texto a la izquierda, pero ocasionalmente, quizás desea centrar un encabezado en el medio de la página o justificar todo un párrafo. No se preocupe demasiado sobre alinear a la derecha, a menos que le guste desplegar su texto en formas extrañas.

En resumen, esto es lo que cuatro posibilidades de alineación le hacen a su texto:

- **Left-align text (Alinear texto a la izquierda):** el margen izquierdo es una línea recta y el margen derecho es dispareja.

- **Center text (Centrar texto):** cada línea es centrada en el medio de la página. Consecuentemente, ambos márgenes, el derecho y el izquierdo se ven desiguales cuando tiene varias líneas de diferente longitud centradas.

- **Right-align text (Alinear texto a la derecha):** el margen derecho es una línea recta y el margen izquierdo es disparejo.

- **Justify text (Justificar texto):** tanto el margen derecho como el izquierdo son rectos y las letras en el medio se ven algo espaciadas entre ellas.

Para alinear texto, haga lo siguiente:

1. **Haga clic en cualquier parte adentro del párrafo que desea alinear.**

2. **Haga clic sobre el botón Align Left, Center, Align Right o Justify en la barra de herramientas Formatting, dependiendo de cómo desea que se vea el texto.**

Tan pronto haga clic sobre un botón, Word alínea el texto.

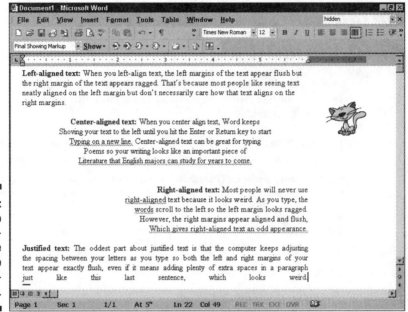

Si escoge una alineación sin seleccionar ningún texto primero, Word aplica su alineación escogida a cualquier texto que digite después.

Tabular texto

Alinear texto es similar a tabularlo. Esto puede hacer que todo un bloque de texto destaque para que sea fácil de encontrar y leer.

Para tabular texto, haga lo siguiente:

1. Destaque el párrafo que desea tabular.

Puede destacar solo parte de un párrafo y cuando escoja el comando Indent, Word es lo suficientemente inteligente para tabular todo el párrafo.

2. Haga clic sobre los botones Increase Indent o Decrease Indent en la barra de herramientas Formatting.

Hacer clic sobre el botón Increase Indent mueve el texto a la derecha. Hacer clic sobre el botón Decrease Indent lo mueve a la izquierda.

Formatear su Documento en la Forma Fácil

Si de verdad le gusta utilizar Word, puede formatear su texto manualmente. Sin embargo, Word brinda tres accesos directos para cambiar la apariencia de su documento:

- ✔ **Themes (Temas):** define el color y apariencia gráfica de las viñetas, texto, líneas horizontales y el fondo de un documento.
- ✔ **Style templates (Plantillas de estilo):** ofrecen uno o más estilos para crear tipos comunes de documentos, como résumés, cartas de negocios o páginas de portada de fax.
- ✔ **Styles (Estilos):** define el formato de un párrafo utilizando márgenes específicos, tamaños de fuente o subrayado.

Escoger un tema

Un *tema* le permite escoger la apariencia decorativa de su documento. Si no escoge un tema, su texto aparece en negro y blanco aburridos. Los temas en su mayoría hacen que su documento se vea bonito. Si no le importa su apariencia, probablemente no necesita utilizarlos.

Para escoger un tema, siga estos pasos:

1. **Escoja Format⇨Theme.**

   Aparece el recuadro de diálogo Theme, como se muestra en la Figura 6-3.

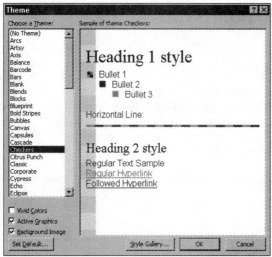

Figura 6-3:
El recuadro de diálogo Theme puede crear un documento formateado para usted rápida y fácilmente.

2. **Haga clic sobre el tema que desea utilizar en la lista de tema Choose a Theme.**

   Cada vez que haga clic sobre un tema, Word amablemente le enseña una muestra de cómo ese tema puede cambiar la apariencia de su documento. Quizás necesite insertar su disco compacto de Office XP en su computadora para instalar su tema escogido.

3. **Seleccione o libere una o más de las siguientes casillas de verificación:**

   • **Vivid Colors (Colores vívidos):** agrega (o quita) colores adicionales al texto.

   • **Active Graphics (Gráficos activos):** agrega (o quita) gráficos adicionales para hacer que las viñetas y líneas horizontales se vean más interesantes.

   • **Background Image (Imagen de fondo):** agrega (o quita) el gráfico de fondo.

4. **Haga clic sobre OK después de que encuentre y defina un tema para utilizar.**

   Word despliega su tema escogido en el documento actualmente desplegado.

Escoger una plantilla de estilo

Una *style template (plantilla de estilo)* ofrece formato para tipos comunes de documentos (faxes, reportes, propuestas, memos, etcétera). Así que si necesita escribir una portada de fax o carta de negocios, podría escribir todo desde el principio y desperdiciar mucho tiempo en el proceso. O, podría utilizar un fax especial o plantilla de carta de negocios que ofrece el formato (estilo) para crear un fax o carta de negocios. Entonces todo lo que tiene que hacer es digitar el texto y permitirle a Word preocuparse sobre el formato.

Para escoger una plantilla de estilo, siga estos pasos:

1. **Escoja Format↦Theme.**

   Aparece el recuadro de diálogo Theme (refiérase a la Figura 6-3), mostrándole el tema utilizado en su documento actual.

2. **Haga clic sobre el botón.**

   Aparece el recuadro de diálogo Style Gallery, como se muestra en la Figura 6-4.

3. **Haga clic sobre una de las plantillas de estilo enumeradas en el recuadro Template, como Elegant Fax o Contemporary Report.**

   Puede desplazarse hacia arriba o hacia abajo dentro del recuadro Template para ver más plantillas de estilo.

4. **Haga clic sobre uno de los siguientes botones de estilo en el grupo Preview:**

   - **Document (Documento):** muestra cómo se ve su documento actual con la plantilla de estilo seleccionada.

   - **Example (Ejemplo):** muestra cómo puede verse un documento típico con la plantilla de estilo seleccionada.

   - **Style Samples (Muestras de estilo):** muestra los diferentes estilos que conforman la plantilla de estilo.

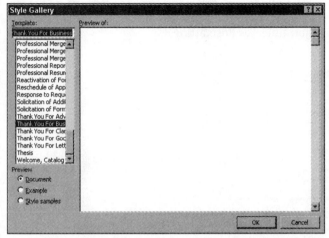

Figura 6-4:
El recuadro de diálogo Style Gallery le permite escoger una plantilla que contiene estilos preformateados para ciertos tipos de documentos, como cartas de agradecimiento.

5. **Haga clic sobre OK después de que encuentre una plantilla de estilo que desea utilizar.**

Formatear párrafos con diferentes estilos

Styles (estilos) define la apariencia total del texto, como las fuentes utilizadas para desplegar texto o el tamaño del texto. Al utilizar estilos diferentes en un documento, puede evitar que su documento se vea como una página escrita a máquina aburrida (siempre que, por supuesto, todavía recuerde lo que es una máquina de escribir).

Para escoger un estilo, utilice el recuadro de lista Style, en la barra de herramientas Formatting, según se describe en los siguientes pasos:

1. **Haga clic sobre el párrafo que desea formatear con un estilo particular.**

   Si todavía no ha digitado ningún texto, Word aplica el estilo a cualquier texto que digita en el Paso 4.

2. **Haga clic sobre el recuadro de lista Style en la barra de herramientas Formatting para escoger un estilo.**

   Aparece una lista de estilos diferentes, como se muestra en la Figura 6-5 (dependiendo de cómo se vean sus barras de herramientas, quizás deba hacer clic sobre las flechas dobles que apuntan hacia la derecha, en la barra de herramientas Formatting, para desplegar el recuadro de lista Style).

Si no puede ver el recuadro Style en la barra de herramientas Formatting, haga clic sobre el botón Toolbar Options en la barra de herramientas Formatting.

Figura 6-5: Dependiendo de la plantilla de estilo que utiliza su documento, puede escoger entre una variedad de estilos preformateados para su texto.

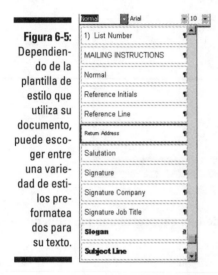

3. **Haga clic sobre el estilo que desea utilizar.**

4. **Digite su texto y observe a Word formatearlo ante sus ojos (o Word formatea su texto inmediatamente, si moviera el cursor a un bloque existente en el Paso 1).**

Alinear Texto con Tablas

Tables (tablas) organiza información en filas y columnas, que pueden ser útiles para desplegar información en un formato fácil de leer. Con una tabla puede organizar texto esencial para que las personas puedan encontrar y leer fácilmente, en lugar de intentar encontrar información enterrada dentro de un párrafo.

Antes de empezar a trabajar con tablas, necesita conocer algunas cosas sobre filas y columnas, incluyendo lo siguiente:

- Una *row (fila)* despliega información horizontalmente.

- Una *column (columna)* despliega información verticalmente.

- Una *cell (celda)* es un recuadro sencillo formado por la intersección de una fila y una columna.

Hacer una tabla

Puede sentirse contento de saber que Word ofrece dos formas diferentes de hacer una tabla en sus documentos:

- Dibuje la tabla en su documento con el mouse.
- Defina el tamaño de una tabla digitando el número exacto de filas y columnas.

Arrastrar una tabla con el mouse

Si desea crear tablas inmediatamente, puede dibujar el tamaño aproximado de la tabla utilizando el mouse. Puede modificar su altura y ancho más adelante. Para crear una tabla utilizando el mouse, haga lo siguiente:

1. **Escoja Table⇨Draw Table.**

   Aparece la barra de herramientas Tables and Borders y el puntero del mouse se convierte en un icono de lápiz.

2. **Mueva el mouse donde desea que aparezca la tabla.**

3. **Sostenga el botón izquierdo del mouse y arrastre el mouse para dibujar la tabla, como se muestra en la Figura 6-6.**

4. **Libere el botón izquierdo del mouse.**

   Word despliega su tabla como una línea sólida.

Herramienta de Tabla y bordes
(Tables and Borders toolbar)

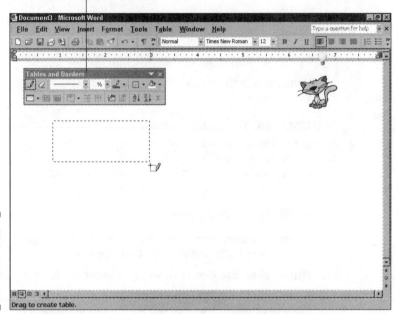

Figura 6-6:
Puede dibu-
jar una tabla
con el
mouse.

5. **Arrastre el mouse dentro de la tabla donde desea dibujar una fila o columna. Puede dibujar una línea punteada vertical, horizontal o diagonalmente para definir sus celdas.**

   Word dibuja una línea punteada, como se muestra en la Figura 6-7. Repita este paso las veces que sea necesario.

   En caso de que cometa un error, solo haga clic sobre el icono Eraser en la barra de herramientas Tables and Borders y haga clic sobre la línea que desea borrar. Luego haga clic sobre el icono Draw Table de nuevo para empezar a dibujar su tabla una vez más.

6. **Pulse Esc cuando termina de dibujar sus filas y columnas.**

   El cursor del mouse cambia de un icono de lápiz de nuevo a un icono con forma I. En este punto, puede hacer clic dentro de una celda y digitar texto en su tabla recién creada.

7. **Haga clic sobre el recuadro Close de la barra de herramientas Tables and Borders para desaparecerlo.**

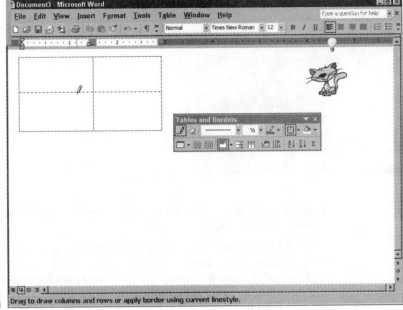

Figura 6-7:
Puede
dibujar filas
y columnas
en una
tabla con el
mouse.

Definir una tabla del menú Table

Si desea crear una tabla en la forma más lenta, que le brinda más control sobre la apariencia de su tabla, utilice el menú principal de Word:

1. **Escoja Table⇨Insert⇨Table.**

   Aparece el recuadro de diálogo Insert Table, como se muestra en la Figura 6-8.

2. **En el recuadro Number of Columns, digite el número de columnas que desea.**

3. **En el recuadro Number of Rows, digite el número de filas que desea.**

Figura 6-8:
El recuadro
Insert Table
le permite
precisa-
mente defi-
nir el ta-
maño de
una tabla.

4. **En el área AutoFit Behavior, haga clic sobre uno de los siguientes botones de opción:**

   • **Fixed Column Width (Ancho de columna fijo):** puede escoger Auto para obligar a Word a hacer los anchos de la columna del tamaño del elemento más largo almacenado en toda la tabla o puede definir un valor específico, como 0.5 pulgadas.

   • **AutoFit to Contents (Autoajuste a contenidos):** ajusta los anchos de la columna dependiendo del elemento más largo en cada una.

   • **AutoFit to Window (Autoajuste a ventana):** ajusta la tabla basada en el tamaño de la ventana utilizada para desplegar la tabla.

5. **Haga clic sobre el botón AutoFormat.**

   Aparece el recuadro de diálogo Table AutoFormat, como se muestra en la Figura 6-9.

6. **Haga clic sobre uno de los formatos de la tabla (como Classic 3 o Simple 1) en la lista de Table Styles y pruebe las varias opciones de formato disponibles en el recuadro de diálogo.**

   La ventana Preview despliega una muestra del formato de tabla seleccionado. Cuando hace clic sobre cualquiera de las casillas de verificación en Apply Special Formats To group en el recuadro de diálogo Table AutoFormat, la ventana Preview muestra cómo estas opciones afectan la apariencia del formato de la tabla seleccionada.

7. **Después de seleccionar su preferencia del formato de tabla y cualquier opción de formato opcional, haga clic sobre OK.**

   Aparece el recuadro de diálogo Insert Table de nuevo (refiérase a la Figura 6-8).

8. **Haga clic sobre OK.**

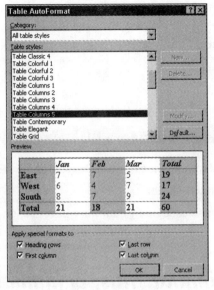

Figura 6-9:
El recuadro
de diálogo
Table Auto-
Format le
permite
hacer que
sus tablas
se vean
bonitas.

Introducir y editar datos en la tabla

Un espacio en blanco es bastante inútil, así que quizás desee agregar datos dentro de las tablas que cree. Para introducir y editar datos, solo haga clic sobre la celda deseada y utilice el teclado para digitar o editar. Puede también utilizar los siguientes métodos para moverse dentro de la tabla:

✔ Pulse la tecla Tab para mover el cursor a la siguiente celda a la derecha en la misma fila.

✔ Pulse Shift+Tab para moverse hacia atrás (a la izquierda) en la fila.

✔ Utilice las teclas ↑ y ↓ para moverse de fila a fila.

Eliminar tablas

Word le brinda dos formas de eliminar una tabla:

✔ Elimine solo los contenidos de la tabla (deje las celdas en blanco y el formato intacto).

✔ Elimine toda la tabla, incluyendo su contenido.

Para eliminar solamente el contenido de la tabla pero no la tabla en sí, haga lo siguiente:

1. **Haga clic sobre el mouse en cualquier parte dentro de la tabla que contiene la información que desea eliminar.**

2. **Escoja Table➪Select➪Table.**

   Word destaca su tabla escogida.

3. **Pulse Delete.**

   Word elimina la información dentro de su tabla escogida.

Para eliminar los contenidos de la tabla y la tabla en sí, haga lo siguiente:

1. **Haga clic sobre el mouse en cualquier lugar dentro de la tabla.**

2. **Escoja Table➪Delete➪Table.**

   Word elimina su tabla escogida y cualquier información dentro de ella.

Agregar o eliminar filas, columnas y celdas, ¡ay Dios!

Después de que crea una tabla, quizás desee hacerla más grande o pequeña agregando o eliminando filas y columnas. Para eliminar una fila o columna, haga lo siguiente:

1. **Coloque el cursor en la fila o columna que desea eliminar.**

   Puede utilizar las teclas de flecha del teclado o hacer clic sobre la tabla utilizando el mouse.

2. **Escoja Table➪Select➪Column (o Row).**

   Word destaca su fila o columna escogida.

3. **Escoja Table➪Delete➪Columns (o Rows).**

Para eliminar una sola celda, que puede hacer su tabla verse graciosa, haga lo siguiente:

1. **Coloque el cursor en la celda que desea eliminar.**

   Puede utilizar las teclas del cursor del teclado o hacer clic en la celda.

2. **Escoja Table➪Delete➪Cells.**

   Aparece el recuadro de diálogo Delete Cells.

3. **Haga clic sobre un botón de opción (como Shift Cells Left) y haga clic sobre OK.**

Para agregar una fila o columna a su tabla, haga esto:

1. **Coloque el cursor en cualquier fila o columna.**

2. **Escoja Table⇨Insert⇨Columns to the Left (o Columns to the Right o Rows Above o Rows Below).**

Para agregar una sola celda, haga lo siguiente:

1. **Coloque el cursor en la tabla donde desea agregar una celda.**

2. **Escoja Table⇨Insert⇨Cells.**

   Aparece el recuadro de diálogo Insert Cells.

3. **Haga clic sobre un botón de opción (como Shift Cells Right) y haga clic sobre OK.**

Cambiar las dimensiones de las columnas y filas de una tabla

Normalmente, Word despliega todas las columnas con el mismo ancho y todas las filas con la misma altura. Sin embargo, si desea que algunas filas o columnas tengan diferente tamaño, Word le brinda dos opciones para cambiarlos:

✔ Utilice el mouse para cambiar la altura o ancho de las filas y columnas visualmente.

✔ Defina dimensiones exactas para la altura o ancho de las filas y columnas.

Cambiar la altura de una fila o el ancho de una columna visualmente

Para cambiar la altura de la fila o ancho de la columna de una tabla visualmente, haga lo siguiente:

1. **Escoja View⇨Print Layout o haga clic sobre el botón Print Layout View en la esquina inferior izquierda de la pantalla.**

   Word despliega una regla vertical en el lado izquierdo de la pantalla y una regla horizontal en la parte superior de la pantalla.

2. **Haga clic dentro de la tabla que desea modificar.**

   Aparecen los marcadores Adjust Table Row y Adjust Column, como se muestra en la Figura 6-10.

3. **Coloque el cursor del mouse sobre uno de los marcadores Adjust Table Row o Adjust Column en la regla vertical u horizontal.**

4. **Sostenga el botón izquierdo del mouse y arrastre el mouse hacia arriba o abajo (o derecha e izquierda).**

   Word despliega una línea de puntos para mostrarle cómo se verá su fila o columna escogida cuando libere el botón del mouse.

5. **Libere el botón izquierdo del mouse cuando esté contento con la altura de su fila o ancho de su columna.**

Ajustar las marcas de columnas de las tablas

Figura 6-10: Puede utilizar marcadores para ajustar las filas y columnas.

Ajustar las marcas de filas de las tablas

Definir las dimensiones exactas para la altura de una fila o el ancho de una columna

Para indicarle a Word utilizar las dimensiones exactas para la altura de una fila o ancho de una columna, haga esto:

1. **Haga clic sobre la fila o columna que desea ajustar.**

2. **Escoja Table➪Table Properties.**

   Aparece el recuadro de diálogo Table Properties, como se muestra en la Figura 6-11.

3. **Haga clic sobre la pestaña R̲ow or Colu̲mn.**

   Aparece la pestaña Row o Column en el recuadro de diálogo Table Properties.

4. **Haga clic sobre el recuadro S̲pecify Height (o Preferred W̲idth) y haga clic sobre las flechas arriba o abajo para escoger una altura o ancho, como 0.74 pulgadas.**

5. **Haga clic sobre el recuadro Row Height I̲s y escoja At Least o Exactly. (Si está ajustando el ancho de una columna, haga clic sobre el recuadro M̲easure In y escoja Inches o Percent).**

   Si escoge la opción At Least para la altura de la fila, sus filas nunca serán más pequeñas que las dimensiones que especifique, pero pueden ser más grandes, dependiendo de la cantidad de texto que digite. Si desea que las filas permanezcan a una altura fija, escoja la opción Exactly.

6. **Haga clic sobre OK.**

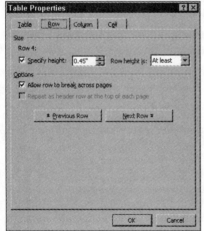

Figura 6-11: El recuadro de diálogo Table Properties puede ayudarle a definir precisamente los anchos y las alturas de las columnas y filas de su tabla.

Hacer Listas

A algunas personas les gusta hacer listas para saber qué están dispuestas a hacer, qué están dispuestas a comprar y qué realmente no desean hacer pero se sienten culpables sobre lo que desean hacer de todas formas. Para ayudar a acomodar los marcadores de lista en todo el mundo, Word crea listas rápida y fácilmente.

Word le permite hacer dos tipos de listas: numeradas y con viñetas. Como su nombre lo sugiere, una lista numerada despliega cada elemento con un número al frente, mientras una lista con viñetas despliega una viñeta al frente de cada elemento, como se muestra en la Figura 6-12.

Puede alinear a la izquierda, a la derecha, centrar o justificar cualquiera de sus listas numeradas o con viñetas. ¿No son las computadoras un ejemplo emocionante de cómo la tecnología puede impulsar al usuario promedio?

Para crear una lista numerada o con viñetas, haga esto:

1. **Seleccione el texto que desea convertir en una lista.**

2. **Escoja Format⇨Bullets y Numbering.**

   Aparece el recuadro de diálogo Bullets and Numbering, como se muestra en la Figura 6-13.

3. **Haga clic sobre la pestaña Bulleted para crear una lista con viñetas o la pestaña Numbered para crear una lista numerada.**

   El recuadro de diálogo despliega dos filas que muestran los varios estilos de numeración y viñetas.

4. **Haga clic dentro del recuadro que muestra el tipo de viñetas o numeración que desea utilizar; luego haga clic sobre OK.**

   Word automáticamente convierte su texto seleccionado en una lista.

Si escoge una opción de numeración o viñeta sin seleccionar primero texto, Word automáticamente formatea lo que digite en el tipo de lista que escoja.

Si no le importan los estilos de viñetas o numeración que utiliza Word, solo haga clic sobre el botón Numbering o Bullets en la barra de herramientas Formatting y luego empiece a digitar su texto. Word aplica su numeración predeterminada (utilizando números como 1 y 2) o estilo de viñeta (mostrando un punto negro sencillo) a su texto conforme digita.

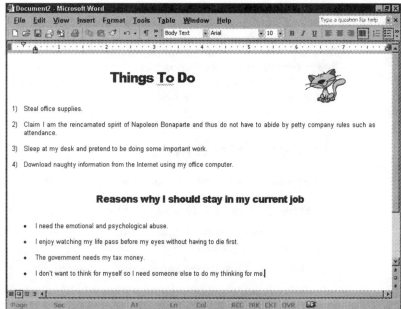

Figura 6-12:
Una lista numerada y una lista con viñetas.

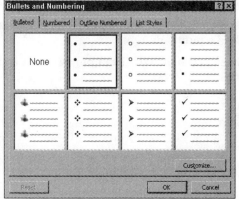

Figura 6-13:
El recuadro de diálogo Bullets and Numbering le muestra los diferentes estilos de viñetas y numeración que puede escoger.

En caso que la opción para hacer listas automáticas de Word sea más molesta que útil, puede desactivarla escogiendo Tools⇨AutoCorrect. Luego haga clic sobre la pestaña AutoFormat As You Type y haga clic sobre las casillas de verificación Automatic Bulleted List o Automatic Numbered Lists para desmarcarlas. Finalmente, haga clic sobre OK.

Poner un Borde en sus Páginas

Otra forma de hacer que su documento se vea atractivo es poner bordes alrededor de los contornos, parte superior o parte inferior de su página. Los bordes pueden consistir en líneas sólidas o de puntos que se ensanchan y aparecen en color.

Agregar bordes a su texto

Para agregar un borde a su documento, haga lo siguiente:

1. **Escoja F̲ormat⇨B̲orders and Shading.**

   Aparece el recuadro de diálogo Borders and Shading, como se muestra en la Figura 6-14.

2. **Haga clic sobre la pestaña B̲orders o P̲age Border.**

   Utilice la pestaña Borders para poner un borde alrededor de un párrafo. Utilice la pestaña Page Border para colocar un borde alrededor de una o más páginas de su documento.

3. **En el área Setting, haga clic sobre una opción, como Box o Shadow.**

   El recuadro Preview le muestra cómo se verá el borde.

4. **Haga clic sobre un estilo de línea en el recuadro Style, como una línea sólida o punteada.**

5. **Haga clic sobre el recuadro de lista C̲olor y escoja un color, como Red o Black.**

Botón del borde superior
(Top Border button)

Botón del borde inferior
(Bottom Border button)

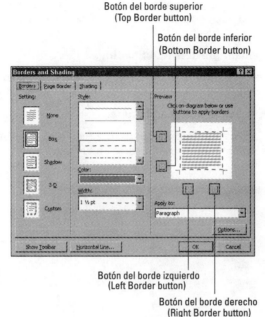

Figura 6-14:
El recuadro
de diálogo
Borders and
Shading
puede colo-
car un
borde en
cualquier
contorno de
su página.

Botón del borde izquierdo
(Left Border button)

Botón del borde derecho
(Right Border button)

6. **Haga clic sobre el recuadro de lista Width y escoja un ancho como 1 pt ó 3 pt.**

7. **Haga clic sobre el botón top-, bottom-, right-, and/o left-edge en
   la sección Preview para definir dónde desea que aparezca el
   borde.**

8. **Haga clic sobre el recuadro de lista Apply To y escoja una opción como Whole Document o This Section.**

9. **Haga clic sobre OK.**

   Word despliega su borde alrededor de su página. Si no puede ver
   sus bordes, quizás deba cambiar a la vista Print Layout escogiendo View⇨Print Layout.

Sombrear su texto

Para darle a sus páginas un poco más de atractivo visual, considere
agregar un fondo de color a su texto:

1. **Destaque el texto que desea sombrear.**

Si desea sombrear un párrafo entero, puede solo mover el cursor a ese párrafo haciendo clic sobre el mouse o moviendo el cursor con las teclas de flecha.

2. **Escoja Format⇨Borders and Shading.**

   Aparece el recuadro de diálogo Borders and Shading (refiérase a la Figura 6-8).

3. **Haga clic sobre la pestaña Shading.**

   Aparece la pestaña Shading dentro del recuadro de diálogo Borders and Shading, como se muestra en la Figura 6-15.

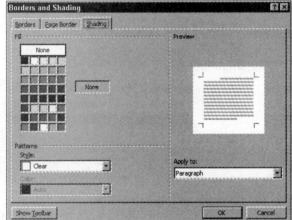

Figura 6-15: La pestaña Shading le permite poner un fondo de color detrás del texto.

4. **(Opcional) Haga clic sobre un color en la sección Fill, como amarillo o verde.**

   Si escoge un color en este paso, su color escogido llena por completo el fondo de su texto escogido.

5. **(Opcional) Haga clic sobre el recuadro de lista Style bajo la sección Patterns y escoja una opción como 10% o Lt Grid.**

   Un patrón despliega una serie de puntos o líneas detrás de su texto destacado. Un porcentaje de luz (10%) despliega puntos esporádicamente, mientras un porcentaje mayor (50%) despliega más puntos en el fondo de su texto.

6. **Haga clic sobre OK.**

   Word despliega el sombreado detrás del párrafo que escoja en el Paso 1.

Capítulo 7

Crear Páginas Sofisticadas

• •

En este Capítulo

▶ Agregar encabezados y pies de página

▶ Dividir texto en columnas

▶ Poner dibujos en sus documentos

▶ Publicar su documento

• •

*P*uede utilizar Word para escribir cartas, reportes o notas amenazantes a personas que no le gusten. Con un poco de creatividad y mucha paciencia, puede también utilizar Word para formatear y publicar estas cartas, reportes y notas. Puede utilizar opciones de publicación en escritorio limitadas de Word para hacer boletines, panfletos y volantes sencillos sin tener que luchar con un programa de publicación de escritorio separado (como Microsoft Publisher).

Jugar con Footers (Pies de página) y Headers (Encabezados)

Los encabezados y pies de página son pedazos de texto que aparecen en la parte superior e inferior de sus páginas. *Los encabezados* aparecen en la parte superior de la página (piense dónde está su cabeza con relación a su cuerpo), mientras que *los pies de página* aparecen en la parte inferior (piense dónde están sus pies).

Tanto los encabezados como los pies de página pueden aparecer en cada página de un documento y contener información, como el título de publicación, título de sección o capítulo, número de página y/o nombre del autor. Si ve las páginas impares en este libro, puede ver que el número de capítulo, título de capítulo y número de página aparecen en la parte superior de la página como encabezado. Los encabezados y pies de página son útiles para desplegar texto idéntico (o casi idéntico) en una o dos páginas —por ejemplo, títulos de documento o referencias de página (como *Página 4 de 89*). Aunque puede digitar este mismo texto una y otra vez en cada página (pero ¿por qué?), permítale a Word hacer el trabajo para usted mucho más fácil.

Tiene dos formas de visualizar los encabezados y pies de página de un documento:

✔ Escoja <u>V</u>iew➪<u>H</u>eader and Footer.

✔ Escoja <u>V</u>iew➪<u>P</u>rint Layout (o haga clic sobre el botón Print Layout View en la esquina inferior izquierda de la pantalla).

Si cambia a la vista Print Layout, puede ver cómo aparecerán, después de imprimirlos, sus encabezados y pies de página, pero no podrá editarlos allí.

Agregar encabezados y pies de página

Para agregar un encabezado o pie de página, siga estos pasos:

1. **Escoja <u>V</u>iew➪<u>H</u>eader and Footer.**

   Word despliega la barra de herramientas Header and Footer con un texto de encabezado (o pie de página) donde puede digitar lo que usted desea, como se muestra en la Figura 7-1.

2. **Digite su texto de encabezado (o pie de página) en el recuadro de texto Header (o Footer) y/o haga clic sobre un botón de la barra de herramientas para hacer que Word inserte el número de página, fecha u hora.**

   • Si pulsa Tab una vez, Word mueve el cursor al centro del recuadro de texto del encabezado. Si pulsa Tab de nuevo, Word mueve el cursor a la derecha del recuadro de texto del encabezado.

   • Si hace clic sobre los botones Insert Page Number, Insert Number of Pages, Insert Date o Insert Time para insertar el número de página, fecha u hora en su encabezado, Word automáticamente actualiza esta información página por página (para la información de número de página) o cada vez que abre el documento (para la información de fecha y hora).

   • Puede también hacer clic sobre Insert AutoText en la barra de herramientas para hacer que Word inserte texto corrientemente utilizado para encabezados y pies de página (por ejemplo, Page X of Y).

3. **Haga clic sobre el botón Switch between Header and Footer.**

   Word despliega el recuadro de texto de pie de página (o el recuadro de texto del Encabezado si creó uno en el Paso 2).

4. **Digite su texto en el recuadro de texto Footer (o Header) y/o haga clic sobre un botón de la barra de herramientas.**

   Refiérase al Paso 2 para ver instrucciones.

5. **Haga clic sobre Close, en la barra de herramientas Header and Footer, para quitar la barra.**

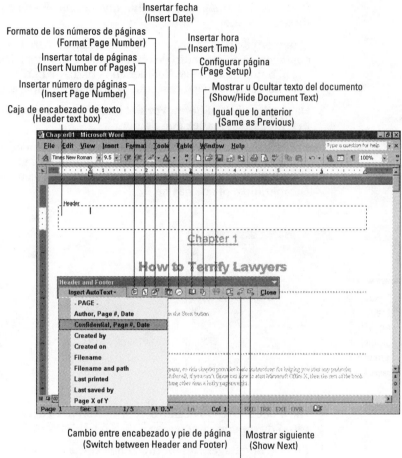

Insertar fecha
(Insert Date)

Formato de los números de páginas
(Format Page Number)

Insertar hora
(Insert Time)

Insertar total de páginas
(Insert Number of Pages)

Configurar página
(Page Setup)

Insertar número de páginas
(Insert Page Number)

Mostrar u Ocultar texto del documento
(Show/Hide Document Text)

Caja de encabezado de texto
(Header text box)

Igual que lo anterior
(Same as Previous)

Figura 7-1:
Los encabezados y los pies de página sacan texto repetitivo de su camino.

Cambio entre encabezado y pie de página
(Switch between Header and Footer)

Mostrar siguiente
(Show Next)

Mostrar anterior
(Show Previous)

Modificar la numeración de la página

Cuando le indica a Word incluir los números de página en sus encabezados o pies de página, este empieza a numerar desde la página uno y despliega numerales Arabic, como 1, 3 y 49. Si desea numerar sus páginas diferente (por ejemplo, como i, ii, iii ó a, b, c) o prefiere que Word ponga 97 como el primer número en su documento, debe utilizar el botón Page Number Format en la barra de herramientas Header and Footer. Para utilizar el botón Page Number Format, siga estos pasos:

1. **Escoja View⇨Header and Footer.**

   Aparece la barra de herramientas Header and Footer (refiérase a la Figura 7-1).

2. **Destaque los números de página que aparecen en su recuadro de texto Header (o Footer).**

   El número de página aparece en gris. Si los números de página no aparecen en su recuadro de texto Header (o Footer), haga clic sobre el botón Insert Page Number en la barra de herramientas Header and Footer y luego destaque el número que aparece.

3. **Haga clic sobre el botón Format Page Number en la barra de herramientas Header and Footer.**

   Aparece el recuadro de diálogo Page Number Format (como se muestra en la Figura 7-2) ofreciéndole formas de cambiar la manera en que Word despliega los números o empieza a numerar en su encabezado o pie de página.

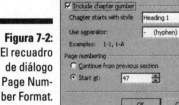

Figura 7-2:
El recuadro de diálogo Page Number Format.

4. **Haga clic sobre el recuadro de lista Number Format y escoja un estilo de numeración (como 1, 2, 3 ó i, ii, iii).**

5. **En el grupo Pager Numbering, haga clic sobre uno de los siguientes botones de opción:**

   • **Continue from Previous Section (Continúe desde la sección anterior):** numera las páginas en forma secuencial.

   • **Start At (Empezar en):** le permite definir el número de página de inicio como un número diferente de 1.

6. **Haga clic sobre OK.**

Configurar Documentos Multicolumnas

Para crear boletines informativos o panfletos, quizás desea desplegar texto en dos o más columnas para darle una apariencia profesional. Word puede dividir sus documentos en varias columnas —pero recuerde que si utiliza más de cuatro columnas en una sola página, ninguna de ellas puede mostrar mucho texto.

Hacer columnas rápidamente

Para crear varias columnas rápidamente, siga estos pasos:

1. Escoja Edit⇨Select All o pulse Ctrl+A.

2. **Haga clic sobre el botón Columns en la barra de herramientas Standard.**

   Aparece el menú de Column, dándole la opción de dividir una página en dos, tres o cuatro columnas.

3. **Destaque el número de columnas que desea arrastrando el mouse a la derecha.**

   Word inmediatamente convierte su documento en uno multi-columnas.

Hacer columnas personalizadas

Para crear columnas personalizadas, siga estos pasos:

1. **Escoja Edit⇨Select All o pulse Ctrl+A.**

2. **Escoja Format⇨Columns.**

   Aparece el recuadro de diálogo Columns (como se muestra en la Figura 7-3), ofreciéndole formas para definir anchos de columna y espacio entre ellas.

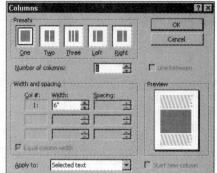

Figura 7-3:
El recuadro
de diálogo
Columns.

3. **Haga clic sobre uno de los tipos de columna mostrados en el grupo Presets o digite el número de columnas que desea en el recuadro Number of Columns.**

4. **Haga clic sobre (o despeje) la casilla de verificación Equal column width.**

   Si la casilla de verificación Equal Column Width está despejada, puede definir el ancho de cada columna individualmente.

5. **Haga clic sobre el recuadro Width en el grupo Width and Spacing y haga clic sobre la flecha hacia arriba o hacia abajo para especificar la dimensión exacta de cada ancho de columna.**

   Puede también digitar un ancho de columna específico si desea.

6. **Haga clic sobre el recuadro Spacing en el grupo Width and Spacing y haga clic sobre la fecha hacia arriba o hacia abajo para especificar la dimensión exacta del espaciado entre cada columna.**

   Puede también digitar un ancho de espaciado específico si lo desea.

7. **Haga clic sobre OK.**

   Word despliega su documento en varias columnas, personalizadas de acuerdo con sus especificaciones.

Agregar Ilustraciones a un Documento

Usted no solo puede agregar recuadros de texto a sus documentos, puede también agregar gráficos. Word le brinda varias opciones para insertar gráficos en un documento:

✔ **Clip Art:** le ofrece la opción de insertar cualquier dibujo desde Microsoft Office Clip Art gallery.

✔ **From File:** agrega un dibujo almacenado en un archivo de gráfico creado por otro programa (por ejemplo, PaintShop Pro o Adobe Photoshop).

✔ **AutoShapes:** dibuja una de la gran variedad de formas (como un óvalo, rectángulo o estrella) en su pantalla.

✔ **WordArt:** crea texto que aparece en diferentes colores y formas.

Hable de versatilidad. Word le brinda tres formas adicionales para poner gráficos en su documento:

✔ **New Drawing (Dibujo nuevo):** utilice esta opción para crear sus propios dibujos de formas geométricas, líneas o WordArt.

✔ **From Scanner or Camera (De escáner o cámara):** utilice esta opción para agregar imágenes digitales o fotografías creadas por un escáner o cámara digital.

✔ **Chart (Cuadro):** le permite agregar un gráfico de negocios, como uno circular, lineal o de barras.

Crear una biblioteca de imágenes prediseñadas (clip art)

Clip art consiste en imágenes prediseñadas que alguien más (o usted mismo) ha creado en forma digital para utilizar con documentos de Word. Para ayudarle a organizar su imagen prediseñada, Office XP ofrece una Media Gallery especial, que puede darle seguimiento a cualquier imagen esparcida en varias carpetas de su disco duro.

La primera vez que intenta insertar imágenes prediseñadas en un documento, la Media Gallery le pide definir las carpetas que contienen todas las imágenes prediseñadas que desea utilizar, de la siguiente manera:

1. **Escoja Insert⇨Picture⇨Clip Art.**

   Aparece el recuadro de diálogo Add Clips to Gallery, como se muestra en la Figura 7-4, ofreciéndole organizar sus imágenes prediseñadas.

Figura 7-4:
El recuadro
de diálogo
Add Clips to
Gallery
ofrece
organizar
sus imáge-
nes predi-
señadas.

2. **Haga clic sobre Options.**

Aparece el recuadro de diálogo Auto Import Settings, como se
muestra en la Figura 7-5, desplegando todas las carpetas que la opción Media Gallery de Word registra para la imagen prediseñada.

Figura 7-5:
El recuadro
de diálogo
Auto Import
Settings
despliega
todas las
carpetas
donde Me-
dia Gallery
busca imá-
genes predi-
señadas.

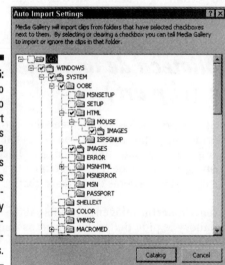

3. **Haga clic sobre la casilla de verificación junto a cada carpeta
que contiene imágenes que desea incluir en la Media Gallery.**

Si no desea las imágenes de una carpeta en particular, despeje la
casilla de verificación de la carpeta.

4. **Haga clic sobre Catalog.**

Aparece el recuadro de diálogo Microsoft Media Gallery, informándole que está organizando sus imágenes prediseñadas. Cuando

Media Gallery ha terminado de organizarlas, el recuadro de diálogo Microsoft Media Gallery desaparece.

Poner imágenes prediseñadas en su documento

Para agregar una imagen prediseñada a su documento, siga estos pasos:

1. **Escoja Insert⇨Picture⇨Clip Art.**

   Aparece el panel Insert Clip Art, como se muestra en la Figura 7-6, ofreciéndole ayuda para encontrar la imagen prediseñada correcta para su documento (si no ha seguido las instrucciones en la sección "Crear una imagen prediseñada por primera vez", el recuadro de diálogo Microsoft Media Gallery aparece. Puede hacer clic sobre Later si desea ignorar este recuadro).

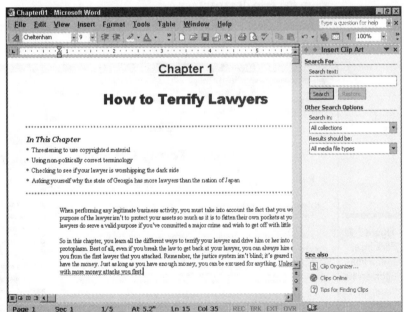

Figura 7-6:
Panel Insert
Clip Art.

2. **Haga clic sobre el recuadro de texto Search y digite una o dos palabras describiendo el tipo de imagen prediseñada que desea utilizar.**

Quizás desea mantener la descripción sencilla al principio —*sailboat*, por ejemplo, en lugar de *catamaran*, o *hot dog* en lugar de *bratwurst*.

3. Haga clic sobre Search

El panel Insert Clip Art despliega todas las imágenes prediseñadas que coinciden con su búsqueda.

4. Haga clic sobre el cursor del mouse en su documento de Word donde desea insertar la imagen prediseñada.

5. Mueva el mouse sobre la imagen que desea utilizar.

Aparece una flecha que apunta hacia abajo, a la derecha de su imagen escogida.

6. Haga clic sobre la flecha que apunta hacia abajo para desplegar un menú, como se muestra en la Figura 7-7, y escoja Insert.

Word inserta la imagen prediseñada escogida en su documento.

7. Haga clic sobre el recuadro Close en el panel Insert Clip Art para hacerlo desaparecer.

Word inserta la imagen prediseñada escogida en su documento.

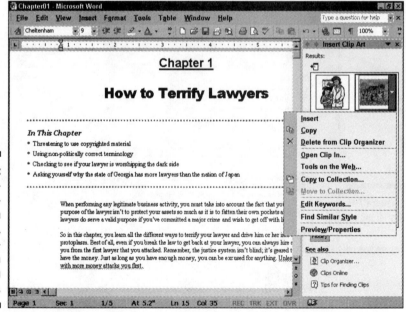

Figura 7-7: Para insertar una imagen en su documento, escoja Insert en el menú que cae.

Poner archivos de gráficos existentes en un documento

Si ya ha dibujado, copiado, comprado o creado un archivo de gráfico (por ejemplo, con una cámara digital), puede mostrarla en un documento de Word.

Para agregar un archivo de gráfico existente en un documento, siga estos pasos:

1. **Mueva el cursor hacia donde desea insertar la imagen.**

2. **Escoja Insert⇨Picture⇨From File.**

   Aparece el recuadro de diálogo Insert Picture.

3. **Haga clic sobre la carpeta que contiene el archivo de gráfico que desea agregar.**

4. **Haga clic sobre el archivo que desea utilizar.**

   Word despliega su imagen escogida.

5. **Haga clic sobre Insert.**

   Word inserta la imagen escogida en su documento. Si necesita ajustar palabras alrededor de su dibujo, siga las instrucciones en la sección "Ajustar palabras alrededor de un dibujo", más adelante en este capítulo.

Poner una AutoShape en un documento

AutoShapes son objetos geométricos, como flechas, corazones y lunas que Word ya ha dibujado para usted. Para agregar una AutoShape a un documento, siga estos pasos:

1. **Mueva el cursor donde desea insertar la AutoShape.**

2. **Escoja Insert⇨Picture⇨AutoShapes.**

   Aparece la barra de herramientas AutoShapes, como se muestra en la Figura 7-8.

3. **Haga clic sobre el tipo de AutoShape que desea agregar, como Block Arrows o Lines.**

   Aparece un menú de selección de diferentes formas.

4. **Haga clic sobre la imagen de AutoShape que desea utilizar.**

   El mouse se convierte en un pelo cruzado.

5. **Mueva el mouse donde desea dibujar su AutoShape, sostenga el botón izquierdo de este y arrastrelo para definir el tamaño de su AutoShape.**

La imagen escogida aparece en su documento.

Figura 7-8:
La barra de herramien-
tas Auto-
Shape ofre-
ce coman-
dos para es-
coger un ti-
po diferente
de forma
para colo-
car en su
documento

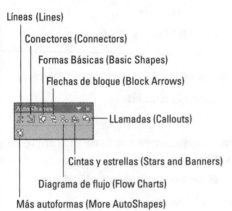

Líneas (Lines)

Conectores (Connectors)

Formas Básicas (Basic Shapes)

Flechas de bloque (Block Arrows)

LLamadas (Callouts)

Cintas y estrellas (Stars and Banners)

Diagrama de flujo (Flow Charts)

Más autoformas (More AutoShapes)

6. **Haga clic sobre el recuadro Close para hacer que la barra de herramientas AutoShapes desaparezca.**

Si necesita ajustar palabras alrededor de su AutoShape, siga las instrucciones en la sección "Ajustar palabras alrededor de un dibujo", más adelante en este capítulo.

Utilizar WordArt en un documento

WordArt es una forma sofisticada para hacer que su texto se vea bonito combinando colores, formas y fuentes en una apariencia única. Para agregar WordArt a un documento, siga estos pasos:

1. **Mueva el cursor donde desea insertar WordArt.**

2. **Escoja Insert⇨Picture⇨WordArt.**

Aparece el recuadro de diálogo WordArt Gallery.

3. **Haga clic sobre el tipo de WordArt que desea agregar y haga clic sobre OK.**

Aparece el recuadro de diálogo Edit WordArt Text, como se muestra en la Figura 7-9.

4. **Digite el texto que desea desplegar y haga clic sobre OK.**

Quizás desee cambiar la fuente, ajustar el tamaño o agregar negrita o cursiva a su texto antes de hacer clic sobre OK.

Ajustar palabras alrededor de un dibujo

Un dibujo en su documento puede cubrir cualquier texto debajo. A menos que ocultar sus palabras sea el efecto que está buscando, debería asegurarse de que el texto cercano se ajusta alrededor de sus dibujos.

Figura 7-9: El recuadro de diálogo Edit WordArt Text es donde puede modificar la apariencia de su texto.

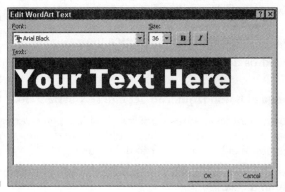

Para ajustar texto alrededor de un dibujo, como imagen prediseñada o Word Art, siga estos pasos:

1. **Haga clic sobre el dibujo que desea ajustar alrededor.**

2. **Haga clic sobre el botón derecho del mouse.**

   Aparece un menú.

3. **Escoja Format.**

   Aparece el recuadro de diálogo Format.

4. **Haga clic sobre la pestaña Layout.**

5. **Haga clic sobre un icono en el grupo Wrapping Style, como Square o Tight.**

   Los diferentes iconos en el recuadro de diálogo Format le muestran cómo se ajustará su texto alrededor del objeto escogido. Por ejemplo, la opción Tight hace que el texto aparezca muy cerca de los bordes de su dibujo.

6. **Haga clic sobre una opción en el grupo Horizontal Layout, como Left o Right.**

La alineación horizontal define cómo aparece su dibujo junto al texto que se ajusta alrededor. Por ejemplo, escoger la opción Right hace que su dibujo se alinie a la derecha de su texto.

7. **Haga clic sobre OK.**

Si hace clic sobre el botón Advanced después del Paso 6, puede definir la distancia exacta que separa el texto del borde de su dibujo.

Mover el dibujo en un documento

Después de colocar un dibujo en un documento, puede siempre moverlo a una nueva ubicación más adelante. Para ello, siga estos pasos:

1. **Haga clic sobre el dibujo que desea mover.**

   Los cuadros de dimensionamiento aparecen alrededor de su dibujo escogido.

2. **Sostenga el botón izquierdo del mouse y arrastrelo.**

   Conforme mueve el mouse, aparece una línea gris vertical en su texto para mostrarle dónde Word ubicará su dibujo en el momento que libere el botón izquierdo del mouse.

3. **Libere el botón izquierdo del mouse cuando el dibujo aparece donde lo desea.**

Poner los Toques Finales en un Documento

Antes de imprimir su documento, podría desear echar un último vistazo para asegurarse de que sus márgenes sean correctos o que todo el texto esté formateado en la forma que desea. Si encuentra algún texto que se ve un poco extraño por alguna razón, puede utilizar el panel Reveal Formatting para mostrarle exactamente cómo está formateado ese texto en particular. De esta forma, si usted ve algo malo, puede corregirlo y asegurarse de que sus palabras se vean exactamente como las desea.

Para utilizar el panel Reveal Formatting, siga estos pasos:

1. **Destaque el texto que desea examinar.**

2. **Escoja Format⇨Reveal Formatting.**

Aparece el panel Reveal Formatting, como se muestra en la Figura 7-10.

Si hace clic sobre la casilla de verificación Show All Formatting Marks Word despliega espacios y marcas de párrafo en su documento, de manera que pueda ver si tiene un espacio extra que no pertenece o un párrafo extra que no debería estar.

3. **Haga clic sobre un vínculo de formato, como Alignment o Font, para modificar ese formato particular para su texto.**

Si hace clic sobre un vínculo de formato, el recuadro de diálogo aparece para que pueda hacer cualquier cambio.

4. **Haga clic sobre el recuadro de cierre del panel Reveal Formatting para hacerlo desaparecer.**

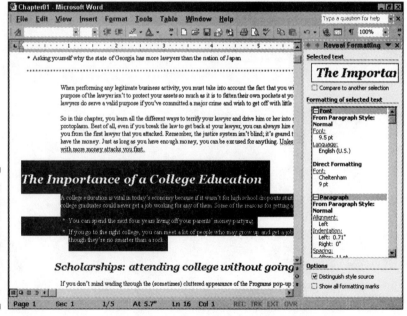

Figura 7-10:
El panel Reveal Formatting le muestra cómo está formateado su texto.

Parte III
Jugar a los Números con Excel

La 5a Ola   Por Rich Tennant

"MI NOVIA CORRIÓ UNA HOJA
ELECTRÓNICA DE MI VIDA Y GENERÓ
ESTE GRÁFICO. MI ESPERANZA ES QUE
CAMBIE SU ESPECIALIZACIÓN DE CIENCIAS
DE LA COMPUTACIÓN A SERVICIOS
DE REHABILITACIÓN".

En esta parte . . .

Si sumar, restar, multiplicar o dividir largas listas de números suena temeroso, relájese. Microsoft dotó Office XP con el programa de hoja electrónica más popular del mundo, dobló a Microsoft Excel. Al utilizar Excel, puede crear presupuestos, darle seguimiento a inventarios, calcular ganancias futuras (o pérdidas) y diseñar gráficos de barras, lineales y circulares de manera que pueda ver que sus números realmente están intentando decirle algo.

Piense en Excel como su calculadora personal que le abre paso a través de sus números – ya sea que necesite administrar algo tan sencillo como un presupuesto doméstico o algo tan maravilloso y complejo como una declaración de pérdidas y ganancias para una corporación de Fortune 500.

Al darle seguimiento a los números, cantidades, longitudes, medidas o dinero con Excel, puede predecir tendencias futuras y resultados parecidos. Digite su salario anual junto con cualquier gasto de negocios que tenga y podrá calcular cuánto impuesto de renta planea quitarle su gobierno en el futuro. O juegue juegos "Y qué ocurre si?" con sus números y haga preguntas como "¿Cuál región de ventas vende los productos menos útiles?" "¿Cuánto puedo evitar pagar en impuestos si mi ingreso aumenta un 50 por ciento?," y "si mi empresa aumenta las ventas, ¿cuánto del bono anual puede tener mientras dejo a que mis empleados se mueran de hambre con el salario mínimo?"

Así que si desea empezar a masticar números, esta es la parte del libro que le muestra cómo utilizar Excel de manera efectiva.

Capítulo 8

Elementos Básicos de las Hojas Electrónicas: Números, Etiquetas y Formato

● ●

En este Capítulo

▶ Descubrir qué diantres es una hoja electrónica

▶ Digitar en una hoja electrónica

▶ Moverse por una hoja electrónica

▶ Formatear una hoja electrónica

▶ Enviar una hoja electrónica a la impresora

● ●

Las *Spreadsheets (hojas electrónicas)*, como Microsoft Excel, le ayudan a darle seguimiento a los presupuestos, inventarios o robos (¡es broma!) en su computadora personal. Por supuesto, si necesita almacenar fórmulas y conectar diferentes números regularmente, podría utilizar un lápiz y una calculadora. Pero aparte de los problemas de digitar los números equivocados, tiene la molestia agregada de recalcular cada fórmula usted solo.

Como Microsoft Office XP viene con Excel, puede también hacer valer su dinero y utilizar una hoja electrónica para ayudarle a calcular números. Para utilizar una hoja electrónica, solo digite números, cree fórmulas y luego agregue etiquetas para ayudarle a comprender cuáles números específicos representan. Después de que haga eso, quizás desee formatear sus números y etiquetas para hacerlas verse bien.

¿Qué es una Hoja Electrónica, de Todas Formas?

En los viejos tiempos, los contadores escribían largas columnas de números, en hojas de papel ledger verde divididas en líneas, para facilitar la tarea de introducir y organizar información en filas perfectas. Al principio, las hojas electrónicas de las computadoras fueron solo el equivalente electrónico de papel ledger verde. Podía ver las filas y columnas en la pantalla en lugar del papel. Con el tiempo, los programas se volvieron más inteligentes (¡Ah, el progreso!).

Actualmente, los términos *spreadsheet(hoja electrónica)* y *worksheet (hoja de trabajo)* se utilizan en forma intercambiable. Cuando las personas hablan de una hoja electrónica, quieren decir un programa de software (como Excel o Lotus 1-2-3) o un solo documento creado en ese programa, o la información real digitada en ese documento (qué mal; ¿no se dan cuenta que la ambigüedad crea hábitos?). En lenguaje de Excel, una hoja electrónica normalmente significa un grupo particular de información digitada en una hoja electrónica, o una sola página en un libro de trabajo, que puede contener varias hojas electrónicas. Bueno, ¿ya está más claro?

Como aparece en la pantalla, una hoja electrónica está conformada por los siguientes elementos (mostrados en la Figura 8-1):

- ✔ **Una hoja electrónica dividida en filas y columnas.** Una *hoja electrónica* actúa como una página en la cual puede digitar números y etiquetas. Cada hoja electrónica contiene hasta 256 columnas verticales y 65,535 filas horizontales. Las columnas están identificadas por letras (A, B, C, etcétera). Las filas son numeradas (1, 2, 3, etcétera).

- ✔ **Celdas.** Una *celda* es la intersección entre una fila y una columna. Cuando digita en una hoja electrónica, debe digitar en una celda. Las celdas están identificadas por sus propias letras de columna seguidas por sus números de fila. Por ejemplo, la celda en la intersección de la columna G y la fila 12 es llamada celda G12.

- ✔ **Números.** Los *números* pueden representar cantidades, longitudes, etcétera, como $50.54, 309 ó 0.094.

- ✔ **Etiquetas.** Las *etiquetas* identifican lo que significan los números en su hoja electrónica, en caso de que lo olvide. Las etiquetas típicas son "May", "Western Sales Region" y "Total Amount We Lost Through Fred's Stupidity".

- ✔ **Fórmulas.** Las *fórmulas* le permiten calcular nuevos resultados basados en los números que digita. Las fórmulas son tan sencillas como agregar dos números juntos o tan complicadas como calcular ecuaciones diferenciales de tercer orden que a nadie realmente le importan (el Capítulo 10 ofrece más información sobre crear fórmulas).

Las hojas electrónicas pueden parecer ledgers de papel aburridas, pero también ofrecen capacidades de proyección y presupuestos adicionales. Estas capacidades le permiten hacer preguntas qué-si, como, "¿Qué ocurriría si el costo del petróleo subiera un 10 por ciento?", "¿Qué ocurriría si nuestras ventas bajaran un 90 por ciento?", "¿Qué ocurriría si me diera a mí mismo un aumento de un millón de dólares a pesar del hecho que las ventas han bajado un 90 por ciento?".

Excel también le permite organizar varias hojas electrónicas en una colección llamada *workbook (libro de trabajo)*. Cada libro de trabajo puede retener varias hojas electrónicas individuales (el límite depende de la memoria de su computadora y su disponibilidad de mantenerse creando más hojas electrónicas). Para más información acerca de utilizar libros de trabajo, refiérase al Capítulo 12.

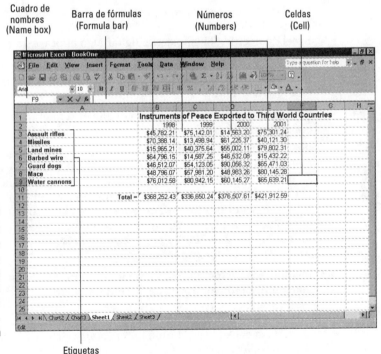

Figura 8-1:
Las partes
de una hoja
electrónica
típica como
se ve en
Excel.

Etiquetas
(Labels)

Poner Cosas en una Hoja Electrónica

Antes de que pueda introducir cualquier información en Excel, debe iniciar el programa (detalles, detalles). En caso de que olvide cargar Excel, refiérase al Capítulo 1 para refrescar su memoria.

Después de que inicia Excel, aparece una hoja electrónica vacía en la pantalla. Como una hoja electrónica vacía es inútil por sí sola, necesita digitar información en las celdas de dicha hoja. Los tres tipos de información que puede digitar en una celda son números, etiquetas y fórmulas.

Introducir información en una celda

Para digitar información en una celda, siga estos pasos:

1. **Haga clic sobre la celda donde desea digitar la información.**

   Excel destaca su celda con un borde oscuro alrededor. La celda destacada es llamada *active cell (celda activa)* y es la forma de Excel de decirle, "Si empieza a digitar algo ahora, esta es la celda donde voy a ponerlo".

2. **Digite un número (como 8.3), etiqueta (como My Loot) o fórmula (como =A1+F4-G3).**

   Conforme digita, Excel despliega lo que está digitando en su celda escogida y la barra Formula (refiérase a la Figura 8-1).

   Excel también es lo suficientemente inteligente para mostrar fechas y horas en una celda. Si desea digitar una hora basada en un reloj de 12 horas, digite una hora en una celda, como **7:45** seguida por un espacio y **a** o **p** para AM o PM, respectivamente. Para poner la hora actual en una celda, pulse Ctrl+Shift+: (dos puntos). Para digitar una fecha, utilice / o -, como **4/7/2001** o **4-Mar-2000**. Para poner la fecha actual en una celda, pulse Ctrl+; (punto y coma).

3. **Realice una de las siguientes acciones para hacer que la información digitada aparezca en la celda escogida:**

   • Pulse Enter.

   • Haga clic sobre el botón Enter (marca de verificación verde) junto a la barra Fórmula.

   • Pulse una tecla de flecha para seleccionar una celda diferente.

   • Haga clic sobre una celda diferente para seleccionarla.

Normalmente, cuando digita texto, Excel lo despliega como una sola línea. Si desea desplegar su texto en una celda como líneas múltiples, pulse Alt+Enter para empezar una nueva línea en la celda. Así que si digita **My income**, pulse Alt+Enter y digite **for 2001**, luego Excel despliega dos líneas en la celda. My income aparece como la primera línea y *for 2001* aparece como la segunda línea en esa misma celda.

Si de repente decide que no desea que su información aparezca en la celda antes de que ejecute el Paso 3, pulse Esc o haga clic sobre el botón Cancel (X roja), junto a la barra Formula. Si ya digitó información en una celda y desea revertir su acción, pulse Ctrl+Z o haga clic sobre el botón Undo.

Si necesita digitar los nombres de meses sucesivos o días en celdas adyacentes (como enero, febrero, marzo, etcétera), Excel tiene un acceso directo útil que puede ahorrarle mucho de la digitada. Para utilizar este acceso directo, siga estos pasos:

1. **Haga clic sobre una celda y digite un mes o día, como** marzo **(o** mar.**) o** martes **(o mar).**

   El cuadro de dimensionamiento Fill —un recuadro negro— aparece en la esquina inferior derecha de la celda donde acaba de digitar.

2. **Coloque el cursor del mouse directamente sobre el cuadro de dimensionamiento Fill, de manera que el cursor se vuelva una cruz negra.**

3. **Sostenga el botón izquierdo del mouse y arrástrelo a la derecha o hacia abajo.**

   Conforme mueve el mouse, Excel despliega los meses o días sucesivos en cada celda que destaque, como se muestra en la Figura 8-2.

4. **Libere el botón izquierdo del mouse.**

   Excel automáticamente digita el nombre de los meses o días en el rango de celdas que seleccionó.

Eliminar y editar los contenidos de una celda

Algunas veces puede necesitar editar lo que digitó en una celda, porque cometió un error, solo desea expresar sus necesidades creativas digitando algo más en la celda o desea quitar toda esa información de ahí.

Rellenar una
(Fill handle)

Arrastrar
(Crosshair)

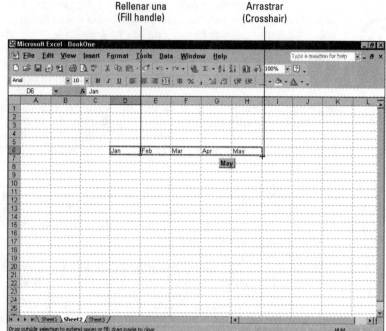

Figura 8-2:
Rellenar una
fila o co-
lumna con
etiquetas
fácilmente.

Para editar información en una celda, siga estos pasos:

1. **Haga clic o utilice las teclas de flecha para seleccionar la celda que contiene la información que desea editar.**

2. **Pulse F2, haga clic sobre la barra Formula o haga doble clic sobre la celda que contiene la información que desea editar.**

3. **Pulse Backspace para eliminar caracteres a la izquierda del punto de inserción o pulse Delete para borrar caracteres a la derecha del punto de inserción.**

4. **Digite cualquier información nueva.**

5. **Para hacer que su información digitada aparezca en su celda escogida, pulse Enter, haga clic sobre el botón Enter (la marca de verificación verde junto a la barra Formula) o seleccione una celda diferente.**

Para eliminar información en una celda o celdas, siga estos pasos:

1. **Destaque la celda o celdas que contiene(n) la información que desea eliminar.**

2. **Pulse Delete o escoja Edit➪Clear➪Contents.**

Navegar en una Hoja Electrónica

Una sola hoja electrónica puede contener hasta 256 columnas y 65,536 filas. Obviamente, su pequeña pantalla no puede desplegar una hoja electrónica tan grande al mismo tiempo, de manera que pueda ver solamente parte en algún momento dado, parecido a ver el océano a través de una ventanilla.

Utilizar el mouse para saltar en una hoja electrónica

Si crea una hoja electrónica enorme, necesita una forma de navegar a través de todo. Afortunadamente, Excel brinda varias formas diferentes para utilizar el mouse o el teclado para saltar en una hoja electrónica sin esforzarse mucho.

Para navegar en una hoja electrónica con el mouse, tiene dos opciones:

✔ Haga clic sobre las barras de desplazamiento vertical y horizontal.

✔ Utilice la rueda en su mouse (siempre, por supuesto, que su mouse tenga una rueda; no todos los ratones la han descubierto).

Para saltar en un documento utilizando la barra de desplazamiento vertical u horizontal, tiene estas opciones:

✔ Haga clic sobre los botones de desplazamiento arriba/abajo, derecha/izquierda en los extremos de las barras de desplazamiento para desplazarse hacia arriba o hacia abajo una fila, o a la derecha o la izquierda una columna a la vez.

✔ Arrastre el recuadro de desplazamiento a lo largo de la barra de desplazamiento en la dirección deseada para saltar a una ubicación aproximada en su documento.

✔ Haga clic sobre la barra de desplazamiento vertical o debajo del recuadro de desplazamiento para subir o bajar una página una pantalla a la vez.

✔ Haga clic sobre la barra de desplazamiento horizontal a la derecha o la izquierda del recuadro de desplazamiento para ir a la derecha o izquierda una página, una pantalla a la vez.

Utilizar el teclado para saltar en un documento

Para aquellos que odian el mouse o solo prefieren utilizar el teclado, aquí hay diferentes formas de saltar alrededor de su documento pulsando la teclas:

- ✔ Pulse la tecla ↓ para moverse una fila hacia abajo en su hoja electrónica.

- ✔ Pulse la tecla ↑ para moverse una fila hacia arriba en su hoja electrónica.

- ✔ Pulse la tecla → para moverse una columna a la derecha en su hoja electrónica.

- ✔ Pulse la tecla ← para moverse una columna a la izquierda en su hoja electrónica.

- ✔ Sostenga la tecla ctrl. y pulse ↓, ↑, → o ← para saltar arriba/abajo o derecha/izquierda una fila o columna adyacente de información a la vez.

- ✔ Pulse la tecla PgDn (o Page Down en algunos teclado) para saltar hacia abajo de la hoja electrónica una pantalla a la vez.

- ✔ Pulse la tecla PgUp (o Page Up en algunos teclados) para saltar hacia arriba de la hoja electrónica una pantalla a la vez.

- ✔ Pulse Ctrl+Home para saltar a la celda A1 en su hoja electrónica, que aparece en la esquina superior izquierda de cada hoja electrónica.

- ✔ Pulse Ctrl+End para saltar a la última celda en su hoja electrónica.

- ✔ Pulse la tecla End y luego ↓, ↑, → o ← para saltar al final/principio o parte superior/inferior de la información en la fila o columna actual.

Puede abrir cualquier hoja electrónica de Excel (incluso una blanca) y practicar el uso de todos los métodos diferentes de navegar por una hoja electrónica. Luego puede memorizar los comandos que encuentra más útiles y olvidarse del resto.

Utilizar el comando Go To

Cuando desea saltar a una celda específica en su hoja electrónica, el comando Go To es mucho más rápido que el mouse o teclado.

Para utilizar el comando Go To, siga estos pasos:

1. **Escoja Edit⬄Go To o pulse Ctrl+G.**

   Aparece el recuadro de diálogo Go To.

2. **Digite una referencia de celda (como A4 ó C21) o haga clic sobre una referencia de celda o nombre de celda desplegado en el recuadro de lista G̲o To.**

3. **Haga clic sobre OK.**

Cada vez que utiliza el comando Go To, Excel recuerda la(s) última(s) referencia(s) de celda que digitó. Si tiene cualquier celda con nombre o rangos de celdas (refiérase a la próxima sección, "Ponerle nombre a las celdas y rangos"), Excel automáticamente despliega estos nombres de celdas en el recuadro de diálogo Go To.

Ponerle nombre a las celdas y rangos

Si no le gusta referirse a las celdas como E4 o H31, puede asignar nombres con más significado a una sola celda o rango de ellas. Asignar nombres puede hacer encontrar porciones de una hoja electrónica mucho más fácil. Por ejemplo, encontrar su celda del ingreso del año 2001 es mucho más fácil si es llamada "ingresos del 2001" en lugar de F22.

Para asignar un nombre a una celda o rango, siga estos pasos:

1. **Haga clic sobre la celda a la que desea ponerle nombre o seleccione el rango de celdas a las que desea ponerles nombre arrastrando el mouse (sosteniendo el botón izquierdo del mouse mientras lo mueve) encima de las celdas.**

   La celda es destacada como la celda activa (o el rango es destacado y la primera celda en él se vuelve la celda activa). La dirección de la celda activa aparece en el Name Box.

2. **Haga clic sobre el Name Box.**

   Excel destaca la dirección de la celda.

3. **Digite el nombre que desea asignar a la celda o rango de celdas.**

4. **Pulse Enter.**

   El nombre que asignó aparece en el Name Box.

Los nombres deben empezar con una letra, deben ser una palabra y no pueden contener más de 255 caracteres. "MiIngreso" es un nombre de celda válido, pero "Mi Ingreso para 1999" no, por los espacios entre las palabras. En lugar de utilizar un espacio, utilice el guión bajo —por ejemplo, "Mi_Ingreso_para_1999".

Saltar a una celda o rango de celdas con nombre

Después de que le pone nombre a una celda o rango de ellas, puede saltar a ella desde cualquier otra celda siguiendo estos pasos:

1. **Haga clic sobre la flecha que apunta hacia abajo a la derecha del Name Box.**

   Excel despliega una lista de todas las celdas o rango de ellas con nombre en el libro de trabajo actual.

2. **Haga clic sobre el nombre de la celda a la que desea saltar.**

   Excel destaca la celda o rango de ellas representadas por el nombre que escoja.

Eliminar una celda con nombre o rango de celdas

Puede decidir más adelante que no necesita un nombre para representar una celda en particular o rango de celdas. Para eliminar un nombre de celda, siga estos pasos:

1. **Escoja Insert⇨Name⇨Define.**

   Aparece el recuadro de diálogo Define Name.

2. **Haga clic sobre el nombre de la celda que desea eliminar y haga clic sobre Delete.**

   Repita este paso para cada celda que desea eliminar.

3. **Haga clic sobre OK.**

Eliminar un nombre de celda no elimina los contenidos de ninguna celda en la hoja electrónica.

Utilizar las Barras de Herramientas de Excel

Como todos los programas de Microsoft Office XP, Excel ofrece varias formas para escoger un comando. Puede pulsar una combinación de teclas, utilizar los menúes que caen o hacer clic sobre un icono desplegado en una barra de herramientas.

Las dos barras de herramientas más comunes son la Standard y la Formatting (Excel realmente ofrece más de una docena de barras de herramientas diferentes, pero estas son las principales). Estas dos barras aparecen automáticamente cuando instala e inicia Excel. Puede ocultarlas más adelante para evitar que su pantalla se vea aglomerada, si así lo desea.

Explorar la barra de herramientas Standard

La barra de herramientas Standard ofrece acceso a los comandos del programa más frecuentemente utilizados, acomodados de izquierda a derecha en más o menos el orden de su frecuencia de uso, como se muestra en la Figura 8-3.

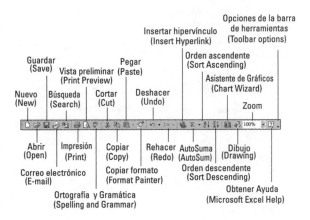

Figura 8-3: La barra de herramientas Standard ofrece acceso a los comandos comunes necesarios para utilizar Excel.

Para encontrar rápidamente lo que hace cada botón en la barra de herramientas Standard, mueva el puntero del mouse encima de un botón y luego espere uno o dos segundos hasta que aparezca el *ScreenTip* —una breve explicación del botón.

Utilizar la barra de herramientas Formatting para cambiar la forma en que se ven las hojas electrónicas

La barra de herramientas Formatting contiene comandos para asegurarse de que el texto se ve bien con diferentes fuentes, tamaños de tipo y tipografías (como negrita, cursiva y subrayado), como se muestra en la Figura 8-4.

Para utilizar cualquiera de los comandos en la barra de herramientas Formatting, seleccione el texto que desea formatear, luego haga clic sobre el botón adecuado o la flecha que apunta hacia abajo del recuadro de lista en la barra de herramientas Formatting.

Excel ofrece más barras de herramientas además de Standard y Formatting, pero estas dos contienen los comandos más útiles que necesita. En caso que se vuela curioso y desee ver todas las barras de herramientas de Excel, escoja View⇨Toolbars para abrir un menú que enumera todas las barras de herramientas disponibles con nombres como Drawing, PivotTable y Web.

Figura 8-4:
La barra de herramientas Formatting ofrece comandos para hacer que su información se vea bien.

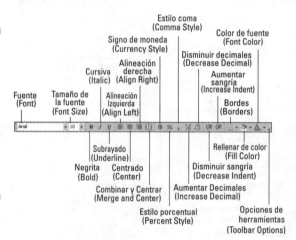

Hacer su Hoja Electrónica Bonita Mientras Formatea

Las filas y columnas de infinitos números y etiquetas pueden verse bastante aburridas. Como una hoja electrónica sencilla y aburrida puede ser tan difícil de comprender como un formulario de impuestos, Excel le brinda la opción de formatear sus celdas.

Al formatear diferentes partes de su hoja electrónica, puede convertir un documento sin vida en una herramienta poderosa de persuasión que puede convencer a su jefe de aprobar sus propuestas de presupuesto —y darle a él o ella la impresión que lo pensó más de lo que en realidad hizo (bueno, eso esperamos. . .).

Excel ofrece una variedad casi ilimitada de opciones de formato. Puede cambiar fuentes, bordes, estilos de número y alineación para hacer que su hoja electrónica se vea linda.

Formatear solo define la forma en que la información se ve, pero no afecta la forma en que Excel manipula la información en las fórmulas.

Utilizar AutoFormat

Si no es un diseñador pero desea un formato sofisticado sin tener que sudar mucho, utilice la opción Excel AutoFormat. AutoFormat puede automáticamente formatear un rango de celdas para usted, de acuerdo a uno o muchos estilos de formato.

Para utilizar AutoFormat, siga estos pasos:

1. **Destaque dos o más celdas adyacentes que desea formatear.**

2. **Escoja Format⇨AutoFormat.**

   Aparece el recuadro de diálogo AutoFormat, como se muestra en la Figura 8-5.

Figura 8-5:
El recuadro de diálogo AutoFormat le ofrece una variedad de escogencias para formatear sus celdas rápida y fácilmente.

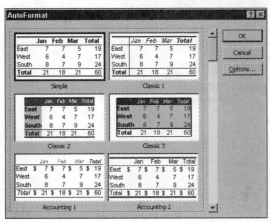

3. **Haga clic sobre un formato que desea utilizar.**

4. **Haga clic sobre OK.**

   Excel formatea automáticamente el rango de celdas que seleccionó en el Paso 1.

Si desea restringir los tipos de formato que AutoFormat puede aplicar, haga clic sobre el botón Options en el recuadro de diálogo Auto-Format. Deseleccione los formatos que aplican opciones que no desea que AutoFormat utilice. Por ejemplo, si no desea que Excel cambie fuentes, elimine la marca del recuadro de verificación Font haciendo clic sobre ella.

Formatear manualmente sus celdas

Para más control sobre la apariencia de sus celdas, quizás prefiere formatearlas usted mismo. Para formatear una o más celdas, siga estos pasos:

1. **Destaque la celda o rango de ellas que desea formatear.**

2. **Escoja Format⇨Cells o pulse Ctrl+1.**

   Aparece el recuadro de diálogo Format Cells, como se muestra en la Figura 8-6.

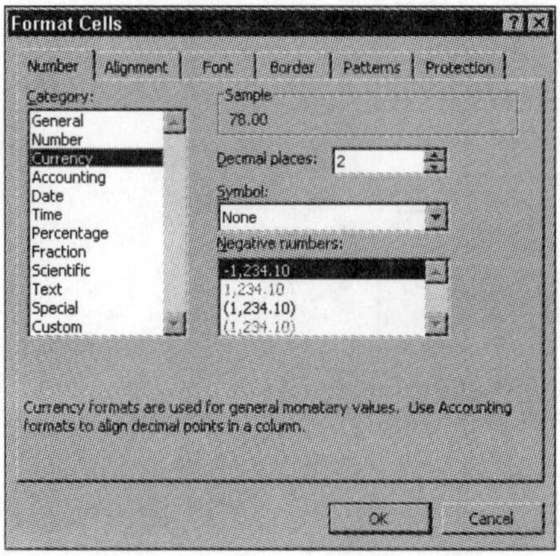

Figura 8-6:
El recuadro de diálogo Format Cells ofrece diferentes formas de modificar números, alineación de datos, fuentes, bordes o patrones de fondo de una o varias celdas.

Format Cells

Number | Alignment | Font | Border | Patterns | Protection

Category:
General
Number
Currency
Accounting
Date
Time
Percentage
Fraction
Scientific
Text
Special
Custom

Sample
78.00

Decimal places: 2

Symbol:
None

Negative numbers:
-1,234.10
1,234.10
(1,234.10)
(1,234.10)

Currency formats are used for general monetary values. Use Accounting formats to align decimal points in a column.

OK   Cancel

3. **Haga clic sobre una de las siguientes pestañas para visualizar diferentes opciones disponibles:**

   • **Number (Número):** define la forma en que aparecen los números en las celdas, como con un signo de moneda o en notación científica.

Para un método más rápido de formatear números, haga clic sobre una celda y luego haga sobre el botón Currency Style, Percent Style, Comma Style, Increase Decimal o Decrease Decimal en la barra de herramientas Formatting.

- **Alignment (Alineación):** define la forma en que aparecen las etiquetas en una celda, utilizando (por ejemplo) el ajuste de palabras dentro de una celda o desplegado en un ángulo.

- **Font (Fuente):** define la fuente, tamaño y colores de sus números o texto.

- **Border (Borde):** define los bordes alrededor de las celdas.

Para una forma más rápida de crear bordes alrededor de una celda, haga clic sobre una celda y luego sobre el botón Borders en la barra de herramientas Formatting. Cuando aparece un menú de estilos de borde diferentes, haga clic sobre el estilo de borde que desea utilizar.

- **Patterns (Patrones):** define colores de fondo y patrones de celdas.

- **Protection (Protección):** protege las celdas de cambiar si toda la hoja electrónica también está protegida escogiendo Tools➪Protection➪Protect Sheet o Protect Workbook.

4. **Haga cualquier cambio, como escoger un color o fuente diferente y luego haga clic sobre OK.**

   Excel despliega sus celdas con su formato escogido.

Si no le gusta la forma que se ven sus celdas, puede deshacer cualquier cambio en el formato que hizo pulsando Ctrl+Z o haciendo clic sobre el botón Undo inmediatamente.

Quitar formato

Si desea quitar el formato de una o más celdas, puede hacerlo en cualquier momento:

1. **Destaque una o más celdas que desea quitar de cualquier formato.**

2. **Escoja Edit➪Clear➪Formats.**

   Excel quita todo el formato de sus celdas escogidas.

Ajustar anchos de columna

A menos que especifique lo contrario, Excel despliega todas las columnas en anchos iguales. Sin embargo, puede pronto encontrar que alguna de su información aparece truncada, amontonada, extraña o no mostrada en la forma que deseaba. Este problema ocurre cuando sus columnas son demasiado angostas.

Para arreglar este problema, puede ajustar las columnas para hacerlas más anchas o angostas. Para ajustar los anchos de columna rápidamente, siga estos pasos:

1. **Coloque el cursor del mouse directamente sobre uno de los bordes verticales del encabezado de la columna que desea modificar.**

   Por ejemplo, si desea ajustar el ancho de la columna B, mueva el cursor del mouse sobre el borde entre las columnas B y C.

2. **Sostenga el botón izquierdo del mouse y arrástrelo a la izquierda o derecha.**

   El cursor del mouse aparece como una flecha de doble cabeza. Excel también despliega una línea vertical de puntos para mostrarle el ancho aproximado de su columna.

3. **Libere el botón izquierdo del mouse cuando la columna tenga el ancho que desea.**

Si hace doble clic sobre el borde entre los encabezados de la columna, Excel automáticamente modifica la columna a la izquierda para hacerla ver lo suficientemente ancha y mostrar la entrada más larga en esa columna.

Si desea obtener un detalle preciso sobre definir sus anchos de columna, siga estos pasos:

1. **Haga clic en cualquier parte en la columna que desea modificar.**

   (Bueno, está bien, este paso no tiene que ser *tan* preciso).

2. **Escoja Format⮑Column⮑Width.**

   Aparece el recuadro de diálogo Column Width.

3. **Digite un número para especificar el ancho de columna (como 14.5) y haga clic sobre OK.**

   Excel modifica sus columnas.

Si desea ajustar el ancho de una columna para que coincida con el ancho de la información en una sola celda, haga clic sobre esta y escoja Format➪Column➪AutoFit Selection.

Ajustar alturas de la fila

Excel normalmente despliega todas las filas en alturas iguales. Sin embargo, quizás desee hacer algunas filas más altas o cortas.

Para cambiar la altura de una fila rápidamente, siga estos pasos:

1. **Coloque el cursor del mouse directamente encima de uno de los bordes horizontales de la fila que desea modificar.**

   El cursor del mouse cambia a una flecha doble.

2. **Sostenga el botón izquierdo del mouse y arrástrelo hacia arriba o abajo.**

   Excel despliega una línea punteada vertical a lo largo con una pequeña casilla que le indica la altura exacta de la fila.

3. **Libere el botón izquierdo del mouse cuando la fila tenga la altura que desea.**

Para las personas que desean definir la altura de la fila en forma exacta, estos pasos son precisamente los que debe seguir:

1. **Haga clic sobre la fila que desea modificar.**

2. **Escoja Format➪Row➪Height.**

   Aparece el recuadro de diálogo Row Height.

3. **Digite un número para especificar el ancho de la columna (como 12.95) y haga clic sobre OK.**

   Excel modifica sus filas.

Si desea ajustar la altura de una fila basado en la altura de la información en una sola celda, haga clic sobre esa celda y escoja Format➪Row➪AutoFit.

Guardar Hojas Electrónicas para la Posteridad

Guardar su trabajo es importante para que pueda editar y revisarlo más adelante. Cuando guarda un archivo, puede darle copias del mismo a otros, de manera que también puedan ver y utilizar la información en sus computadoras.

Guardar sus hojas electrónicas en un archivo

Después de que digita números, etiquetas o fórmulas en una hoja electrónica, ¿qué le parece guardarla en un archivo y así no tener que digitar todo de nuevo? (¡Qué concepto!).

Para guardar un libro de trabajo, incluyendo todas sus hojas electrónicas, siga estos pasos:

1. **Escoja una de las siguientes opciones:**

    • Haga clic sobre el botón Save (el dibujo de un disco) en la barra de herramientas Standard.

    • Pulse Ctrl+S.

    • Escoja File➪Save.

    Si no ha guardado el archivo anteriormente, aparece el recuadro de diálogo Save As.

2. **Haga clic sobre el recuadro File Name y digite un nombre para su libro de trabajo de Excel, como** Fake Accounting **o** Bribery Records.

3. **Haga clic sobre Save.**

Guardar su archivo bajo un nombre nuevo

Después de que cree algunas hojas electrónicas, quizás desee crear una nueva basada en el diseño de la hoja electrónica existente. En lugar de empezar de la nada, es posible guardar una hoja electrónica existente bajo un nuevo nombre y luego modificar ese nuevo archivo.

Para guardar su archivo bajo un nombre diferente, siga estos pasos:

1. **Escoja File⇨Save As.**

   Aparece el recuadro de diálogo Save As.

2. **Haga clic sobre el recuadro File Name y digite un nombre para el libro de trabajo de Excel, como** Fake Accounting, My Favorite Swindles, **o** Bribery Records.

3. **Haga clic sobre el recuadro de lista Save as Type y escoja un formato de archivo por utilizar.**

   En este punto puede escoger formatos de archivo realmente extraños como WK4 (1-2-3) o DBF 3 (dBASE III).

4. **Haga clic sobre Save.**

Las hojas electrónicas de Excel son compatibles con los archivos de Excel 2000, pero no con aquellos creados por versiones más viejas de Excel (como Excel 5.0). Si desea guardar una hoja electrónica de Excel, de manera que alguien más pueda editarla utilizando una versión más vieja, escoja el comando Save As y escoja la versión apropiada (digamos, Excel 5.0/95, 97 o Microsoft Excel 4.0 Worksheet) en el recuadro de lista Save as Type del recuadro de diálogo Save As.

Si, por alguna razón, necesita compartir sus archivos de Excel con un programa de hoja electrónica que no aparece en el recuadro de diálogo Save As, utilice un formato de archivo universal como SYLK (Symbolic Link, Vínculo Simbólico), DIF (Data Interchange Format, Formato de Intercambio de Información) o CSV (Comma delimited, Delimitado por coma). Estos formatos de archivo pueden perder algo de formato, pero mantienen sus números y fórmulas intactas para que pueda exportar información de Excel a otra hoja electrónica —u otra computadora.

Imprimir una Hoja Electrónica

Después de que digite números, etiquetas y fórmulas en una hoja electrónica, eventualmente querrá imprimirla para que no tenga que arrastrar a todos los demás a ver su hoja electrónica en la pantalla de su computadora. Antes de imprimir una hoja electrónica (y posiblemente perder recursos naturales preciosos como papel y tinta), utilice la opción Print Preview.

Utilizar Print Preview para ver su hoja electrónica

El Print Preview de Excel le permite ver la apariencia de su hoja electrónica antes de imprimirla. De esta forma, puede ver cosas, como si sus márgenes están alineados adecuadamente y si las columnas o filas calzan en una sola página.

Para utilizar el Print Preview, siga estos pasos:

1. **Escoja File⇨Print Preview.**

   Excel despliega su hoja electrónica en un tamaño minúsculo y el cursor como una lupa, como se muestra en la Figura 8-7.

2. **Mueva el cursor del mouse (la lupa) sobre el documento y haga clic para visualizar su documento en su tamaño completo.**

3. **Haga clic sobre Close para salirse del Print Preview o Print para empezar a imprimir de inmediato.**

Imprimir hojas electrónicas

Cuando decide imprimir su hoja electrónica, Excel le brinda una variedad de formas para hacer eso:

1. **Asegúrese de que su impresora está encendida, conectada adecuadamente a su computadora, cargada con papel, no haya sido tirada desde un tercer piso por frustración o algo parecido.**

2. **Escoja una de las siguientes formas de abrir el recuadro de diálogo Print:**

   • Pulse Ctrl+P.

   • Escoja File⇨Print.

3. **Haga clic sobre el recuadro de lista Name y escoja la impresora que desea utilizar.**

4. **En el grupo Print Range, haga clic sobre un botón de opción para escoger las páginas que desea imprimir.**

   Puede escoger All o digitar un número de página o rango para imprimir en los recuadros From y To boxes.

5. **Haga clic sobre el recuadro Number of Copies y digite el número de copias que desea.**

6. **Haga clic sobre un botón de opción en el área de Print GAT para escoger lo que desea imprimir, como Selection (que imprime cualquier celda que haya destacado), Entire Workbook o Active Sheet(s).**

7. **Haga clic sobre OK.**

Si desea imprimir toda su hoja electrónica de inmediato, haga clic sobre el botón Print en la barra de herramientas Standard. Si desea especificar cuáles páginas desea imprimir y cuántas copias, escoja uno de los siguientes métodos (Ctrl+P o File⇨Print).

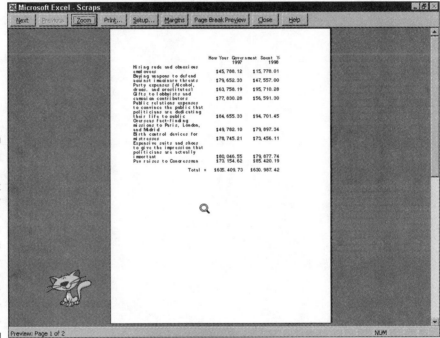

Figura 8-7: La opción Print Preview puede mostrarle cuántas páginas son necesarias para imprimir su hoja electrónica entera.

Imprimir parte de una hoja electrónica

Quizás no siempre desee imprimir toda su hoja electrónica. En lugar de ello, puede querer escoger selectivamente algunas partes. Para hacer esto necesita primero definir algo misterioso que Excel llama una *print area (área de impresión)*. He aquí cómo hacerlo:

1. **Destaque una o más de las celdas que desea imprimir.**

2. **Escoja File⇨Print Area⇨Set Print Area.**

   Excel despliega líneas de puntos alrededor de su área de impresión escogida. Puede definir solamente un área de impresión a la vez.

Con su área de impresión establecida, puede ahora imprimir la porción seleccionada de su hoja electrónica como si fuera una hoja electrónica regular. Refiérase a la sección "Imprimir hojas electrónicas", para más detalles.

Para liberar cualquier área de impresión que haya definido, escoja File⇨Print Area⇨Clear Print Area.

Capítulo 9

Divertirse con Fórmulas y Funciones

En este Capítulo

▶ Hacer sus propias fórmulas

▶ Editar sus fórmulas

▶ Escoger la función correcta por utilizar

▶ Revisar sus fórmulas para ver si hay errores

*L*as fórmulas representan el corazón de las hojas electrónicas, ya que le permiten digitar diferentes números y hacer que Excel automáticamente calcule los resultados.

Aparte de hacer sus tareas de sumas, restas, división y multiplicación, Excel puede también crear cálculos más complicados —resultados estadísticos, cálculos científicos o fórmulas financieras para comparar cuánto dinero está perdiendo en el mercado de valores todos los meses y cuánto efectivo está gastando en tarjetas coleccionables de béisbol.

Crear Fórmulas

Excel trabaja como una calculadora sofisticada; puede *lograr* cualquier tipo de resultado —siempre y cuando sepa lo que está haciendo (y por supuesto que lo sabe, ¿no?) para decirle a Excel qué hacer, usted crea una fórmula utilizando los siguientes pasos:

1. **Haga clic sobre la celda donde desea desplegar los resultados de un cálculo.**

2. **Digite = (el signo de igual) seguido por su fórmula.**

   Por ejemplo, si desea una fórmula que multiplica los contenidos de la celda B3 por los contenidos de la celda C3, digite = **B3*C3**.

    En lugar de digitar una referencia de celda, como C3, puede solo hacer clic sobre la celda que contiene la información que desea utilizar.

3. Pulse Enter.

Excel despliega los resultados de su cálculo.

Si su fórmula tiene un error, como intentar agregar un número a una etiqueta, Excel despliega un mensaje de error para que pueda corregirlo.

Para darle una idea de todos los tipos de fórmulas que puede crear, la Tabla 9-1 muestra los cálculos más comunes realizados con una fórmula. Los números mostrados en la columna Ejemplo representan información almacenada en otras celdas. Por ejemplo, en la fila Suma, puede realmente digitar **=B3+G12**, donde B3 contiene el número 5 y G12 contiene el número 3.4.

Tabla 9-1	Cálculos de Fórmula Comunes		
Operador	*Qué hace*	*Ejemplo*	*Resultado*
+	Suma	=5+3.4	8.4
-	Resta	=54.2-2.1	52.1
*	Multiplicación	=1.2*4	4.8
/	División	=25/5	5
%	Porcentaje	=42%	0.42
^	Exponenciación	=4^3	64
=	Igual	=6=7	Falso
>	Mayor que	=7>2	Cierto
<	Menor que	=9<8	Falso
>=	Mayor o igual que	=45>=3	Cierto
<=	Menor o igual que	=40<=2	Falso
<>	Diferente a	=5<>7	Cierto
&	Concatenación de texto	="Bo the" & "Cat"	Bo the Cat

Cuando crea una fórmula, puede digitar números en ella (como 56.43+89/02) o utilizar cosas misteriosas llamadas *cell references (refe-*

rencias de celda) (como B5+N12). Aunque puede necesitar digitar números en una fórmula ocasionalmente, el verdadero poder de Excel está en usar referencias de celda.

Las referencias de celda le permiten llevar los contenidos de una celda específica y utilizarlos como parte de su cálculo. En esa forma puede crear múltiples fórmulas que alimentan datos en varias otras fórmulas.

¿Qué rayos son las referencias?

En el mundo del trabajador, usted da referencias a los patronos que quieren revisar sus antecedentes. En el mundo de Excel, usted utiliza las referencias para identificar celdas que contienen números que desea utilizar en una fórmula para calcular un resultado.

Hacer referencia a una sola celda

En Excel, puede referirse a una celda en dos formas:

- ✔ Utilizar las etiquetas de columna y fila, como A4 o C7.
- ✔ Utilizar sus propias etiquetas de columna y filas, como Feb o Sales.

Por ejemplo, suponga que tiene números almacenados en las celdas B5 y B6, como se muestra en la Figura 9-1. En este ejemplo, la celda B7 contiene la fórmula

```
=B5+B6
```

Cuando hace referencia a otra celda, esta puede contener información (como números) o una fórmula (que calcula un resultado basado en información obtenida de otras referencias de celda).

Las referencias de celda en la fórmula anterior son B5 y B6, así que la fórmula le dice a Excel, "Encuentre el número almacenado en la celda B5 y agréguelo al número almacenado en B6".

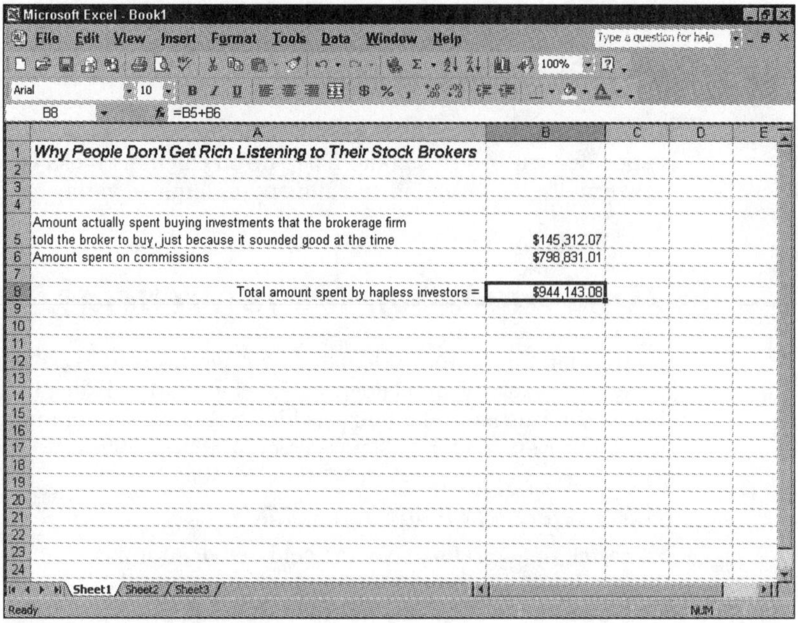

Figura 9-1:
Utilizar las
referencias
de celda
para
calcular un
resultado.

Utilizar referencias de celda en una fórmula

Para crear una fórmula utilizando una referencia de celda:

1. **Haga clic sobre la celda donde desea que aparezcan los resultados de la fórmula.**

2. **Digite = (el signo de igual).**

3. **Escoja uno de los siguientes métodos:**

   - Digite la referencia de celda, como B4.

   - Haga clic sobre la celda que contiene el número que desea utilizar en su fórmula, como B4.

4. **Digite un operador, como + (el signo de más).**

5. **Repita los Pasos 3 y 4 tan a menudo como sea necesario para crear su fórmula.**

6. **Pulse Enter.**

Ahora, si cambia el número en una celda que es referida en otra fórmula de celda, como B4 en este ejemplo, Excel automáticamente calcula un nuevo resultado.

Para ayudarle a crear las fórmulas más comunes, Excel tiene una opción especial llamada *AutoSum (AutoSuma)*. Al utilizar el botón AutoSum que aparece en la barra de herramientas Standard, puede rápidamente agregar o encontrar el promedio de una fila o columna llena de números.

La opción AutoSum solamente calcula los números almacenados en celdas que aparecen en la misma fila o columna. En el momento en que la opción AutoSum encuentra una celda vacía, asume que no hay más números por incluir en ese cálculo.

Para utilizar AutoSum:

1. **Haga clic sobre la celda que desea que retenga el resultado de su cálculo.**

   Esta celda debe aparecer debajo de una columna de números o a la derecha de una fila de números.

2. **Haga clic sobre la flecha que apunta hacia abajo que aparece a la derecha del botón AutoSum en la barra de herramientas Standard.**

   Aparece un menú que cae mostrando las funciones más comunes que puede escoger, como Sum o Count, como se muestra en la Figura 9-2 (las funciones que contienen fórmulas incorporadas; para descubrir qué pueden hacer las funciones en este menú, refiérase a la barra lateral "Funciones Comunes de Excel" en este capítulo).

3. **Haga clic sobre la función que desea utilizar, como Sum o Max.**

   Dependiendo de la función que escoja, Excel automáticamente calcula y despliega el resultado en la parte inferior de la columna o a la derecha de la fila que ha seleccionado. La Figura 9-3 muestra AutoSum sumando las celdas de la B3 hasta la B9.

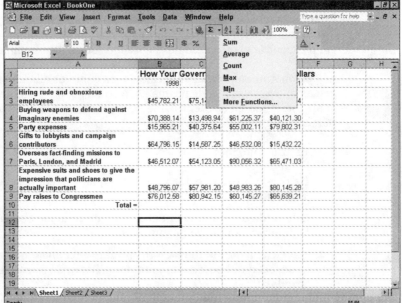

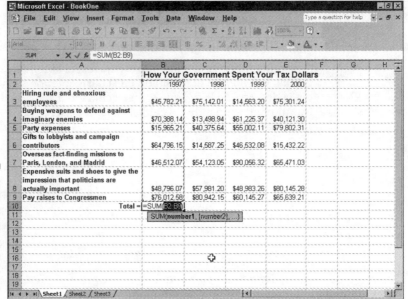

La magia de los paréntesis

Las fórmulas más sencillas utilizan dos referencias de celda y un operador, como =B4*C4. Sin embargo, probablemente necesitará crear fórmulas más sofisticadas que incluyen tres o más referencias de celda. Con tantas referencias de celda, debería utilizar paréntesis para organizar todo.

Por ejemplo, suponga que desea sumar los números en las celdas D3, D4, D5 y luego multiplicar el total por un número en la celda D6. Para calcular este resultado, puede intentar utilizar la siguiente fórmula:

```
=D3+D4+D5*D6
```

Desafortunadamente, Excel interpreta esta fórmula como, "Multiplique el número en D5 por el número en D6 y luego sume este resultado a los números en D3 y D4". La razón tiene que ver con el orden de las operaciones —Excel busca una fórmula para ciertos operadores (como *) y calcula aquellos resultados antes de hacerlo con el resto de la fórmula.

Digamos que tiene los siguientes valores almacenados en las celdas:

D3	$45.95
D4	$199.90
D5	$15.95
D6	7.75%

La fórmula =D3+D4+D5*D6 calcula el número $247.09, que no es el resultado que desea del todo (créame esto). Lo que usted realmente quiere es sumar todos los números en las celdas D3, D4 y D5 y luego multiplicar este total por el número en D6. Para indicarle a Excel que haga esto, tiene que utilizar paréntesis:

```
=(D3+D4+D5)*D6
```

Los paréntesis le dicen a Excel, "¡Oye, estúpido! Primero sume todos los números almacenados en las celdas D3, D4, D5 y luego multiplíquelas por el número almacenado en D6". Utilizando los mismos valores para D3, D4, D5 y D6, como en el ejemplo sin paréntesis, Excel ahora calcula $20.29, que es el resultado que quería (¿Cómo lo supe? Soy un medium. . .).

Si no descubre nada más en esta sección (o tiene una aterradora memoria del álgebra del colegio), recuerde que debe siempre organizar las múltiples referencias de celda en paréntesis para asegurarse de que Excel las calcula en el orden adecuado.

Hacer referencia a dos o más celdas

Algunas veces puede necesitar hacer referencia a dos o más celdas. Un grupo de varias celdas es llamado un *range (rango)*. Los dos tipos de rangos son:

- Contiguos (las celdas están una junto a la otra), como D3+D4+D5.

- No contiguos (las celdas no están una junto a la otra), como D3+T44+Z89.

Especificar un rango contiguo

Un *contiguous range* (rango contiguo) de celdas no es más que un montón de celdas que se tocan entre ellas, como las celdas apiladas una sobre la otra o una junto a la otra. Puede especificar celdas contiguas utilizando los dos puntos. Por ejemplo, digitando **A2:A5** le indica a Excel utilizar las celdas A2, A3, A4 y A5.

Puede también especificar celdas adyacentes que abarcan dos o más columnas o filas. Por ejemplo, digitando **D2:E5** le dice a Excel utilizar las celdas D2, D3, D4, D5 y las celdas E2, E3, E4 y E5. Este rango contiguo en particular abarca cuatro columnas y dos filas.

Los rangos contiguos son más útiles cuando está utilizando las funciones de Excel —fórmulas matemáticas incorporadas que actúan como accesos directos— como =SUM(D2:D6), que agrega todos los números almacenados en las celdas de la D2 a la D6. Algunas funciones que trabajan con rangos contiguos incluyen AVERAGE, MAX, MIN y COUNT. Para utilizar una función, todo lo que tiene que hacer es escoger una celda para que la función viva en ella y luego escoger una función del recuadro que aparece cuando escoge Insert⇨Function. Puede descubrir más sobre funciones en la sección "Escoger una Función para Utilizar", más adelante en este capítulo.

Suponga que desea utilizar la siguiente fórmula:

```
=(D3+D4+D5)*D6
```

Las celdas D3, D4 y D5 son una rango contiguo de celdas, de manera que pueda simplificar la fórmula solo digitando lo siguiente:

```
=SUM(D3:D5)*D6
```

La referencia D3:D5 le dice a Excel, "¡Oye, cabeza hueca! Tome todos los números almacenados en las celdas de la D3 a la D5 y súmelas todas; luego multiplique este resultado por el número en D6".

Para especificar un rango contiguo en una fórmula, siga estos pasos:

1. **Haga clic sobre la celda en la que desea que aparezcan los resultados de la fórmula.**

2. **Digite = (el signo de igual).**

3. **Digite la función incorporada que desea aplicar a su rango contiguo —como SUM o AVERAGE y luego digite el paréntesis izquierdo, que se ve así: (.**

4. **Haga clic sobre la celda que contiene el primer número que desea utilizar en su fórmula (por ejemplo, celda D3).**

5. **Sostenga el botón izquierdo del mouse y arrastre el mouse para seleccionar el rango de celdas entero que desea incluir.**

   Excel destaca el rango de celda seleccionado con una línea punteada, como se muestra en la Figura 9-4.

6. **Libere el botón del mouse y digite el paréntesis derecho, que se ve así :).**

7. **Digite el resto de su fórmula (si es necesario) y pulse Enter.**

Especificar un rango no contiguo

Si desea incluir ciertos números en una fórmula, pero están almacenados en celdas que no se tocan entre sí, puede crear un *noncontiguous range* (rango contiguo) (desde el punto de vista técnico, para "un rango que incluye celdas que no se tocan entre sí"). Por ejemplo, considere la siguiente fórmula:

```
=SUM(D3,G5,X7)
```

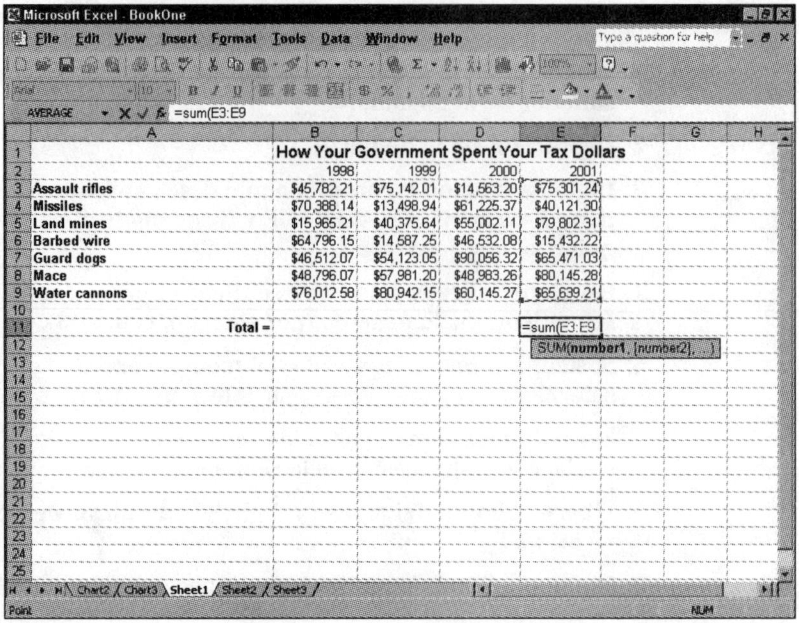

Figura 9-4:
Seleccionar
un rango
contiguo de
celdas.

Esta fórmula le dice a Excel, "Tome el número almacenado en la celda D3, súmelo al número almacenado en la celda G5 y sume el resultado al número almacenado en la celda X7". Excel saluda inteligentemente y se pone a trabajar.

Para especificar un rango no contiguo en una fórmula, esta es la manera:

1. **Haga clic sobre la celda donde desea que aparezcan los resultados de la fórmula.**

2. **Digite = (el signo de igual).**

3. **Digite la función incorporada que desea aplicar a su rango no contiguo, como SUM o AVERAGE y luego digite el paréntesis izquierdo, que se ve así: (.**

4. **Haga clic sobre la celda que contiene el primer número que desea utilizar en su fórmula (como la celda D3) (o digite la referencia de celda que desea usar, como D3).**

5. **Digite , (una coma).**

6. **Haga clic sobre la celda que contiene el próximo número que desea utilizar en su fórmula (como la celda D7) (o digite la referencia de celda que desea utilizar, como D7).**

7. **Repita los Pasos 5 y 6 tantas veces sea necesario.**

8. **Digite un paréntesis derecho, que se ve así:) y pulse Enter cuando haya terminado de crear su fórmula.**

Copiar fórmulas

Así como la escuela era mucho más fácil cuando le copiaba la tarea a alguien más, crear fórmulas en Excel es mucho más fácil si solo copia una fórmula existente —nadie lo va a reprender si hace eso. Excel cambia las referencias de celda de la fórmula automáticamente para cada fila o columna de números.

Por ejemplo, si necesita sumar los primeros cinco números en la columna A y desea hacer lo mismo en las columnas B y C, su fórmula en la celda A6 puede verse así:

```
=SUM(A1:A5)
```

Cuando copia y pega esta fórmula en las celdas B6 y C6, Excel automáticamente cambia la fórmula en la celda B6 para que diga

```
=SUM(B1:B5)
```

y cambia la fórmula en la celda C6 para que diga

```
=SUM(C1:C5)
```

Copiar una fórmula existente es especialmente útil si tiene filas o columnas de números que utilizan exactamente el mismo tipo de fórmula, como tres columnas de números que muestran un total en la parte inferior, como se muestra en la Figura 9-5.

Para copiar una fórmula y pegarla a otras filas o columnas por utilizar, siga estos pasos:

1. **Digite la fórmula que desea copiar.**

   Puede saltarse este paso si la fórmula que desea copiar ya existe.

2. **Destaque la celda que contiene la fórmula que desea copiar.**

3. **Pulse Ctrl+C o haga clic sobre el botón Copy en la barra de herramientas Standard.**

   Excel despliega una línea de puntos alrededor de la celda que destacó en el Paso 2.

4. **Destaque la celda o rango de celdas donde desea pegar la fórmula.**

5. **Pulse Ctrl+V o haga clic sobre el botón Paste en la barra de herramientas Standard.**

Excel despliega los resultados de la fórmula en su celda o rango de celdas escogido.

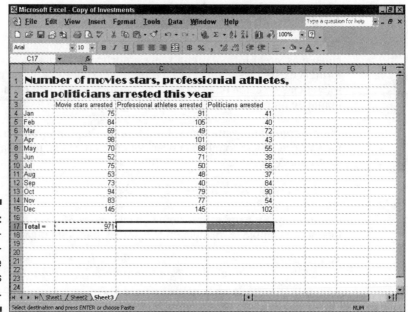

Figura 9-5:
Copiar y pegar una fórmula hace los cálculos más fáciles.

Para una forma más rápida de copiar una fórmula, haga clic sobre la fórmula para que aparezca una cajita negra pequeña en la esquina inferior derecha de esa celda. Mueva el puntero del mouse encima de esta cajita para que dicho puntero se convierta en una cruz y luego arrastre el mouse para que destaque las celdas adyacentes. Excel mágicamente copia sus fórmulas en esas celdas.

Editar sus Fórmulas

Después de que digite una fórmula en una celda, puede siempre regresar y editarla más adelante. Esta capacidad es útil cuando digita una fórmula incorrectamente (como cuando olvida utilizar paréntesis).

Desplegar fórmulas

Antes de que pueda editar una fórmula, tiene que encontrarla (bueno, las cosas obvias también necesitan amor). Una celda con una fórmula en ella se ve exactamente como una celda con solo un número regular.

Eso es porque una celda con una fórmula muestra los resultados de esta fórmula, no la fórmula en sí —así que puede tener problemas distinguiendo entre las celdas que contienen viejos números puros y celdas que contienen fórmulas.

Para desplegar todas sus fórmulas en una hoja de trabajo, pulse Ctrl+` (sí, es una tilde al revés). Esa extraña marquita que digita mientras sostiene la tecla Ctrl, normalmente aparece en la misma tecla que el símbolo ~.

Si tiene que salir a cazar la tecla de la tilde al revés (`), intente buscar solo a la izquierda de la tecla 1 en la fila superior. En algunos otros teclados, esta tecla aparece en la parte inferior, cerca de la barra espaciadora.

Cuando pulsa Ctrl+`, Excel despliega todas las fórmulas que actualmente están en la hoja electrónica, como se muestra en la Figura 9-6. Si pulsa Ctrl+` por segunda vez, Excel oculta las fórmulas (como una alternativa para pulsar Ctrl+`, puede también escoger Tools⇨Formula Auditing⇨Formula Auditing Mode).

Borrar una Fórmula

La forma más rápida de editar una fórmula es borrarla completamente y empezar de nuevo. Cuando desea ejercitar sus necesidades destructivas y eliminar una fórmula para siempre, siga estos pasos:

1. **Haga clic sobre la celda que contiene la fórmula que desea eliminar.**

2. **Pulse Delete o Backspace.**

   Excel borra su fórmula (y no deja un parchón).

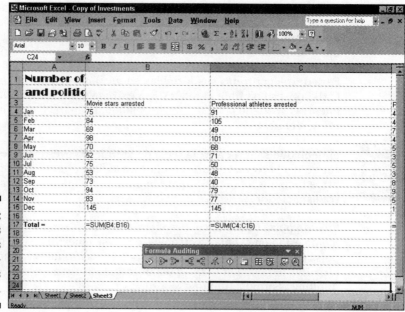

Figura 9-6: Revelar las fórmulas ocultas detrás de los números.

Estos pasos funcionan para eliminar los contenidos de cualquier celda. Si elimina algo por error, puede recuperarlo inmediatamente pulsando Ctrl+Z o haciendo clic sobre el botón Undo.

Cambiar una fórmula

Si desea editar una fórmula haciendo un cambio menor —digamos, digitar un paréntesis o sumar otra referencia de celda— puede utilizar la barra Formula mostrada en la Figura 9-7. Cada vez que haga clic sobre una celda que contiene una fórmula, la barra Formula despliega la fórmula que está utilizando para que pueda visualizar todo y editarlo.

Para editar una fórmula:

1. **Haga clic sobre la celda que contiene la fórmula que desea editar.**

   Excel despliega esa fórmula en la barra Formula (refiérase a la Figura 9-7).

2. **Haga clic sobre la barra Formula para que el cursor aparezca en ella.**

   Excel destaca todas las celdas que su fórmula escogida utiliza para calcular su resultado.

Figura 9-7:
Editar una
fórmula en
la barra
Formula.

Microsoft Excel - Copy of Investments

File Edit View Insert Format Tools Data Window Help

SUM =SUM(C4:C16)

	A	B	C	D	E	F	G	H
1	**Number of movies stars, professionial athletes,**							
2	**and politicians arrested this year**							
3		Movie stars arrested	Professional athletes arrested	Politicians arrested				
4	Jan	75	91	41				
5	Feb	84	105	40				
6	Mar	69	49	72				
7	Apr	98	101	43				
8	May	70	68	55				
9	Jun	52	71	39				
10	Jul	75	50	56				
11	Aug	53	48	37				
12	Sep	73	40	84				
13	Oct	94	79	90				
14	Nov	83	77	54				
15	Dec	145	145	102				
16								
17	Total =	971	=SUM(C4:C16)	713				

Sheet1 Sheet2 Sheet3

3. Edite sus fórmula como desee.

Pulse Backspace o Delete para borrar parte de su fórmula. Use las teclas → y ← para mover el cursor; digite cualquier corrección.

4. Pulse Enter.

Excel calcula un nuevo resultado para esa celda basado en su fórmula modificada.

Para una manera más rápida de editar una fórmula en una celda, haga doble clic sobre esa celda y digite o edite la fórmula directamente en ella.

Escoger una Función por Utilizar

¡Rápido! Escriba la fórmula para calcular la depreciación de un activo para un período específico utilizando el método *fixed-declining-balance*. Si no tiene idea alguna de lo que quiere decir la oración anterior, no está solo. Por supuesto, aunque si lo supiera, puede no tener idea de cómo crear una fórmula para calcular este resultado.

Funciones Comunes de Excel

Aunque Excel contiene varios cientos de funciones diferentes, quizás nunca tenga que usarlas en su vida. Aquí presentamos una lista corta del equipo estrella de las funciones; úsela como una referencia la próxima vez que desee utilizar una función común:

Nombre de la Función	Qué hace
AVERAGE	Calcula el valor promedio de los números almacenados en dos o más celdas.
COUNT	Cuenta las celdas que contienen un número en lugar de texto.
MAX	Encuentra el número más grande almacenado en dos o más celdas.
MIN	Encuentra el número más pequeño almacenado en dos o más celdas.
ROUND	Redondea un número decimal a un número especificado de dígitos.
SQRT	Regresa la raíz cuadrada de un número.
SUM	Suma los valores almacenados en dos o más celdas.

Bueno, no se preocupe. No aparecerá en el examen final. En lugar de hacerlo quebrarse la cabeza creando fórmulas incómodas y complicadas usted solo, Excel le ofrece fórmulas predefinidas llamadas functions (*funciones*).

La diferencia más importante entre una función y una fórmula es que una función ya tiene una fórmula incorporada. Una función solo pregunta cuáles referencias de celda (números) utilizar; una fórmula debe ser creada paso por paso, escoger referencias de celda y decirle a Excel si sumar, restar, multiplicar o dividir. Para cálculos sencillos, puede crear sus propias fórmulas, pero para los realmente complicados, quizás desea utilizar una función incorporada en lugar de ello.

En caso de que esté pensándolo, puede utilizar las funciones dentro de cualquier fórmula que cree. Por ejemplo, la siguiente fórmula utiliza la función SUM pero también el operador de multiplicación:

```
=SUM(D4:D5)*D7
```

Para ayudarle a escoger la función adecuada, Excel viene con la opción Paste Function, que lo guía paso por paso conforme escoge una función y la llena con referencias de celda. Relájese —no tiene que hacerlo usted mismo.

Para utilizar la opción Paste Function:

1. **Haga clic sobre la celda donde desea utilizar una función.**

2. **Haga clic sobre la flecha que apunta hacia abajo en el botón AutoSum y escoja More Functions, escoja Insert⇨Function o haga clic sobre el botón Insert Function (la que tiene el logotipo de fx).**

   Aparece el recuadro de diálogo Insert Function, como se muestra en la Figura 9-8.

Figura 9-8:
El recuadro de diálogo Insert Function ofrece una variedad de funciones que puede utilizar para calcular diferentes resultados.

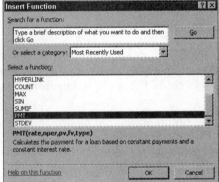

3. **En la lista que cae de Select a Category, haga clic sobre la categoría que contiene el tipo de función que desea utilizar (Financiera, Estadísticas, etcétera).**

4. **Haga clic sobre la función que desea utilizar en el recuadro Select a Function.**

   Cada vez que haga clic sobre una función, Excel despliega una breve explicación de esa función en la parte inferior del recuadro de diálogo.

5. **Haga clic sobre OK.**

   Excel despliega un recuadro de diálogo Function Arguments, pidiéndole referencias de celda específicas, como se muestra en la Figura 9-9.

   Dependiendo de la función que escoja en el Paso 4, el recuadro de diálogo que aparece después del paso 5 puede verse levemente diferente.

Botones pequeños de los cuadros de diálogo

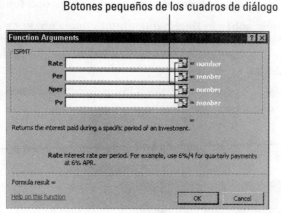

Figura 9-9: El recuadro de diálogo de la función Arguments le permite especificar el tipo de información para su función escogida.

6. **Haga clic sobre las celdas que contienen los números que desea utilizar (como la celda E3) o digite la referencia de celda usted mismo.**

Si hace clic sobre el botón Shrink Dialog Box, el recuadro de diálogo se encoge para que pueda ver el resto de su hoja electrónica. Puede necesitar mover el recuadro de diálogo para quitarlo del camino.

7. **Haga clic sobre OK.**

Excel calcula un valor basado en la función que usted escoge y los números que le indicó utilizar en el Paso 6.

Revisar la Precisión de sus Fórmulas

Las computadoras no son perfectas (aunque pueden tener menos errores que las personas con las que trabaja). Por lo tanto, aun si Excel parece estar calculando correctamente, quizás desee revisar sus cálculos solo para estar seguro. Algunos errores comunes que pueden estropear sus cálculos incluyen:

✔ **Información perdida:** la fórmula no utiliza toda la información necesaria para calcular el resultado adecuado.

✔ **Información incorrecta:** la fórmula obtiene información de la celda equivocada.

✔ **Cálculo incorrecto:** su fórmula está calculando un resultado en forma equivocada.

¿Cómo puede encontrar errores en su hoja electrónica? Bueno, podría revisar manualmente cada fórmula y digitar diferentes números, solo para asegurarse de que las fórmulas están calculando los resultados correctos. Pero las hojas electrónicas pueden contener docenas de fórmulas (cualquiera de las cuales pueden estar interrelacionadas con otras) —revisarlas manualmente no es práctico, a menos que tenga todo el tiempo del mundo. Como alternativa, Excel viene con opciones de auditoría incorporadas para revisar sus fórmulas. Al utilizar estas opciones, usted puede:

✔ Asegurarse de que sus fórmulas están utilizando información de las celdas correctas.

✔ Descubrir instantáneamente si una fórmula podría estropearse si cambia una referencia de celda.

Descubrir de dónde una fórmula obtiene la información

Aun la fórmula más maravillosa es inútil si calcula sus resultados utilizando información de las celdas equivocadas. *Tracing* (dar seguimiento) a una fórmula le muestra de cuáles celdas una fórmula está recuperando la información.

Cualquier celda que suministra información a una fórmula es llamada *precedent* (precedente).

Para darle seguimiento a una fórmula:

1. **Escoja View⇨Toolbars⇨Formula Auditing.**

   Aparece la barra de herramientas Formula Auditing como se muestra en la Figura 9-10.

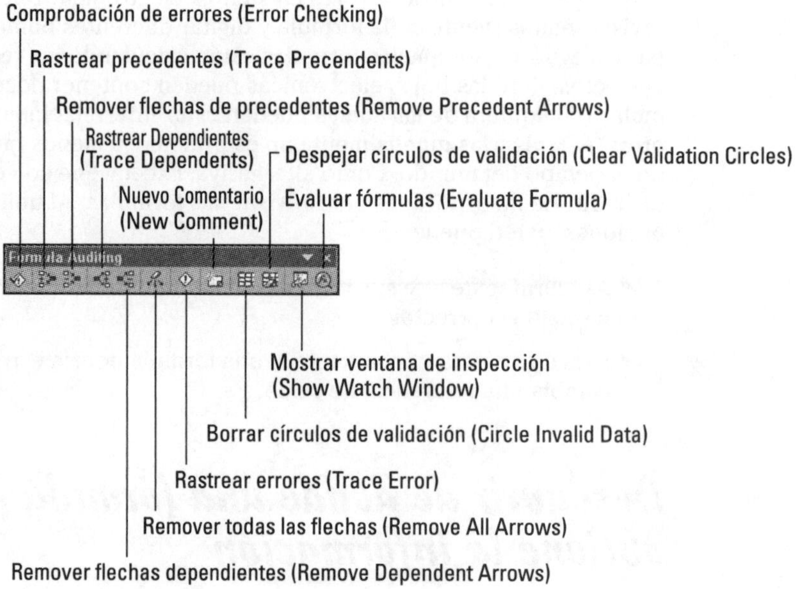

Comprobación de errores (Error Checking)

Rastrear precedentes (Trace Precendents)

Remover flechas de precedentes (Remove Precedent Arrows)

Rastrear Dependientes (Trace Dependents) ┌ Despejar círculos de validación (Clear Validation Circles)

Nuevo Comentario │ Evaluar fórmulas (Evaluate Formula)
(New Comment)

Figura 9-10:
La barra de herramientas Formula Auditing ofrece diferentes comandos para revisar la precisión de su fórmula.

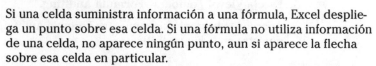

Mostrar ventana de inspección
(Show Watch Window)

Borrar círculos de validación (Circle Invalid Data)

Rastrear errores (Trace Error)

Remover todas las flechas (Remove All Arrows)

Remover flechas dependientes (Remove Dependent Arrows)

2. **Haga clic sobre la celda que contiene la fórmula que desea revisar.**

3. **Haga clic sobre Trace Precedents en la barra de herramientas Formula Auditing.**

Excel despliega una línea mostrando todas las celdas que alimentan información a la fórmula que escoge en el Paso 2, como se muestra en la Figura 9-11.

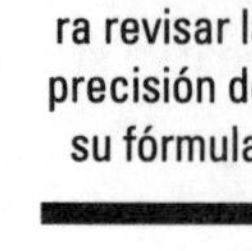

Si una celda suministra información a una fórmula, Excel despliega un punto sobre esa celda. Si una fórmula no utiliza información de una celda, no aparece ningún punto, aun si aparece la flecha sobre esa celda en particular.

4. **Haga clic sobre el botón Remove Precedent Arrows o Remove All Arrows en la barra de herramientas Formula Auditing cuando desea hacer que desaparezcan las flechas.**

Descubrir cuál(es) fórmula(s) puede cambiar una celda

Algunas veces puede tener curiosidad de cómo una celda en particular podría afectar una fórmula almacenada en su hoja electrónica. Aunque podría solo digitar un nuevo valor en esa celda y buscar cualquier cambio, una forma más fácil (y más precisa) es utilizar la barra de herramientas Formula Auditing.

Cualquier fórmula que recibe información es llamada *dependent* (dependiente).

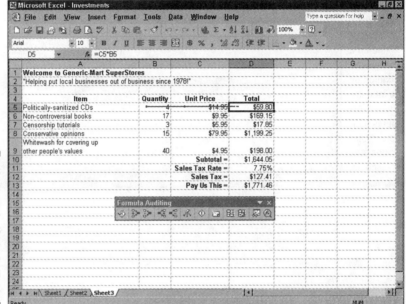

Figura 9-11:
Darle seguimiento a celdas precedentes que alimentan información a una fórmula.

Para descubrir más sobre una o más fórmulas que al cambiar una sola celda pueda afectar:

1. **Escoja View⇨Toolbars⇨Formula Auditing.**

   Aparece la barra de herramientas Formula Auditing (refiérase a la Figura 9-10).

2. **Haga clic sobre la celda que desea examinar.**

3. **Haga clic sobre el botón Trace Dependents en la barra de herramientas Formula Auditing.**

   Excel dibuja una línea que muestra la celda que contiene una fórmula que depende de la celda que escoge en el Paso 1, como se muestra en la Figura 9-12.

4. **Haga clic sobre el botón Remove Precedent Arrows o Remove All Arrows en la barra de herramientas Formula Auditing cuando desee hacer que las flechas desaparezcan.**

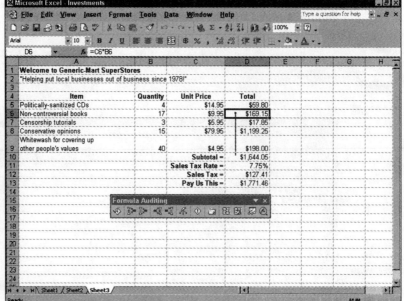

Figura 9-12:
Darle segui-
miento a
celdas de-
pendientes
le muestra
cuáles fór-
mulas pue-
de cambiar
una sola
celda.

Capítulo 10

Graficar sus Números

- -

En este Capítulo

▶ Examinar las partes de un gráfico

▶ Utilizar el Chart Wizard

▶ Cambiar su gráfico

- -

*U*n dibujo vale más que mil palabras, siempre y cuando tenga sentido. La mayoría de las hojas electrónicas de Excel consisten en nada
más que filas y columnas llenas de números que despistan a gran parte de
las personas. Pero quizás desea hacer su información más fácil de comprender al convertir sus números en cuadros que muestran tendencias,
cantidades o patrones con un solo vistazo.

Comprender las Partes de un Gráfico

Excel puede crear gráficos muy bonitos (o espantosos) que representan
los números en sus hojas electrónicas. Por supuesto, para ofrecer el máximo de flexibilidad, Excel ofrece numerosas opciones para graficar que
lo pueden abrumar.

Pero anímese —después de que introduce su información en una hoja electrónica, crear un gráfico es cosa de hacer saber a Excel cuál información desea utilizar, qué tipo de gráficos desea y dónde quiere
ponerla. Aunque no necesita saber mucho del idioma de los gráficos
para crearlos, debería comprender unos cuantos términos que al
principio son confusos.

La mayoría de los gráficos contienen al menos una serie de datos. Una
data series (serie de datos) es solo un grupo de números para una categoría en particular. Por ejemplo, una serie de datos pueden ser los resultados de un producto vendido durante enero, febrero y marzo. Otra serie
de datos puede ser las ventas combinadas de cinco productos diferentes
en el mismo período.

Los gráficos también tiene un eje x y un eje y. El *x-axis (eje x)* es el plano horizontal (de izquierda a derecha), y el *y-axis (eje y)* es el plano vertical (de arriba hacia abajo).

Para ayudarle a comprender sus números, un gráfico puede incluir un título (como Gráfico de Nuestras Pérdidas del 2001) y una leyenda. Una *legend (leyenda)* identifica lo que representan las diferentes partes de un gráfico, como se muestra en la Figura 10-1.

Algunos de los tipos más comunes de gráficos incluyen los mostrados en la Figura 10-2:

- **Line chart (Gráficos lineales):** una o más líneas donde cada una representa un solo elemento trazado, como bollos de perros calientes o fallos de transmisión. Puede utilizar un gráfico lineal para mostrar tendencias con el tiempo en su información, como si las ventas de diferentes productos hayan estado subiendo (o bajando) en un período de cinco años.

- **Area chart (Gráfico de área):** idéntico a uno lineal, excepto que suministra un sombreado por debajo de cada línea para enfatizar los valores desplegados. Si planea trazar más de cuatro elementos, un gráfico de área puede congestionarse y ponerse difícil de leer.

- **Column chart (Gráfico columnar):** compara dos o más elementos con el tiempo (como ventas de pan blanco contra pan de trigo entero en un período de seis meses). Las columnas que representan diferentes elementos aparecen una junto a la otra, desplegando no solo cómo cada producto se está vendiendo, sino cómo se vende en comparación con otros productos.

- **Bar chart (Gráfico de barras):** esencialmente es un gráfico columnar inclinado, un gráfico de barras despliega barras de diferentes longitudes, de izquierda a derecha. Son más útiles para comparar dos o más elementos o cantidades con el tiempo. Por ejemplo, un gráfico de barras puede utilizar cinco barras diferentes para representar cinco productos distintos; la longitud de cada barra puede representar las ganancias de cada uno.

- **Pie chart (Gráfico circular):** compara cómo las partes separadas conforman un todo, como determinar con cuánto dinero contribuye cada región en ventas (o toman) de las ganancias de la compañía cada ano.

Muchos gráficos están también disponibles en 3-D, que le brinda una apariencia diferente. Algunas personas encuentran los gráficos 3-D más fáciles de leer; otros piensan que la 3-D lo hace verse más complicado de lo que necesita ser (conozca su audiencia).

Crear un Gráfico con el Chart Wizard

Para ayudarle a crear gráficos (casi) automáticamente, Excel ofrece el Chart Wizard, que amablemente lo guía a través del proceso de crear gráficos con sus datos.

Crear gráficos en Excel es más fácil cuando sus datos están arreglados en un formato de tabla utilizando filas y columnas adyacentes.

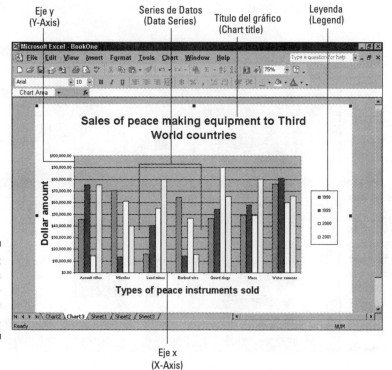

Figura 10-1: Las partes de un gráfico típico de Excel.

Para crear un gráfico con el Chart Wizard, siga estos pasos:

1. **Seleccione todas las celdas, incluyendo los encabezados de la columna y fila que contienen los datos que desea graficar.**

   Excel utiliza encabezados de columna para el título del eje x y encabezados de fila para la leyenda (puede siempre cambiar los encabezados utilizados en su gráfico más adelante).

2. **Haga clic sobre el botón Chart Wizard en la barra de herramientas Standard o escoja Insert⇨Chart.**

Aparece el recuadro de diálogo Chart Wizard, como se muestra en la Figura 10-3.

3. **En el recuadro de lista de Chart Type, haga clic sobre el tipo de gráfico que desea (como Line, Pie o Stock).**

4. **En el grupo Chart Sub-type, haga clic sobre la variación del gráfico que desea.**

5. **Haga clic sobre Next.**

Aparece el segundo recuadro de diálogo Chart Wizard, mostrándole la forma en que se verá su gráfico, como se muestra en la Figura 10-4.

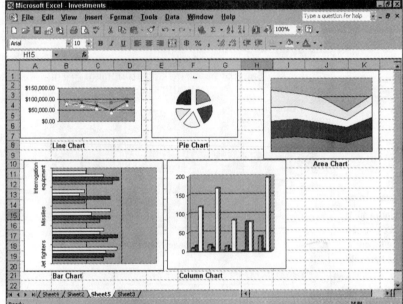

Figura 10-2:
Los tipos comunes de gráficos de Excel que puede utilizar para trazar sus datos.

Figura 10-3:
El recuadro
de diálogo
Chart Wi-
zard lo guía
a través del
proceso de
crear un
gráfico.

6. **Haga clic sobre el botón de opción Rows o Columns para cambiar la forma en que Excel utiliza sus datos para crear un gráfico.**

   Escoger el botón de opción Rows quiere decir que Excel utiliza sus etiquetas de fila (si hay) para aparecer en el eje x de su gráfi-co. Escoger el botón de opción Columns quiere decir que Excel utiliza sus etiquetas de columna (si hay) para aparecer en el eje x de su gráfico.

Botón de cerrar recuadro de diálogo

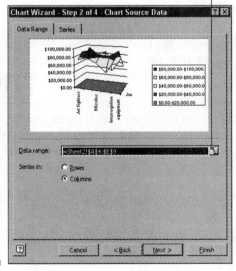

Figura 10-4:
El recuadro
de diálogo
Chart Wi-
zard le
muestra có-
mo se ve su
gráfico para
que pueda
aceptarlo o
modificarlo.

7. **Haga clic sobre el botón Collapse Dialog Box.**

El Chart Wizard se encoge a una pequeña ventana flotante.

8. **Seleccione las etiquetas y datos que desea graficar (puede saltarse este paso si no desea cambiar las etiquetas y datos que escogió en el Paso 1).**

Excel destaca sus datos escogidos con una línea punteada.

9. **Haga clic sobre el botón Expand Dialog Box (anteriormente el botón Collapse Dialog Box) y luego haga clic sobre Next.**

Aparece el tercer recuadro de diálogo Chart Wizard, permitiéndole escoger un título para el gráfico y títulos para los ejes "x" y "y" (refiérase a la Figura 10-5).

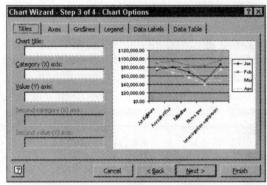

Figura 10-5:
Recuadro
de diálogo
Chart
Wizard.

10. **Digite cualquier título que desee agregar a su gráfico; luego haga clic sobre Next.**

Aparece el cuarto recuadro de diálogo Chart Wizard, como se muestra en la Figura 10-6, preguntándole si desea colocar su gráfico en la misma hoja electrónica que sus datos o una separada. Algunas veces quizás prefiera mantener el gráfico en la misma hoja de trabajo que los datos utilizados para crearlo. Otras veces, puede querer poner el gráfico en una hoja de trabajo separada, especialmente si el gráfico es tan grande como la pantalla de su computadora.

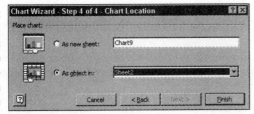

Figura 10-6:
Escoger si
colocar su
gráfico en
una hoja se-
parada
o una
existente.

11. **Haga clic sobre el botón de opción As Object In y escoja la hoja de trabajo donde desea colocar el gráfico.**

12. **Haga clic sobre el botón.**

    Excel dibuja su gráfico y lo coloca en una hoja de trabajo escogida.

Editar sus Gráficos

El Chart Wizard le ayuda a crear un gráfico rápidamente, pero luego pue-de decidir regresar y modificarlo un poco para hacerlo más lindo, mover-lo o ajustar su tamaño. Solo recuerde que siempre es posible cambiarlo, así que no tema experimentar y dejar volar su imaginación.

Mover, ajustar el tamaño y eliminar todo un gráfico

Algunas veces puede no gustarle dónde Excel coloca su gráfico. Así que en lugar de sufrir por la regla tiránica de Excel, tome el asunto por sus manos y cámbiele la posición y tamaño usted mismo.

Para mover, ajustar el tamaño o eliminar un gráfico entero, siga es-tos pasos:

1. **Haga clic sobre el gráfico que desea mover, ajustar tamaño o eliminar.**

    Después de que selecciona un gráfico, pequeños rectángulos ne-gros, llamados *handles (cuadros de dimensionamiento)*, aparecen en las esquinas y los lados del borde del gráfico.

2. **Escoja una de las siguientes opciones:**

> *Nota:* Puede mover o ajustar el tamaño de un gráfico solamente si escoge el botón de opción As Object In en el Paso 11 de la sección "Crear un gráfico con el Chart Wizard".

- **Para mover un gráfico hacia una nueva ubicación sin cambiar su tamaño, haga clic sobre el borde para seleccionarlo todo.**

Después de seleccionar el gráfico coloque el cursor del mouse dentro del gráfico (no sobre uno de los cuadros de dimensionamiento) y sostenga y mueva el botón izquierdo del mouse para que se convierta en una flecha con cuatro cabezas. Arrastre el mouse y note cómo Excel le muestra un contorno de dónde aparecerá si libera el botón en ese punto. Cuando esté satisfecho con la ubicación, libere el botón izquierdo del mouse.

- **Para cambiar el tamaño de un gráfico, haga clic sobre el borde y arrastre un cuadro de dimensionamiento.**

Coloque el cursor del mouse directamente sobre un cuadro de dimensionamiento y sostenga el botón izquierdo del mouse para que dicho cursor se convierta en una flecha con dos cabezas. Arrastre el mouse y note cómo Excel le muestra un contorno de la apariencia de su gráfico si libera el botón del mouse en ese punto. Cuando esté satisfecho con el tamaño, libere el botón izquierdo del mouse.

> *Nota:* Los cuadros de dimensionamiento del medio cambian la ubicación de solamente un lado del gráfico; los cuadros esquineros controlan dos lados simultáneamente. Si arrastra el cuadro de dimensionamiento superior central, por ejemplo, puede mover el lado superior del gráfico para hacerlo más alto o corto (el lado inferior permanece donde está). Si arrastra el cuadro de la esquina superior derecha, mueve el lado superior y el lado derecho simultáneamente.

- **Para eliminar un gráfico, pulse Delete.**

Editar las partes de un gráfico

Además de mover, ajustar el tamaño o eliminar las partes de un gráfico, puede modificarlos. Por ejemplo, si escribe incorrectamente un título de gráfico y de repente decide que realmente desea un título de eje x o que no le gustan los colores en su leyenda, entonces puede cambiar lo que quiera. Puede cambiar cualquier parte de un gráfico en cualquier momento, así que sea atrevido y experimente todo lo que quiera, especialmente si le pagan por hacer el tonto con Excel.

Un gráfico de Excel consiste en varios objetos que puede modificar. La mayoría de los gráficos incluyen estas partes comunes:

✔ **Chart area (Área de gráfico):** todo el recuadro que contiene el área de trazado más la leyenda.

✔ **Plot area (Área de trazado):** el gráfico real (circular, barra, lineal, etcétera) y sus etiquetas de ejes "x" y "y".

✔ **Legend (Leyenda):** un pequeño recuadro que define lo que cada color representa en cada gráfico.

✔ **Chart title (Título de gráfico):** texto que describe el propósito del gráfico.

Cambiar el texto en su gráfico

Después de que crea un gráfico, puede desear hacer un cambio en cualquier texto que aparezca, como las etiquetas del eje, entradas de la leyenda o título del gráfico. Para editar texto, siga estos pasos:

1. **Haga clic sobre el texto que desea editar.**

   Aparece un recuadro gris alrededor de su texto.

2. **Haga clic en cualquier parte dentro del texto que desea editar (como el título del gráfico) de manera que aparezca el cursor en forma de I.**

3. **Digite cualquier cambio que desee hacer (o elimine el texto entero, si así lo desea).**

   Puede utilizar las teclas de flecha, la tecla de retroceso y la tecla de eliminar para editar su título.

Formatear texto

Además de (o en lugar de) cambiar texto, quizás solo desea cambiar el estilo de formato utilizado. Para cambiar el formato del texto, siga estos pasos:

1. **Haga clic sobre el texto que desea formatear.**

   Aparecen los cuadros de dimensionamiento alrededor del texto escogido (si desea editar una entrada de leyenda en particular, debe hacer clic dos veces en esa entrada particular).

2. **Haga clic en el botón derecho sobre el texto que desea modificar.**

   Aparece un menú de selección.

3. **Haga clic sobre el comando Format (como Format Legend or Format Chart Title).**

   Aparece el recuadro de diálogo Format.

4. **Escoja la fuente, estilo de fuente, tamaño, color y cualquier otra opción de formato que desee aplicar a su entrada de leyenda.**

5. **Haga clic sobre OK.**

Escoger un tipo diferente de gráfico

Algunos gráficos se ven mejor que otros, así que si primero escoge un tipo (barras, por ejemplo) que no hace fácil la comprensión de sus datos, intente escoger un tipo diferente, como uno circular, lineal o esparcido. Para cambiar su tipo de gráfico, siga estos pasos:

1. **Haga clic sobre el borde del gráfico que desea cambiar.**

   Aparecen los cuadros de dimensionamiento alrededor del gráfico y aparece un menú de selección.

2. **Haga clic en el botón derecho y escoja Chart Type.**

   Aparece el recuadro de diálogo Chart Type.

3. **Haga clic sobre un tipo de gráfico que desee utilizar; luego haga clic sobre OK.**

Al cambiar el tipo de gráfico puede cambiar toda su apariencia, posiblemente estropeándola. Si el gráfico se ve muy enredado después de que cambie su tipo, pulse Ctrl+Z inmediatamente para deshacer su última acción.

Utilizar la barra de herramientas Chart

Si va a modificar los gráficos a menudo, quizás desee desplegar la barra de herramientas Chart, la cual suministra varios iconos sobre los que puede hacer clic para visualizar y modificar la apariencia de su gráfico.

Para desplegar (u ocultar) la barra de herramientas Chart, escoja View➪Toolbars➪Chart. Aparece la barra Chart, como se muestra en la Figura 10-7, ofreciendo comandos para modificar su gráfico.

Figura 10-7:
La barra de herramien-
tas Chart.

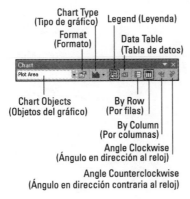

Chart Type
(Tipo de gráfico)   Legend (Leyenda)

Format
(Formato)   Data Table
(Tabla de datos)

Chart Objects
(Objetos del gráfico)   By Row
(Por filas)

By Column
(Por columnas)

Angle Clockwise
(Ángulo en dirección al reloj)

Angle Counterclockwise
(Ángulo en dirección contraria al reloj)

La barra de herramientas Chart viene empacada con las siguientes
opciones:

- **Chart Objects (Objetos del gráfico):** le permite seleccionar parte
  de su gráfico, como el eje de leyenda o categoría, sin tener que
  hacer clic.

- **Format (Formato):** le permite cambiar los colores, bordes o fuente del objeto sobre el que hizo clic o escoger en el recuadro de lista Chart Objects.

- **Chart Type (Tipo de gráfico):** le permite rápidamente escoger un
  tipo de gráfico diferente para trazar sus datos, por ejemplo, cambiando de un gráfico columnar a uno circular.

- **Legend (Leyenda):** oculta o despliega una leyenda en su gráfico.

- **Data Table (Tabla de datos):** despliega los datos reales utilizados
  para crear el gráfico.

- **By Row (Por fila):** utiliza los encabezados de la fila para definir su
  gráfico.

- **By Column (Por columna):** utiliza los encabezados de columna
  para definir su gráfico.

- **Angle Clockwise (Ángulo en dirección con el reloj):** cambia la
  apariencia del texto en un ángulo en dirección al reloj.

- **Angle Counterclockwise (Contra el reloj):** cambia la apariencia
  del texto en un ángulo en dirección contraria al reloj.

Parte IV
Hacer Presentaciones con PowerPoint

La 5a Ola   Por Rich Tennant

"BONITO GRÁFICO FRANK,
PERO NO DEL TODO NECESARIO".

En esta parte . . .

*E*l miedo a hablar en público es el más grande que la mayoría de las personas tienen – junto con el de la muerte. Aunque Microsoft Office XP no puede ayudarle a superar su miedo por la muerte, puede ayudarle a sobreponerse de su miedo de hablar y dar presentaciones en público con la ayuda de Microsoft PowerPoint, que le puede ayudar a organizar y diseñar una presentación que puede mantener a otras personas tan impresionadas que no se molestarán en mirar en su dirección.

Cuando utiliza PowerPoint para crear una presentación, no necesitará confiar en meras palabras, gestos con las manos sin sentido o diagramas crudamente dibujados garabateados en una pizarra blanca. Con PowerPoint, puede dar presentaciones perfectas que consisten en gráficos de texto e incluso efectos de sonido que las personas recordarán.

La próxima vez que necesite deslumbrar a una audiencia (con hechos, rumores o mentiras evidentes disfrazadas para que parezcan hechos) lea esta parte del libro y vea cómo PowerPoint puede ayudarle a crear presentaciones de diapositivas y folletos deslumbrantes que pueden aclarar, enfatizar o distorsionar en forma entretenida temas para su audiencia hasta que tenga la oportunidad de salirse del salón.

Capítulo 11

Crear Presentaciones con Diapositivas

● ●

● ●

*L*a preocupación número uno de muchas personas es hablar en público (la número dos es perder el tiempo en una presentación aburrida). Dar un discurso puede ser aterrador, pero hacer una presentación con su discurso puede darle apoyo visual importante. Los visuales pueden tomar la forma de folletos, diapositivas de 35mm, transparencias de retroproyector en blanco y negro o color, o imágenes de computadora en un monitor o proyectadas en una pantalla.

Los visuales pueden ayudar a estructurar su presentación de manera que no tenga que memorizarlo todo. En lugar de ello, puede mostrar gráficos bonitos y hablar sobre cada uno sin tener la audiencia observándolo todo el tiempo.

Para ayudarle a crear presentaciones de diapositivas en su computadora, Microsoft Office XP incluye un programa de presentación, llamado PowerPoint. Al utilizar PowerPoint, puede hacer presentaciones en su computadora o imprimirlas como apestosos folletos.

PowerPoint puede ayudarle a hacer presentaciones interesantes visualmente, pero todos los efectos especiales en el mundo no pueden salvar a una presentación sin sentido. Antes de apurarse a crear una presentación de diapositivas en PowerPoint, tome cierto tiempo para decidir qué es importante para su audiencia y qué desea lograr (vender un producto, explicar por qué tirar petróleo al océano es dañino para el ambiente, aumentar el apoyo para vender armas a países inestables del tercer mundo solo por el dinero, etcétera).

Crear una Presentación

Cuando desea crear una presentación en Power Point, tiene cuatro opciones:

- ✔ Crearla de la nada, lo que puede ser tedioso y consume mucho tiempo, además de aburrido y matador (cuando inicia Power-Point, el programa crea una presentación en blanco).
- ✔ Utilizar el PowerPoint AutoContent Wizard para guiarlo a través de los pasos en la creación de una presentación.
- ✔ Utilizar una de las plantillas de Presentación en Power Point, así todo lo que tiene que hacer es digitar su propia información.
- ✔ Crear una presentación basada en el estilo de una existente.

Aunque puede crear una presentación de la nada, permitirle a Power-Point hacer gran parte de ella es mucho más fácil. Si crea una presentación con el AutoContent Wizard o utiliza una plantilla, podrá modificarla más adelante si se siente muy creativo.

Presentar el AutoContent Wizard

Para ayudarle a crear una presentación que demanda atención, Power-Point ofrece el AutoContent Wizard, el cual le permite preparar una presentación casi sin pensarlo, que es la forma en que la mayoría de las personas prefieren trabajar de todas formas. El AutoContent Wizard puede crear una presentación en minutos, así que todo lo que tiene que hacer es regresar y digitar su propio texto.

Para utilizar el AutoContent Wizard, siga estos pasos:

1. **Escoja File⇨New.**

   Aparece el panel New Presentation.

2. **Haga clic sobre From AutoContent Wizard ubicado debajo de New category.**

   Aparece el recuadro de diálogo AutoContent Wizard para permitirle saber que está a punto de ayudarle a crear una presentación.

3. **Haga clic sobre Next.**

   Aparece otro recuadro de diálogo AutoContent Wizard, preguntándole el tipo de presentación que desea dar (como Communicating Bad News o Recommending a Strategy).

4. **Haga clic sobre el tipo deseado de presentación (como Brainstorming Session o Communicating Bad News) y luego sobre Next.**

   Aparece otro recuadro de diálogo AutoContent Wizard, preguntándole cómo desea utilizar su presentación.

5. **Haga clic sobre un botón de opción (como On-screen presentation o Web presentation) y luego sobre Next.**

   Aparece otro recuadro de diálogo AutoContent Wizard, pidiéndole poner un nombre a su presentación y digitar un pie de página que desea que aparezca en todas sus diapositivas.

6. **Digite el título y cualquier información de pie de página en los recuadros de texto adecuados y luego haga clic sobre Next.**

   Aparece el último recuadro de diálogo AutoContent Wizard, comunicándole que ha terminado de responder preguntas.

7. **Haga clic sobre Finish.**

   PowerPoint despliega su primera diapositiva junto con un esquema de toda su presentación, como se muestra en la Figura 11-1.

Después de crear una presentación con el AutoContent Wizard, siempre podrá modificarla y editarla en el futuro.

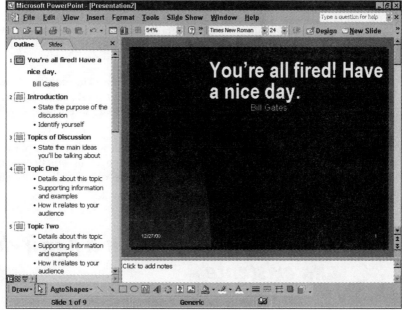

Figura 11-1:
Una diapositiva inicial creada por el PowerPoint Auto-Content Wizard.

Llenar los blancos con una plantilla de PowerPoint

Como una alternativa para utilizar el AutoContent Wizard, puede escoger una plantilla prediseñada de PowerPoint y solo digitar su texto. Al crear una presentación basada en una plantilla, puede hacerlo rápidamente, sin mucho esfuerzo, pensamiento o tiempo.

La principal diferencia entre las plantillas de AutoContent Wizard y PowerPoint es que las primeras lo guían a través de la creación de su presentación. Las segundas simplemente contienen un estilo y distribución prediseñados para su diapositiva lo que puede ser modificado (siempre y cuando sepa lo que está haciendo).

Para crear una presentación con una plantilla de PowerPoint, siga estos pasos:

1. **Escoja File⇨New.**

   Aparece el panel New Presentation.

2. **Haga clic sobre General Templates ubicada debajo de la categoría New from Template.**

   Aparece un recuadro de diálogo Templates, como se muestra en la Figura 11-2, suministrando una lista de plantillas en la pestaña Design Template (puede escoger entre diferentes estilos visuales). Las plantillas en la pestaña Presentations ofrecen diapositivas basadas en tareas específicas, como Company Handbook o Communicating Bad News.

3. **Haga clic sobre una plantilla que describe mejor el tipo de presentación que desea (puede escoger cualquier plantilla de la pestaña General, Presentation o Design Templates) y luego hacer clic sobre OK.**

   PowerPoint despliega la primera diapositiva de la plantilla, lista para que usted la edite y personalice según sus necesidades, como se explica más adelante en la sección "Utilizar el panel Presentation Outline".

Crear una presentación a partir de una existente

Aunque las plantillas pueden crear una nueva presentación rápido y fácilmente, quizás desee ahorrar tiempo basando su nueva presentación en una existente. Por ejemplo, si usted (o alguien más) ya ha creado una presentación visualmente maravillosa, quizás solo desee copiar ese archivo existente para modificar su nueva presentación.

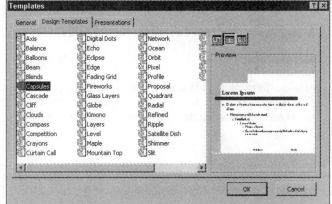

Figura 11-2:
Recuadro
de diálogo
Templates.

Para copiar una presentación existente, siga estos pasos:

1. **Escoja File⇨New.**

   Aparece el panel New Presentation.

2. **Haga clic sobre Choose Presentation ubicada debajo de la categoría New from Existing Presentation.**

   Aparece el recuadro de diálogo New from Existing Presentation. Quizás tenga que intercambiar controladores o carpetas para encontrar el archivo de presentación de PowerPoint que desea utilizar como base en su nueva presentación.

3. **Haga clic sobre el archivo de presentación que desea copiar y luego sobre Create New.**

   PowerPoint crea una copia de su presentación escogida. Todo lo que necesita hacer es editar esta presentación y guardarla bajo un nuevo nombre, lo que se explica más adelante en la sección "Guardar su archivo bajo un nuevo nombre".

Sopesar las Barras de Herramientas de PowerPoint

PowerPoint ofrece dos barras de herramientas, las cuales contienen los comandos utilizados con más fecuencia. Estas dos barras, la

Standard y la Formatting, automáticamente aparecen cuando instala e inicia PowerPoint. Puede ocultarlas o moverlas por la pantalla si así lo desea.

Explorar la barra de herramientas Standard

La barra de herramientas Standard ofrece acceso a los comandos del programa utilizados con más frecuencia, acomodados de izquierda a derecha en, más o menos, el orden de uso, como se muestra en la Figura 11-3.

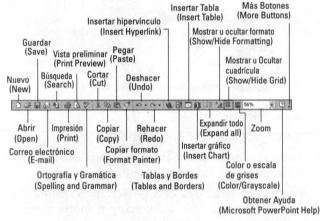

Figura 11-3:
La barra de herramientas Standard.

Para descubrir rápidamente lo que hace cada botón en la barra de herramientas Standard, apunte el mouse sobre un botón y luego espere uno o dos segundos hasta que aparezca el ScreenTip —una breve explicación del botón.

Utilizar la barra de herramientas Formatting para cambiar la forma en que se ven las presentaciones

La barra de herramientas Formatting contiene comandos para hacer que su texto se vea bonito con diferentes fuentes, tamaños de tipo y tipografías (como negrita, cursiva y subrayado). Los botones en la barra de herramientas aparecen ordenados de izquierda a derecha, como se muestra en la Figura 11-4.

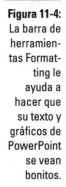

Figura 11-4:
La barra de herramientas Formatting le ayuda a hacer que su texto y gráficos de PowerPoint se vean bonitos.

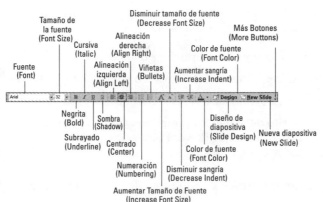

PowerPoint ofrece más barras de herramientas además de la Standard y Formatting, pero estas dos contienen los comandos más utilizados.

Comprender la Interfaz PowerPoint

Cuando crea una presentación, PowerPoint despliega tres paneles de ventana, como se muestra en la Figura 11-5.

La interfaz de usuario de PowerPoint incluye lo siguiente:

- ✔ **Panel Presentation Outline:** despliega dos pestañas: Outline y Slides. La pestaña Outline despliega el texto de cada diapositiva en un esquema, para una visualización y edición fácil. La pestaña Slides despliega una vista miniatura de cada diapositiva.

  Cuando hace clic sobre la pestaña Outline, PowerPoint despliega las pestañas como texto. Cuando hace clic sobre la pestaña Slides, PowerPoint despliega las pestañas como iconos.

- ✔ **Panel Slide:** despliega los gráficos de texto de la diapositiva actual (explicado con más detalle en el Capítulo 12).

- ✔ **Panel Notes:** despliega cualquier nota que desea incluir para cada diapositiva. Las notas son texto adicional, almacenado en su presentación para su propia referencia. No aparecen en ninguna diapositiva cuando hace una presentación. No obstante, si desea, puede escoger imprimirlas como folletos para su audiencia.

Utilizar el panel Presentation Outline

El panel Presentation Outline es útil para organizar toda su presentación. Con este panel, usted puede:

- Visualizar y editar títulos de diapositiva.
- Agregar, eliminar o editar texto que aparece en cada diapositiva.
- Agregar, eliminar o reacomodar sus diapositivas.

El propósito del panel Presentation Outline es mostrarle todo el diseño de su presentación de Power Point sin preocuparse de la apariencia real o formato de la misma.

Agregar subtítulos y recuadros de texto a una diapositiva

La mayoría de las diapositivas despliegan texto para hacer un punto o enumerar elementos. Cada diapositiva puede contener un título, cero o más subtítulos y cero o más recuadros de texto.

Panel de esquema de presentación   Panel de Diapositiva

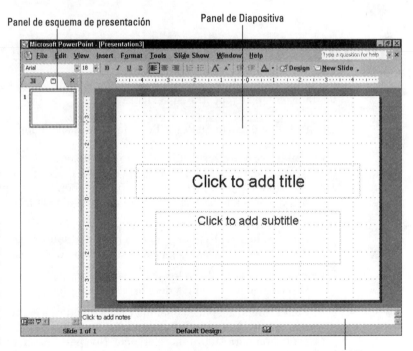

Figura 11-5:
Comprender
la interface
de usuario
de Power-
Point.

Panel del Notas

Los *títulos descriptivos*, como Formas de Disminuir las Pérdidas o Personas que serán despedidas mañana, ayudan a identificar el propósito de la diapositiva. Cada diapositiva puede tener solamente un título.

Los *subtítulos* brindan explicaciones adicionales o listas de texto para que lean los espectadores. El panel Presentation Outline despliega subtítulos como textos de subencabezados. Los cuales están tabulados en un tamaño de fuente más pequeño que el texto del título (refiérase a la Figura 11-1).

Los *Recuadros de texto* son áreas en bloque que puede agregar a la diapositiva para introducir bloques de texto. No aparecen en el panel Presentation Outline sino, solamente, en la diapositiva en sí.

Para agregar subtítulos a una diapositiva, siga estos pasos:

1. **Haga clic sobre el panel Presentation Outline para desplegar la diapositiva a la cual desea agregar un subtítulo.**

   Puede hacer clic sobre la pestaña Outline o Slides en el panel Presentation Outline para mostrar la diapositiva que desea.

2. **Haga clic sobre el extremo derecho del título de la diapositiva o cualquier subtítulo existente que ya aparece en ella.**

3. **Pulse Enter y digite el subtítulo que desea para su diapositiva.**

Para agregar un recuadro de texto a una diapositiva, siga estos pasos:

1. **Haga clic sobre el panel Presentation Outline para mostrar la diapositiva a la cual desea agregar texto.**

   Puede hacer clic sobre la pestaña Outline o Slides, en el panel Presentation Outline, para mostrar la diapositiva que desea.

2. **Escoja Insert⇨Text Box.**

   El puntero del mouse se convierte en una flecha que apunta hacia abajo.

3. **Mueva el puntero del mouse sobre la diapositiva donde desea dibujar una esquina de su recuadro de texto, sostenga el botón izquierdo del mouse y arrástrelo.**

   PowerPoint lo dirige al recuadro de texto en la diapositiva.

4. **Libere el botón izquierdo del mouse.**

   PowerPoint despliega su recuadro de texto en la diapositiva con un cursor parpadeante adentro.

5. **Digite cualquier texto que desee.**

El texto que aparece en recuadros de texto no lo hace en el panel Presentation Outline.

Visualizar y editar texto en sus diapositivas

La pestaña Outline, en el panel Presentation Outline, despliega todos sus títulos de diapositivas, como encabezados de esquema, y todo el texto que aparece en cada una de ellas, como un subencabezado. Si tiene demasiadas diapositivas en su presentación, puede colapsar su esquema para que despliegue, solamente, títulos de diapositiva y no cualquier texto que aparezca en ellas.

Para colapsar todos los títulos de diapositivas en su esquema, haga clic sobre el botón (cuyo nombre no es muy apto) Expand All en la barra de herramientas Standard. Al hacer clic sobre el botón Expand All de nuevo (ahora con nombre apto) expande todos los títulos de diapositivas.

Para colapsar solo un título de diapositiva, haga doble clic sobre el icono que aparece a la izquierda del encabezado del esquema que desea colapsar. PowerPoint subraya los títulos de diapositiva colapsados, como se muestra en la Figura 11-6, que muestra el encabezado del esquema Alternatives Considered colapsado. Si hace doble clic sobre el icono de un título de diapositiva colapsada, PowerPoint lo expande.

Un encabezado de esquema cerrado
(A collapsed outline heading)   Expandir todos los botones (Expand All button)

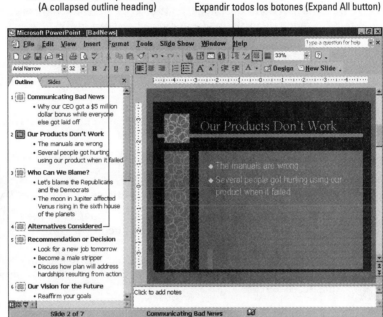

Figura 11-6:
Visualizar y
editar texto
a través de
la pestaña
Outline en el
panel
Presentation
Outline.

Para editar texto que aparece en una diapositiva utilizando el panel
Presentation Outline, siga estos pasos:

1. **Escoja View⇨Normal.**

   PowerPoint despliega el panel Presentation Outline al lado izquierdo de la pantalla.

2. **Haga clic sobre la pestaña Outline.**

   PowerPoint despliega los títulos de sus diapositivas como encabezados de esquema (refiérase a la Figura 11-6).

3. **Haga clic sobre cualquier texto que desea editar. Puede utilizar
   las teclas Backspace, Delete o flechas para editar los títulos de
   sus diapositivas.**

También puede editar el texto de una diapositiva haciendo clic directamente sobre este.

Para crear nuevo texto en una diapositiva, siga estos pasos:

1. **Escoja View⇨Normal.**

   PowerPoint despliega el panel Presentation Outline al lado izquierdo de la pantalla.

2. **Haga clic sobre la pestaña Outline.**

   PowerPoint despliega los títulos de sus diapositivas como encabezados de esquema (refiérase a la Figura 11-6).

3. **Haga clic sobre el extremo derecho del título de la diapositiva donde desea agregar texto y luego pulse Enter.**

   PowerPoint despliega un icono de diapositiva nueva directamente debajo del título de la que escoja.

4. **Haga clic sobre el botón Increase Indent en la barra de herramientas Formatting.**

   PowerPoint despliega una viñeta debajo del título de la diapositiva que escoja en el Paso 3.

5. **Digite el texto que desea que aparezca en la diapositiva.**

   Conforme digita su texto, PowerPoint mágicamente lo despliega en la diapositiva, de manera que pueda ver cómo luce.

Si una diapositiva ya tiene texto, haga clic sobre el extremo derecho de este en el panel Presentation Outline, pulse Enter y luego digite el texto que desea agregar.

Tabular texto

Puede tabular texto en una diapositiva hasta cuatro veces a la derecha (o izquierda). Cada vez que tabula texto, este aparece en la diapositiva más a la derecha (o izquierda) y un tamaño de fuente levemente más pequeño (o grande). Para tabular texto, siga estos pasos:

1. **Escoja View➪Normal.**

   PowerPoint despliega el panel Presentation Outline en el lado izquierdo de la pantalla.

2. **Haga clic sobre la pestaña Outline.**

   PowerPoint despliega los títulos de sus diapositivas como encabezados de esquema (refiérase a la Figura 11-6).

3. **Haga clic en cualquier parte del texto que desea tabular.**

   Aparece un cursor en su texto escogido.

4. **Haga clic sobre el botón Decrease Indent o Increase Indent en la barra de herramientas Formatting.**

   PowerPoint tabula el texto escogido a la derecha (si hizo clic sobre el botón Increase Indent) o a la izquierda (si hizo clic sobre el botón Decrease Indent).

Agregar una nueva diapositiva

Cada encabezado de esquema en el panel Presentation Outline representa una diapositiva. Para agregar una, siga estos pasos:

1. **Escoja View⇨Normal.**

   PowerPoint despliega el panel Presentation Outline en el lado izquierdo de la pantalla.

2. **Haga clic sobre la pestaña Outline.**

   PowerPoint despliega los títulos de sus diapositivas como encabezados de esquema (refiérase a la Figura 11-6).

3. **Haga clic sobre el puntero del mouse al extremo izquierdo de un encabezado de esquema (a la izquierda del texto de esquema pero a la derecha del icono de la diapositiva), en el panel Presentation Outline, y pulse Enter para crear una nueva diapositiva.**

   Un nuevo encabezado de esquema (diapositiva) aparece sobre el encabezado que escoja.

4. **Pulse la flecha que apunta hacia arriba para mover el cursor al encabezado de esquema recién creado.**

   PowerPoint despliega una diapositiva en blanco.

5. **Digite un encabezado de esquema en el panel Presentation Outline.**

   Conforme digite, PowerPoint automáticamente despliega su encabezado de esquema en el panel Presentation Outline y el panel Slide.

Para agregar una nueva diapositiva y escoger la distribución de esta para desplegar texto y gráficos al mismo tiempo, siga estos pasos:

1. **Escoja View⇨Normal.**

   PowerPoint despliega el panel Presentation Outline al lado izquierda de la pantalla.

2. **Haga clic sobre la pestaña Outline.**

   PowerPoint despliega los títulos de sus diapositivas como encabezados de esquema (refiérase a la Figura 11-6).

3. **Haga clic sobre el puntero del mouse en el extremo izquierdo de un encabezado de esquema (a la izquierda del texto de esquema pero a la derecha del icono de la diapositiva).**

Si hace clic en el medio o a la derecha de un encabezado de esquema, PowerPoint crea su nueva diapositiva después de la actual.

4. **Escoja Insert⇨New Slide, pulse Ctrl+M o haga clic sobre el botón New Slide en la barra de herramientas Formatting.**

Aparece el panel Slide Layout, como se muestra en la Figura 11-7.

5. **Digite el encabezado que desea que aparezca en su diapositiva.**

Si pulsa Enter y hace clic sobre el botón Increase Indent, también puede crear texto adicional en su nueva diapositiva.

6. **Haga clic sobre el diseño de diapositiva que desea utilizar.**

PowerPoint le muestra cómo se verá la distribución escogida.

7. **Haga clic sobre el recuadro Close, del panel Slide Layout, para hacerlo desaparecer.**

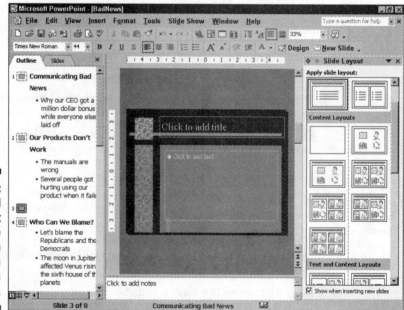

Figura 11-7: El panel Slide Layout le permite escoger un diseño para su nueva diapositiva.

Eliminar una diapositiva

Algunas veces quizás desee eliminar una diapositiva que ya no necesita. Para hacer eso, siga estos pasos:

1. **Escoja View⇨Normal.**

PowerPoint despliega el panel Presentation Outline al lado izquierdo de la pantalla.

2. **Haga clic sobre la pestaña Outline.**

   PowerPoint despliega los títulos de sus diapositivas como encabezados de esquema (refiérase a la Figura 11-6).

3. **Haga clic sobre el icono de la diapositiva que desea eliminar.**

   PowerPoint destaca el encabezado de esquema junto con cualquier subencabezado que aparece debajo.

4. **Pulse Delete.**

   PowerPoint elimina la diapositiva escogida.

Si cometiera un error y eliminara la diapositiva equivocada, pulse Ctrl+Z o haga clic sobre el botón Undo para recuperar la diapositiva que acaba de quitar.

Reacomodar sus diapositivas

Para ayudarle a reacomodar sus diapositivas, el panel Presentation Outline puede desplegarlas en una vista de esquema (para que pueda ver el texto que aparece) o en vista miniatura (para que pueda ver la apariencia de sus diapositivas). Al utilizar estas dos vistas, puede reacomodar sus diapositivas en cualquier momento.

Si tiene una gran número de diapositivas, quizás desee colapsar sus encabezados de esquema para hacer más fácil ver los títulos actuales. Para colapsar sus encabezados de esquema, Microsoft ofrece su botón extrañamente llamado Expand All, sobre el que puede hacer clic en la barra de herramientas Standard.

Para reacomodar sus diapositivas en la vista de esquema, siga estos pasos:

1. **Escoja View⇨Normal.**

   PowerPoint despliega el panel Presentation Outline al lado izquierdo de la pantalla.

2. **Haga clic sobre la pestaña Outline.**

   PowerPoint despliega los títulos de sus diapositivas como encabezados de esquema (refiérase a la Figura 11-6).

3. **Mueva el puntero del mouse sobre el icono de la diapositiva del encabezado de esquema (título de diapositiva) que desea mover y sostenga el botón izquierdo del mouse.**

   PowerPoint destaca su encabezado de esquema y cualquier subencabezado debajo suyo.

4. **Arrastre el mouse hacia arriba o hacia abajo.**

PowerPoint despliega una línea horizontal en la nueva ubicación de la diapositiva y convierte el puntero del mouse en una flecha de doble cabeza.

5. **Libere el botón izquierdo del mouse cuando la línea esté donde desea que esté su diapositiva.**

Utilizar el panel Presentation Outline para reacomodar sus diapositivas está bien, pero no puede ver cómo lucirán sus diapositivas con relación entre ellas. Si prefiere reacomodar sus diapositivas visualmente, siga estos pasos:

1. **Escoja View➪Normal.**

   PowerPoint despliega el panel Presentation Outline al lado izquierdo de la pantalla.

2. **Haga clic sobre la pestaña Slides.**

   PowerPoint despliega vistas miniatura de todas sus diapositivas, como se muestra en la Figura 11-8.

3. **Mueva el puntero del mouse sobre la diapositiva que desea mover y sostenga el botón izquierdo de este.**

   PowerPoint destaca la diapositiva con un borde negro.

Pestaña del esquema (Outline tab)

Pestaña de diapositivas (Slides tab)

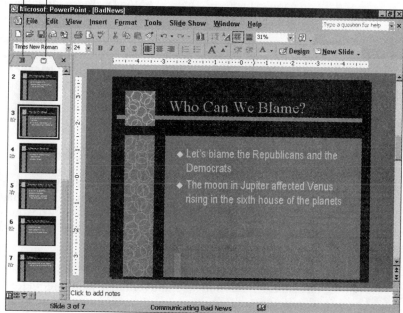

Figura 11-8:
El panel
Slide Layout
le permite
escoger un
diseño para
su nueva
diapositiva.

4. **Arrastre el puntero del mouse donde desea mover la diapositiva.**

   PowerPoint despliega una línea horizontal donde se moverá su diapositiva cuando libere el botón izquierdo del mouse.

5. **Libere el botón izquierdo del mouse cuando la línea esté donde desea su diapositiva.**

   PowerPoint mueve la diapositiva a su nueva ubicación.

Convertir encabezados de esquema en subencabezados (y viceversa)

Un encabezado de esquema aparece como un título de diapositiva y los subencabezados de esquema aparecen como texto en una diapositiva. A través de las maravillas de la tecnología moderna, PowerPoint le permite convertir los encabezados de esquema en subencabezados y los subencabezados en encabezados de esquema.

✔ **Convertir un encabezado de esquema en un subencabezado:** En el panel Presentation Outline, haga clic en cualquier parte dentro del encabezado de esquema que desea convertir en subencabezado y luego haga clic sobre el botón Decrease Indent en la barra de herramientas Standard.

✔ **Convertir un subencabezado en un encabezado de esquema:** En el panel Presentation Outline, haga clic en cualquier parte dentro del subencabezado que desea convertir en un encabezado de esquema y luego haga clic sobre el botón Increase Indent en la barra de herramientas Standard.

Agregar notas a una diapositiva

El panel Notes le permite digitar notas para cada diapositiva. Puede referirse a ellas durante su presentación o pasarlas como folletos para que su audiencia tenga una referencia útil durante y después de la presentación (la sección "Imprimir una Presentación" explica cómo imprimir sus notas con las diapositivas).

El texto que digite en la porción de Notes de una diapositiva no aparece en ella. Las notas son solo una forma de mantener el texto relacionado junto a sus diapositivas.

Para digitar la nota que va con una diapositiva, siga estos pasos:

1. **Haga clic sobre el panel Notes.**

   PowerPoint despliega cada diapositiva con un recuadro de texto en la parte inferior donde puede digitar notas (refiérase a la Figura 11-5).

2. **Digite cualquier texto que desee.**

Guardar sus Presentaciones

A menos que disfrute crear todo de la nada una y otra vez, debería guardar su trabajo. Para protección extra, debería guardarlo periódicamente mientras modifica su presentación.

Guardar su presentación

Para guardar una presentación, haga clic sobre el botón Save (el dibujo de un disco) en la barra de herramientas Standard, pulse Ctrl+S o escoja File⇨Save. Siéntase libre de escoger el comando Save tan pronto sea posible. De esta forma, si se va el fluido electrico o su computadora colapsa repentinamente, no perderá sus datos valiosos.

Si no ha guardado el archivo anteriormente, aparece el recuadro de diálogo Save As, pidiéndole escoger un nombre de archivo y un directorio para almacenarlo.

Guardar su archivo bajo un nuevo nombre

Una forma fácil de crear una presentación rápidamente es abrir un archivo de presentación existente, luego guardar el archivo bajo un nuevo nombre. De esta forma, puede modificar una presentación existente en lugar de crear todo de nuevo.

Para guardar un archivo más viejo bajo un nombre diferente, escoja File⇨Save As y digite un nuevo nombre para el archivo.

Las presentaciones de PowerPoint son compatibles con archivos de PowerPoint 2000, pero no con versiones más viejas de PowerPoint, como aquellas creadas por PowerPoint 97 o PowerPoint 4.0. Si desea guardar una presentación de Power Point para que alguien pueda editarla utilizando una versión más vieja, escoja el comando Save As y luego escoja la versión apropiada de PowerPoint, como Power-Point 4.0, en el recuadro de lista de Save as Type del recuadro de diálogo Save As.

Guardar presentaciones en PowerPoint para llevar

Muchas personas crean presentaciones de PowerPoint en su computadora de escritorio donde pueden afinarlas y modificarlas. Luego la empacan y almacenan en una computadora portátil que pueden llevar a otro lugar.

Para hacer este proceso más fácil, PowerPoint incluye una opción especial, Pack and Go, que coloca todos los archivos que necesita en una sola ubicación. De esta forma, usted minimiza la probabilidad de olvidar un archivo importante a 3,000 millas de distancia desde la computadora de su escritorio.

Para utilizar la opción de PowerPoint Pack and Go, cargue la presentación de Power Point que desea transferir y siga estos pasos:

1. **Escoja File⇨Pack and Go.**

   Aparece el recuadro de diálogo Pack and Go Wizard.

2. **Haga clic sobre Next.**

   El recuadro Pack and Go le pregunta cuál presentación desea empacar, como se muestra en la Figura 11-9.

3. **Haga clic sobre la casilla de verificación Active Presentation para escoger la presentación que está actualmente visualizando. Luego haga clic sobre Next.**

   El recuadro de diálogo Pack and Go le pregunta dónde desea almacenar su presentación.

4. **Haga clic sobre el botón de opción adecuado, como A:\ drive y luego haga clic sobre Next.**

   El recuadro de diálogo Pack and Go despliega dos recuadros de verificación: Include linked files y Embed TrueType fonts.

Figura 11-9:
El recuadro de diálogo Pack and Go Wizard lo guía a través de los pasos para empacar su presentación en otra computadora.

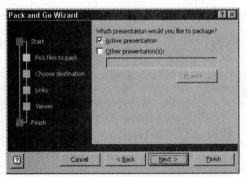

La opción Include linked files (incluir archivos vinculados) guarda su presentación como dos o más archivos separados. Así que si escoge guardar sus archivos en una unidad A:, esta opción almacena todos los archivos en la unidad A:. Si accidentalmente borra uno de estos archivos, su presentación no podrá correr en otra computadora.

La opción Embed TrueType fonts (Intercalar fuentes de Tipo Verdadero) crea un archivo grande de una presentación de Power Point, que puede ser inconveniente para transferirlo a otra computadora. Si escoge algunas fuentes realmente extrañas, quizás desee marcar la casilla de verificación Embed TrueType Fonts, solo para asegurarse de que puede desplegar esas fuentes en una computadora que podría no tener esas fuentes instaladas.

5. **Haga clic sobre las casillas de verificación adecuadas (como Include Linked Files) y luego haga clic sobre <u>N</u>ext.**

El recuadro de diálogo Pack and Go le pregunta si desea incluir el visualizador de PowerPoint si está corriendo la presentación en una computadora que no tiene PowerPoint instalado.

El Viewer de PowerPoint es una versión especial de PowerPoint que puede desplegar e imprimir los archivos de esto, pero no puede editarlos.

6. **Haga clic sobre el botón de opción adecuado (como Don't Include the Viewer) y luego sobre Next.**

Si escoge copiar su presentación a un disquete, tenga algunos en blanco listos en caso de que su presentación ocupe varios de ellos.

7. **Haga clic sobre Finish.**

Después de que empaca una presentación de Power Point en un disco removible, como un disquete o unidad Zip, toda su presentación aparece comprimida en un archivo llamado PNGSETUP. Debe correr este archivo antes de que pueda ver las diapositivas reales que conforman su presentación. Para correr un archivo de PNGSETUP, haga clic sobre el botón Start en la barra de tareas Windows, escoja Run, haga clic sobre Browse y busque la carpeta que contiene el archivo PNGSETUP. Luego haga clic sobre OK en el recuadro de diálogo Run.

Imprimir una presentación

Después de que logra tener su presentación como desee, puede imprimir su trabajo para poder crear folletos o empapelar su oficina con presentaciones maravillosamente creativas. Para imprimir una presentación, siga estos pasos:

1. **Escoja <u>F</u>ile⇨<u>P</u>rint.**

Aparece el recuadro de diálogo Print.

2. **Haga clic sobre el recuadro de lista Print <u>W</u>hat y escoja una de las siguientes opciones:**

   • **Slides (Diapositivas):** imprime una diapositiva por página para que pueda ver todo el texto y gráficos en cada una.

   • **Handouts (Folletos):** imprime una o más versiones en miniatura de sus diapositivas en una página para que los miembros de la audiencia pueden llevarla a sus casas y la estudien más adelante.

- **Notes Pages (Páginas de notas):** imprime solamente sus notas para cada diapositiva, las que puede repartir a su audiencia o mantener para su propia referencia.

- **Outline View (Vista de esquema):** imprime su Presentation Outline para que pueda ver toda la estructura de su presentación sin gráficos atravesándose.

Puede también limitar el trabajo de impresión a un número específico de diapositivas haciendo clic sobre el botón de opción Current Slide o llenar el recuadro de texto Slides, en el área Print Range, con los números de diapositivas que desea imprimir.

3. **Haga clic sobre OK.**

Si hace clic sobre el botón Preview, puede ver cómo lucirá su presentación antes de imprimirla.

Capítulo 12

Agregar Color e Ilustraciones a PowerPoint

*E*n el nivel más sencillo, una presentación de Power Point puede consistir en nada más que texto. Aunque funcional, dicha presentación se ve aburrida. Para darle vida, PowerPoint le brinda la opción de agregar colores e ilustraciones en sus diapositivas, de manera que las personas pensarán que su presentación es visualmente interesante, aun si los contenidos pueden ser aburridos.

El color y las ilustraciones pueden verse bien, pero utilícelos para destacar su presentación y no como sustituto para una presentación bien pensada y organizada. Si las personas realmente desean ver colores o ilustraciones sofisticados, pueden entonces ver televisión en su lugar.

Cambiar Colores en sus Diapositivas

El color puede hacer ver sus diapositivas súper especiales (o súper estúpidas si no tiene cuidado). Las dos partes principales de su diapositiva que puede colorear son:

✓ Cualquier texto que aparece, incluyendo su título.

✓ El fondo.

Cambiar el color del texto

El texto normalmente aparece en negro, pero quizás desea enfatizarlo en rojo, amarillo o cualquier otro color que escoja. Para cambiar el color del texto:

1. **Haga clic sobre el texto que desea modificar.**

   PowerPoint dibuja un borde gris alrededor de su texto escogido.

2. **Destaque el texto que desea cambiar.**

   PowerPoint destaca su texto escogido.

   El botón Font Color despliega el último color que escoge. Si desea utilizar el color mostrado, haga clic sobre el botón Font Color y no sobre la flecha que apunta hacia abajo que aparece a su derecha.

3. **Haga clic sobre la flecha que apunta hacia abajo, junto al botón Font Color, en la barra de herramientas Formatting.**

   Aparece un menú que cae.

   En lugar de hacer clic sobre el botón Font Color en la barra de herramientas Formatting, puede escoger Format⇨Font para mostrar un recuadro de diálogo Font y luego hacer clic sobre el recuadro de lista Color. Aparte de permitirle cambiar colores, el recuadro de diálogo Font también le permite escoger estilo de fuente, tamaño de fuente y efectos especiales, como subescritura o sobreescritura, para su texto.

4. **Haga clic sobre More Colors.**

   Aparece el recuadro de diálogo Colors, mostrándole todo el espectro de colores disponibles, como se muestra en la Figura 12-1.

5. **Haga clic sobre el color que desea para su texto y haga clic sobre OK.**

   PowerPoint despliega su texto destacado en su color escogido.

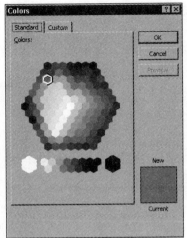

Figura 12-1:
El recuadro
de diálogo
Colors ofre-
ce una gran
variedad de
colores por
escoger.

Colorear su fondo

Un fondo blanco sencillo para sus diapositivas puede darle a su presentación una apariencia genérica. Así que para darle un poco de per-
sonalidad a su presentación, coloree su fondo.

Si colorea su texto y su fondo, asegúrese de que los colores se comple-
mentan entre sí. Intentar leer texto amarillo brillante sobre un fondo
amarillo brillante definitivamente hará a su presentación más difícil de
leer y comprender.

Para colorear el fondo de su presentación:

1. Despliegue la diapositiva cuyo fondo desea cambiar.

Quizás necesite seleccionar la diapositiva que desea modificar
haciendo clic sobre ella en el panel Presentation Outline. Puede
saltarse este paso si desea cambiar el fondo de toda su presentación y no solo una diapositiva.

Si sostiene la tecla Ctrl y hace clic sobre cada diapositiva en el
panel Presentation Outline que desea modificar, puede cambiar el
fondo en dos o más de ellas en lugar de solo una o todas.

**2. Escoja Format⇨Background o haga clic en el botón derecho y
escoja Background.**

Aparece un recuadro de diálogo Background, como se muestra en
la Figura 12-2.

Figura 12-2:
El recuadro
de diálogo
Background
puede cam-
biar el color
de fondo de
la diapositi-
va actual-
mente
desplegada
o de toda
su presen-
tación.

Recuadro del Relleno de fondo
(Background Fill list box)

3. **Haga clic sobre el recuadro de lista Background Fill.**

   Aparece un menú que cae.

4. **Haga clic sobre More Colors.**

   Aparece el recuadro de diálogo Colors (refiérase a la Figura 12-1).

5. **Haga clic sobre un color que desea utilizar para su fondo y haga clic sobre OK.**

   PowerPoint despliega el color escogido en el fondo del recuadro de diálogo Background.

6. **Haga clic sobre Apply (para aplicar el color elegido a la diaposi-tiva actualmente escogida) o Apply to All (para aplicar el color escogido a todas las diapositivas en su presentación).**

   PowerPoint despliega el color escogido en el fondo de la diaposi-tiva o presentación.

Si el color de fondo que escoge se ve horroroso, pulse Ctrl+Z (o haga clic sobre el botón Undo) inmediatamente para "deshorrorizar" la vecindad.

Utilizar un esquema de color

Si está sumergiéndose a través de colores individuales para descubrir un color de fondo disponible suena demasiado tedioso y consumidor de tiempo, PowerPoint suministra una variedad de esquemas de color ya escogidos, para su conveniencia, como un fondo.

Para escoger un esquema de color:

1. **Muestre la diapositiva cuyo fondo desea cambiar.**

   Quizás necesite seleccionar la diapositiva que desea modificar haciendo clic sobre ella en el panel Presentation Outline. Puede saltarse este paso si desea cambiar el fondo de toda su presentación y no solo una diapositiva.

   Si sostiene la tecla Ctrl y hace clic sobre cada diapositiva que desea modificar en el panel Presentation Outline, puede cambiar el esquema de color en cada diapositiva que seleccionó.

2. **Escoja Format⇨Slide Design o haga clic en el botón derecho sobre y escoja Design.**

   Aparece el recuadro de diálogo Fill Effects, ofreciendo un panel Slide Design (como se muestra en la Figura 12-3) con un rango de fondos.

3. **Haga clic sobre Color Schemes.**

   El panel Slide Design despliega una lista de diferentes esquemas de color.

4. **Mueva el puntero del mouse sobre el esquema de color que desea utilizar.**

   Aparece una flecha que apunta hacia abajo a la derecha de su esquema de color escogido.

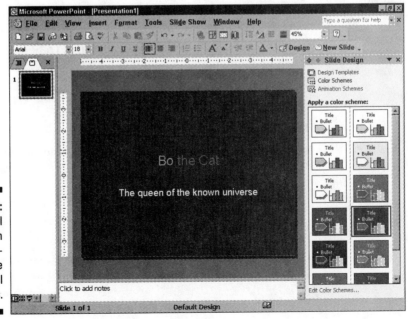

Figura 12-3:
El panel
Slide Design
del recua-
dro de
diálogo Fill
Effects.

5. **Haga clic sobre la flecha que apunta hacia abajo.**

   Aparece un menú que cae.

6. **Escoja Apply to All Slides o Apply to Selected Slides.**

   PowerPoint utiliza su esquema de color para colorear las diapositivas.

Escoger un patrón de fondo

Aparte de colorear sus diapositivas con un color sólido, PowerPoint también le brinda la opción de escoger las gradientes de color o patrones diferentes, como mármol, madera o patrones rallados.

Para escoger un patrón de fondo:

1. **Muestre la diapositiva cuyo fondo que desea cambiar.**

   Quizás necesite seleccionar la diapositiva que desea modificar haciendo clic sobre ella en el panel Presentation Outline. Puede saltarse este paso si desea cambiar el fondo de toda su presentación y no solo una diapositiva.

   Si sostiene la tecla Ctrl y hace clic sobre cada diapositiva en el panel Presentation Outline que desea modificar, puede cambiar selectivamente el patrón de fondo en las diapositivas que escogió.

2. **Escoja Format➪Background o haga clic en el botón derecho y escoja Background.**

   Aparece el recuadro de diálogo Background (refiérase a la Figura 12-2).

3. **Haga clic sobre el recuadro de lista Background Fill.**

   Aparece un menú que cae.

4. **Haga clic sobre Fill Effects.**

   Aparece el recuadro de diálogo Fill Effects, como se muestra en la Figura 12-4.

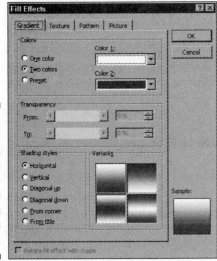

Figura 12-4:
El recuadro
de diálogo
Fill Effects
puede brin-
dar fondos
diferentes
para sus
diapositivas.

5. **Haga clic sobre una de las siguientes pestañas:**

- **Gradient (Gradiente):** escoja uno o más colores que gra-
dualmente se desvanecen a un lado de su diapositiva.

- **Texture (Textura):** escoja patrones que parecen mármol o
madera.

- **Pattern (Patrón):** escoja patrones de rallado, ladrillo o tablero.

- **Picture (Ilustración):** le permite utilizar un archivo de gráficos de su escogencia para su fondo.

6. **Haga clic sobre las opciones que desea y luego haga clic
sobre OK.**

PowerPoint despliega su fondo escogido en el recuadro de diálogo Background.

7. **Haga clic sobre Apply (para aplicar el color escogido a la diapositiva actualmente desplegada) o Apply To All.**

PowerPoint despliega el fondo escogido en su diapositiva o presentación.

Si su fondo recién creado se ve desesperadamente llamativo, pulse
Ctrl+Z o haga clic sobre el botón Undo inmediatamente para eliminar
el fondo y empezar de nuevo.

Utilizar una Plantilla de Diseño

Si no desea patrones y colores quisquillosos para su fondo, utilice una *design template (plantilla de diseño)* —una diapositiva prediseñada— en su lugar. Puede modificarla para que se adapte a sus necesidades.

Para utilizar una plantilla de diseño, siga estos pasos:

1. **Despliegue la diapositiva que desea cambiar.**

   Quizás necesite seleccionar la diapositiva haciendo clic sobre el panel Presentation Outline (salte este paso si desea cambiar toda su presentación).

   Si sostiene la tecla Ctrl y hace clic sobre cada diapositiva que desea modificar en el panel Presentation Outline, puede cambiar el diseño en cada una de las que ha seleccionado.

2. **Escoja <u>F</u>ormat⇨Slide <u>D</u>esign, haga clic en el botón derecho y escoja Slide <u>D</u>esign o haga clic sobre el botón Design en la barra de herramientas Formatting.**

   Aparece un panel Slide Design a la derecha de la pantalla.

3. **Haga clic sobre Design Templates.**

   El panel Slide Design ofrece un rango de plantillas de diseño, como se muestra en la Figura 12-5.

4. **Mueva el puntero del mouse sobre la plantilla de diseño que desea utilizar.**

   Aparece una flecha que apunta hacia abajo a la derecha de su plantilla de diseño escogida.

5. **Haga clic sobre la flecha que apunta hacia abajo.**

   Aparece un menú que cae.

6. **Escoja Apply To <u>A</u>ll Slides o Apply To <u>S</u>elected Slides.**

   PowerPoint utiliza su plantilla de diseño para modificar sus diapositivas.

Poner Ilustraciones en sus Diapositivas

Como las ilustraciones valen más que mil palabras (y nadie desea leer mil palabras en una diapositiva), quizás desea agregar ilustraciones en sus diapositivas, como ilustraciones capturadas a través de una cámara digital o dibujadas por usted mismo.

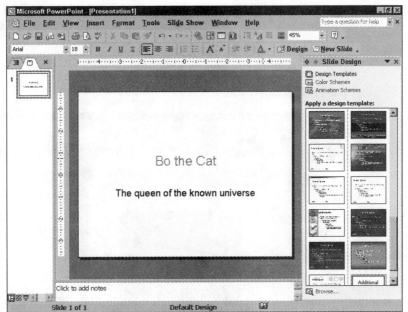

Figura 12-5:
El panel Sli-
de Design y
su lista de
plantillas.

Agregar sus propias ilustraciones una diapositiva

Si tiene cualquier imagen gráfica en un disco duro que desea incluir en su diapositiva, puede insertar una ilustración haciendo lo siguiente:

1. **Escoja Insert⇔Picture⇔From File.**

   Aparece el recuadro de diálogo Picture.

2. **Haga clic sobre la ilustración que desea utilizar y haga clic sobre Insert.**

   Quizás deba intercambiar carpetas o controladores para encontrar las ilustraciones que desea utilizar. PowerPoint despliega su ilustración escogida en la diapositiva, junto con la barra de herramientas Picture (como se muestra en la Figura 12-6), de manera que pueda pellizcar la imagen.

Para cambiar la posición de la su ilustración, mueva el puntero del mouse directamente sobre ella hasta que este se convierta en una flecha de cuatro cabezas. Luego arrastre el mouse para mover la ilustración. Para ajustarle el tamaño a la ilustración, mueva el puntero sobre un cuadro de dimensionamiento; luego haga clic, sostenga y arrastre. Para rotar la ilustración, mueva el puntero del mouse sobre ella y el cuadro de rotación, luego arrastre en la dirección que desea que rote la imagen.

Rotar
(Rotate handle)   Ajustar tamaño
(Resize handles)

Rotar a la
izquierda
(Rotate left)

Menos Contraste (Less Contras)

Volver a colorear
la imagen
Más Contraste (More Contrast)   (Recolor picture)

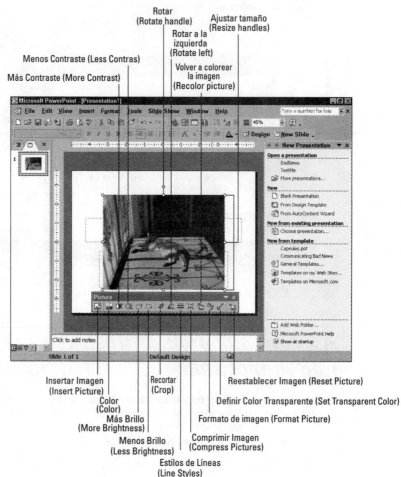

Figura 12-6:
Utilice la ba-
rra de he-
rramientas
Picture para
manipular
su imagen.

Insertar Imagen
(Insert Picture)   Recortar
(Crop)   Reestablecer Imagen (Reset Picture)

Color
(Color)   Definir Color Transparente (Set Transparent Color)

Más Brillo
(More Brightness)   Formato de imagen (Format Picture)

Menos Brillo
(Less Brightness)   Comprimir Imagen
(Compress Pictures)

Estilos de Líneas
(Line Styles)

Agregar un gráfico

Para impresionar a la gente, quizás desee agregar un gráfico de barras
a su diapositiva para darle a su presentación una apariencia de negocios oficial (aun si nadie comprende lo que el gráfico intenta decirles).
Para agregar un gráfico:

1. Despliegue la diapositiva a la cual desea agregar un gráfico.

Para seleccionar una diapositiva que desea modificar, haga clic
sobre ella en el panel Presentation Outline (sáltese este paso si
desea cambiar toda su presentación).

CONSEJO

Si sostiene la tecla Ctrl y hace clic sobre cada diapositiva en el panel Presentation Outline que desea modificar, puede agregar gráficos en cada diapositiva que haya seleccionado.

2. **Escoja Format⇨Slide Layout o haga clic en el botón derecho y escoja Slide Layout.**

   Aparece el panel Slide Layout (como se muestra en la Figura 12-7), ofreciendo posibles esquemas.

3. **Mueva el puntero del mouse sobre el esquema de diseño que desea utilizar.**

   Aparece una flecha que apunta hacia abajo a la derecha de su diseño escogido.

4. **Haga clic sobre la flecha que apunta hacia abajo.**

   Aparece un menú que cae.

5. **Escoja Apply to Selected Slides o Apply Layout.**

   Aparece un recuadro de seis iconos en su diapositiva, como se muestra en la Figura 12-8.

6. **Haga clic sobre el botón Insert Chart.**

   PowerPoint despliega un gráfico y hoja de datos, como se muestra en la Figura 12-9.

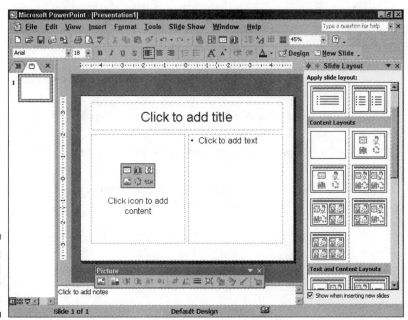

Figura 12-7:
El panel
Slide
Layout.

Insertar Gráfico (Insert Chart)

Insertar Tabla
(Insert Table)   Insertar imagen prediseñada (Insert ClipArt)

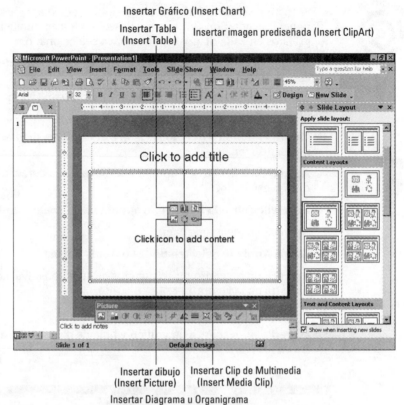

Figura 12-8:
Puede escoger el tipo de imágenes de gráfico que desea agregar a su diapositiva.

Insertar dibujo   Insertar Clip de Multimedia
(Insert Picture)   (Insert Media Clip)

Insertar Diagrama u Organigrama
(Insert Diagram or Organizational Chart)

7. **Digite cualquier número y etiqueta que desea utilizar en la hoja de datos.**

   Conforme cambia los números y etiquetas, PowerPoint dibuja de nuevo su gráfico de barras.

8. **Haga clic sobre el recuadro de cierre de la ventana de la hoja de datos.**

   La ventana de la hoja de datos desaparece y le muestra su gráfico de barras en la diapositiva.

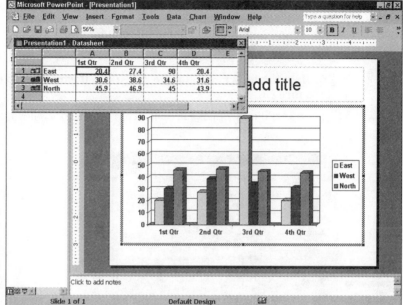

Figura 12-9:
Dibujar un
gráfico
en su
diapositiva.

Hacer que sus ilustraciones se vean más lindas

Después de que pone una ilustración o gráfico de barras en su diapositiva, quizás desea agregar un borde o modificar la apariencia de las
imágenes en su diapositiva. Si es así, siga estos pasos:

1. **Haga clic sobre la ilustración o gráfico de barras que desea modificar.**

   PowerPoint despliega cuadros de dimensionamiento alrededor de
   su ilustración escogida.

2. **Escoja Format➪Object o haga clic en el botón derecho y escoja Format Object.**

   Aparece el recuadro de diálogo Format Object, como se muestra
   en la Figura 12-10.

3. **Haga clic sobre una de las siguientes pestañas:**

   • **Colors and Lines (Colores y líneas):** agrega bordes y colo-
     res de fondo.

   • **Size (Tamaño):** especifica el ancho y altura de la ilustración.

- **Position (Posición):** especifica la ubicación de la ilustración en su diapositiva.

- **Picture (Ilustración):** ajusta el brillo o contraste de la ilustración.

4. **Haga cualquier cambio que desee a la ilustración y haga clic sobre OK.**

   PowerPoint despliega la ilustración con las opciones que escoja.

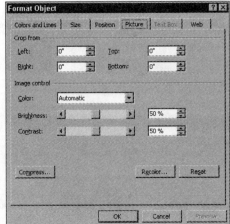

Figura 12-10: El recuadro de diálogo Format Object.

Eliminar una ilustración

Si decide deshacerse de una ilustración en su diapositiva, puede siempre eliminarla:

1. **Haga clic sobre la ilustración o gráfico de barras que desea eliminar.**

   PowerPoint despliega cuadros de dimensionamiento alrededor de su ilustración.

2. **Pulse Delete.**

   PowerPoint elimina su ilustración escogida.

Pulse Ctrl+Z (o haga clic sobre el botón Undo) para recuperar cualquier ilustración en caso de que decida que no desea eliminarla después de todo.

Capítulo 13

Presumir con sus Presentaciones de PowerPoint

Después de crear una presentación de diapositivas con Microsoft PowerPoint, no se sorprenda si desea presumir para que otras personas digan ¡ooh! y ¡ahh! al verla. Como la apariencia de su presentación es a menudo más importante que el fondo (lo que puede explicar por qué su jefe recibe más salario que usted), Microsoft PowerPoint brinda todas las formas de ponerle sal y pimienta a su presentación de diapositivas. Algunas de estas formas incluyen transiciones, al estilo Hollywood, de diapositiva por diapositiva, efectos de sonido para acompañar a cada una y desplazar texto, lo que hace a sus diapositivas más entretenidas de ver.

Solo recuerde ese viejo dicho sobre mucho de algo bueno. Si va demasiado lejos con efectos especiales, puede hacer su presentación memorable por ser odiosa. Escoja las opciones de su presentación cuidadosamente.

Hacer Transiciones Formidables

Casi todas las personas han estado atrapadas observando una presentación de diapositivas aburrida en una clase, un salón o un cuarto de conferencias. Aparece una diapositiva y todo el mundo bosteza. Aparece una nueva diapositiva y todos bostezan de nuevo y disimuladamente se fijan en la hora.

Por otro lado, casi todas las personas también han estado atrapadas por una presentación informativa, inspiradora o tan solo interesante que hace a la audiencia entera prestar atención y casi lamentar que el tiempo haya pasado tan rápidamente.

¿Cuál de estas dos opciones describe la forma en que desea que su presentación sea vista? (un momento, ¿es esta una pregunta engañosa?).

Para ayudarle a mantener su presentación de diapositivas interesante, PowerPoint le permite crear transiciones especiales entre sus diapositivas. Estas pueden disolverse entre sí en la pantalla, eliminarse mutuamente de izquierda a derecha, desplazarse desde la parte inferior de la pantalla para cubrir la diapositiva anterior o dividirse en dos para revelar una nueva diapositiva por debajo.

PowerPoint le brinda dos tipos de transiciones para crear sus diapositivas:

- **Visual transitions (Transiciones visuales):** determinan cómo se ve su diapositiva cuando aparece la primera vez.

- **Text transitions (Transiciones de texto):** determinan cómo aparece el texto en su diapositiva.

Crear transiciones visuales para sus diapositivas

Una *transición visual* determina cómo aparece su diapositiva en la pantalla (por ejemplo, deslizarse a través de la pantalla o apareciendo inmediatamente). Para crear la transición visual para cada diapositiva en su presentación, siga estos pasos:

1. **Muestre la diapositiva que desea cambiar.**

   Quizás necesite seleccionar la diapositiva que desea modificar haciendo clic sobre ella en el panel Presentation Outline (sáltese este paso si desea cambiar el fondo de toda su presentación).

   Si sostiene la tecla Ctrl, puede hacer clic sobre dos o más diapositivas en el panel Presentation Outline que desee cambiar.

2. **Escoja Slide Show➪Slide Transition.**

   Aparece el panel Slide Transition, como se muestra en la Figura 13-1.

3. **Haga clic sobre el recuadro de lista Apply to Selected Slides y escoja un efecto, como Cut, Dissolve o Wipe Right.**

   PowerPoint le muestra el efecto en el recuadro de ilustración.

4. **Haga clic sobre el recuadro de lista Speed y escoja la velocidad de la transición, como Slow, Médium o Fast.**

   PowerPoint le muestra el efecto de la velocidad escogida.

5. Haga clic sobre el recuadro de lista Sound y escoja un sonido.

Haga clic sobre la casilla de verificación Loop until Next Sound si desea que el sonido escogido se mantenga reproduciéndose en forma continua hasta que la presentación pase a otra diapositiva con un sonido diferente asignado a ella.

Utilice la opción Loop until Next Sound con moderación: hacer que el sonido se reproduzca en forma continua puede eventualmente molestar a su audiencia.

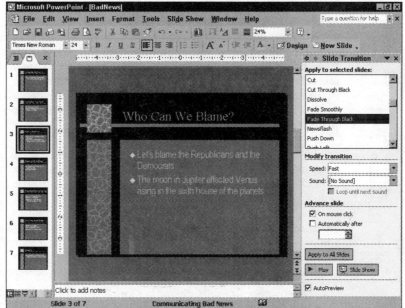

Figura 13-1: El panel Slide Transition es donde puede crear efectos visuales para sus diapositivas.

6. En el grupo Advance, escoja cómo desea que la diapositiva actual avance.

Haga clic sobre la casilla de verificación On Mouse Clic si desea avanzar esta diapositiva haciendo clic sobre el mouse. Haga clic sobre la casilla de verificación Automatically After y el recuadro Seconds, digite el número de segundos que PowerPoint debe esperar antes de avanzar a la próxima diapositiva, de manera que su presentación pueda proceder automáticamente.

7. Haga clic sobre el botón Apply to All Slides si desea aplicar esa transición a cada diapositiva en su presentación (sáltese este paso si seleccionó varias diapositivas sosteniendo la tecla Ctrl en el Paso 1).

Haga clic sobre el botón Play para revisar cómo se ve su transición de diapositiva.

8. **Haga clic sobre el recuadro Close del panel Slide Transition para hacerlo desaparecer.**

Crear transiciones de texto para sus diapositivas

La idea detrás de las *transiciones de texto* es hacer que su diapositiva aparezca sin ningún texto al principio (o con solamente una parte de él revelado), luego hacer que cada clic sobre el mouse brinde un nuevo trozo del texto que se desliza para ser visible. Dicho drama puede mantener a la audiencia interesada en ver sus diapositivas, tan solo para observar cuáles efectos inusuales y maravillosos preparó cuando supuestamente debía estar trabajando de verdad (¡ah bueno! Siempre pude *pretender* que era divertido).

Las transiciones de texto afectan todo un recuadro de texto, ya sea que contenga una palabra o varios párrafos. Si desea diferentes transiciones para cada palabra, línea o párrafo, debe crear recuadros de texto separados, como se explica en el Capítulo 11.

Para crear una transición en el texto de una diapositiva, siga estos pasos para cada diapositiva a la que desea agregar una transición:

1. **Muestre la diapositiva que contiene el texto que desea cambiar.**

    Quizás necesite seleccionar la diapositiva que desea modificar haciendo clic sobre ella en el panel Presentation Outline.

2. **Haga clic sobre el recuadro de texto que desea modificar.**

    PowerPoint destaca su texto escogido con un borde y cuadros de dimensionamiento.

3. **Escoja Sli<u>d</u>e Show⇨Custo<u>m</u> Animation.**

    Aparece el panel Custom Animation (como se muestra en la Figura 13-2), ofreciendo opciones que pueden utilizar para modificar la forma en que aparece su texto en una diapositiva.

4. **Haga clic sobre el botón Add Effect.**

    Aparece un menú de selección.

5. **Escoja una de las siguientes opciones:**

    • **<u>E</u>ntrance (Entrada):** define cómo aparece el texto en la diapositiva.

- **Emphasis (Énfasis):** define la apariencia del texto, como aumentar o disminuir el tamaño de fuente.

- **Exit (Salir):** define cómo desaparece el texto de la diapositiva.

- **Motion Paths (Rutas de movimiento):** define la dirección en que el texto se mueve cuando aparece o desaparece una diapositiva.

6. **Escoja la opción que desea para su texto.**

   PowerPoint le muestra cómo aparece el texto con la transición escogida. Conforme agrega transiciones, PowerPoint despliega números cerca del texto y pone las transiciones que escoge en el panel Custom Animation (como se muestra en la Figura 13-3).

7. **Repita los Pasos del 4 al 6 hasta que haya escogido los efectos de transición para su texto.**

8. **Haga clic sobre el botón Play.**

   PowerPoint le muestra cómo aparecen las diferentes transiciones en la diapositiva.

9. **Haga clic sobre el recuadro Close del panel Custom Animation para hacerlo desaparecer.**

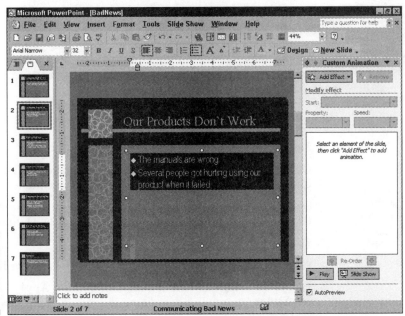

Figura 13-2:
El panel
Custom
Animation.

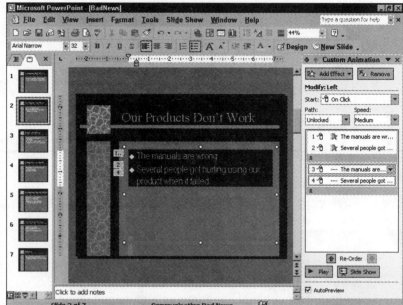

Figura 13-3:
PowerPoint
etiqueta
sus transi-
ciones.

Quitar transiciones

Las transiciones pueden ser muy lindas pero usted puede también cansarse de ver las mismas diapositivas y texto dando vueltas en la pantalla.

Para quitar una transición de diapositiva, siga estos pasos:

1. **Muestre la diapositiva que desea cambiar.**

   Quizás necesite seleccionar la diapositiva que desea modificar haciendo clic sobre ella en el panel Presentation Outline.

   Si sostiene la tecla Ctrl, puede hacer clic sobre dos o más diapositivas que desea cambiar en el panel Presentation Outline.

2. **Escoja Slide Show⇨Slide Transition.**

   Aparece el panel Slide Transition (refiérase a la Figura 13-1).

3. **Escoja No Transition en el recuadro de lista Apply To Selected Slides.**

4. **Haga clic sobre el botón Apply To All Slides (sáltese este paso si desea quitar una transición de la diapositiva actualmente desplegada o si seleccionó varias diapositivas en el paso 1 sosteniendo la tecla Ctrl).**

5. **Haga clic sobre el recuadro de cierre del panel Slide Transition para hacerlo desaparecer.**

   Para quitar una transición de texto de una diapositiva, siga estos pasos:

1. **Muestre la diapositiva que contiene la transición de texto que desea cambiar.**

   Quizás necesite seleccionar la diapositiva que desea modificar haciendo clic sobre ella en el panel Presenatation Outline.

2. **Escoja Slide Show➪Custom Animation.**

   Aparece el panel Custom Animation (refiérase a la Figura 13-2). PowerPoint despliega un número en la diapositiva junto a cada recuadro de texto que contiene una transición.

3. **Haga clic sobre el texto que contiene la transición que desea quitar.**

   PowerPoint despliega un borde alrededor de su recuadro de texto escogido.

4. **Haga clic sobre el botón Remove.**

   PowerPoint quita cualquier transición de su recuadro de texto escogido.

5. **Haga clic sobre el recuadro Close del panel Custom Animation.**

   Desaparece el panel Custom Animation.

Preparar su Presentación para el Público

Después de que su presentación de diapositivas esté perfectamente organizada, completa y lista —puede revelarla al público sorpresivamente. Para una máxima flexibilidad, PowerPoint le permite agregar diferentes elementos a su presentación para ayudarle a progresar a través de ella manualmente o muéstrela como una presentación de autocorrida para que otros la puedan ver.

Agregar botones

La mayoría de las presentaciones muestran diapositivas una después de la otra en el mismo orden aburrido. Mantener un solo orden está bien algunas veces, especialmente si está dando la presentación, pero puede ser demasiado limitante si otros van a observar su presentación sin su supervisión.

En lugar de forzar a alguien a visualizar sus diapositivas una después de la otra, puede poner botones. Al hacer clic sobre un botón puede mostrar cualquier diapositiva, sin importar si es la primera, última, siguiente, anterior o sexta.

Agregar botones (que PowerPoint llama hipervínculos) le brinda a su audiencia la oportunidad de saltar de una diapositiva a otra. De esta forma, usted (o las personas que controlan su presentación) tienen mayor libertad y flexibilidad en hacer su presentación.

Crear un hipervínculo con otra diapositiva

Para crear un botón o hipervínculo en una diapositiva, siga estos pasos:

1. **Muestre la diapositiva donde desea agregar botones de hipervínculo.**

   Quizás necesite seleccionar la diapositiva que desea modificar haciendo clic sobre la diapositiva en el panel Presentation Outline.

2. **Escoja Slide Show⇨Action Buttons.**

   Aparece un menú de diferentes botones, como se muestra en la Figura 13-4.

   Si mueve el puntero del mouse en la parte superior del menú de selección, este se convierte en una flecha de cuatro cabezas. Luego si arrastra el mouse, puede separar el menú de selección para que aparezca en la pantalla todo el tiempo.

3. **Haga clic sobre un botón desde el menú.**

   El cursor del mouse se convierte en una cruz.

Figura 13-4:
Un menú
mostrando
los diferen-
tes tipos de
botones de
hipervínculo
que puede
poner
en una
diapositiva.

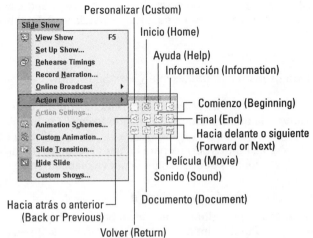

Personalizar (Custom)

Inicio (Home)

Ayuda (Help)

Información (Information)

Comienzo (Beginning)

Final (End)

Hacia delante o siguiente (Forward or Next)

Película (Movie)

Sonido (Sound)

Documento (Document)

Hacia atrás o anterior (Back or Previous)

Volver (Return)

4. **Coloque el mouse donde desea dibujar el botón, sostenga el botón izquierdo, arrastre el mouse para dibujar su botón y luego libérelo.**

Aparece el recuadro de diálogo Action Settings (como se muestra en la Figura 13-5), ofreciendo maneras de definir cómo funciona su hipervínculo.

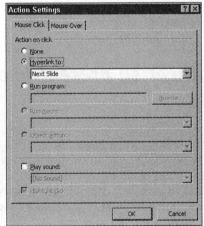

Figura 13-5:
El recuadro
de diálogo
Action
Settings.

5. **Haga clic sobre el botón de opción Hyperlink To, haga clic sobre el recuadro de lista y luego escoja una diapositiva como Next Slide o Last Slide Viewed.**

Al escoger una opción en el Paso 5, como Next Slide, asegúrese de que su opción corresponda a la apariencia visual del botón sobre el que hizo clic en el Paso 3.

6. **Haga clic sobre OK.**

Para probar su botón, escoja View⇨Slide Show.

Después de que crea un botón de hipervínculo, quizás desee cambiar la diapositiva a la que el botón salta cuando hace clic sobre él. Haga clic sobre el botón que desea cambiar, haga clic sobre el botón derecho del mouse y escoja Edit Hyperlink para llamar el recuadro de diálogo Action Settings, donde puede escoger la nueva diapositiva de destino.

Eliminar un botón de hipervínculo

Un día podría desear eliminar un cierto botón de hipervínculo de su presentación. Puede eliminar un botón de hipervínculo en cualquier momento siguiendo estos pasos:

1. **Muestre la diapositiva que contiene los botones de hipervínculo que desea eliminar.**

   Quizás necesite seleccionar la diapositiva que desea modificar haciendo clic sobre ella en el panel Presentation Outline.

2. **Haga clic sobre el botón de hipervínculo que desea eliminar.**

   PowerPoint destaca su botón de hipervínculo escogido.

3. **Pulse Delete o escoja Edit⇨Clear.**

   PowerPoint quita su botón de hipervínculo escogido.

Definir cómo hacer su presentación de diapositivas

Muchas personas utilizan PowerPoint para crear presentaciones que pueden mostrar como presentaciones de diapositivas o charlas —pero también puede crear presentaciones que corren automáticamente para que alguien más las controle. Por ejemplo, un museo puede poner una computadora en el vestíbulo donde los visitantes pueden ver las presentaciones de PowerPoint para desplegar la máximas atracciones.

Para definir cómo mostrar su presentación, siga estos pasos:

1. **Escoja Slide Show⇨Set Up Show.**

   Aparece el recuadro de diálogo Set Up Show.

2. **Haga clic sobre uno de los siguientes botones de opción:**

   - **Presented by a speaker (full screen) (Presentada por un vocero (pantalla completa)):** las diapositivas cubren toda la pantalla. Puede navegar entre ellas con un mouse o teclado.

   - **Browsed by an individual (window) (Examinada por una ventana individual):** las diapositivas aparecen en una ventana con los menúes y barras de herramientas de PowerPoint completamente visibles. Puede navegar por ellas con un mouse o teclado.

   - **Browsed at a kiosk (full screen) (Examinada desde un kiosco (pantalla completa)):** las diapositivas cubren toda la pantalla, pero puede solamente navegar por ellas con un mouse (para hacer que esta opción funcione adecuadamente, asegúrese de poner botones de hipervínculo en sus diapositivas).

3. **Haga clic sobre una o más de las siguientes casillas de verificación:**

   - **Loop continuous until 'Esc' (Ciclo continuo hasta 'Esc'):** se mantiene repitiendo toda su presentación hasta que alguien pulsa la tecla Esc.

   - **Show without narration (Mostrar sin narración):** elimina cualquier narración que puede haber grabado utilizando el comando Slide Show⇨Record Narration. (la opción Record Narration le permite agregar su propia voz u otros sonidos a través de un micrófono. Para aprender más sobre esta opción, lea *PowerPoint 2002 Para Dummies* por Doug Lowe, publicado por Hungry Minds, Inc.).

   - **Show without animation (Mostrar sin animación):** elimina todo el texto sofisticado y transiciones de diapositiva que puede haber creado tan cuidadosamente.

4. **En el grupo Advance Slides, haga clic sobre el botón de opción Manually or Using Timings If.**

5. **Haga clic sobre OK.**

Si hace clic sobre el botón de opción Browsed At A Kiosk en el Paso 2 y el botón de opción Using Timings If Present en el Paso 3, escoja Slide Show⇨Slide Transition y asegúrese de que todas sus diapositivas tengan la casilla de verificación Automatically After marcada. De lo contrario, no podrá avanzar a través de su presentación.

Probar su presentación de diapositivas

Antes de mostrar su presentación durante esa reunión de negocios crucial, debería probarla. De esta forma, si desea encontrar cualquier error o efectos visuales molestos, puede editarlos y no aparecerán en su presentación.

Antes de asegurarse de que su texto y transiciones de diapositivas funcionen, asegúrese de que su ortografía y gramática estén bien. Nada puede verse peor y más tonto que escribir mal el nombre de su compañía.

Para probar su presentación de diapositivas, siga estos pasos:

1. **Escoja Slide Show➪View Show o pulse F5.**

   PowerPoint despliega su primera diapositiva.

2. **Para ver la próxima diapositiva, pulse cualquier tecla o haga clic sobre el botón izquierdo del mouse.**

3. **Pulse Esc para terminar la presentación de diapositivas en cualquier momento.**

Parte V
Organizarse con Outlook

La 5a Ola   Por Rich Tennant

"LA NUEVA TECNOLOGÍA ME HA REALMENTE
AYUDADO A ORGANIZARME. AHORA
MANTENGO MIS REPORTES DEL PROYECTO
BAJO MI PC. LOS PRESUPUESTOS BAJO MI
LAPTOP Y MIS MEMOS BAJO MI LOCALIZADOR".

En esta parte . . .

Después de unos días en el trabajo, la mayoría de los escritorios de las personas desaparecen debajo de una pila de memorandos, reportes y papeles. Si desea realmente utilizar el sobre del escritorio como una superficie para escribir en lugar de una gaveta de archivo o un basurero, quizás necesite ayuda de Microsoft Outlook para guardar el día –un programa de correo electrónico de combinación y un organizador de información personal.

Además de ayudarle a crear, enviar, recibir y acomodar su correo electrónico, Outlook también organiza sus citas, tareas y contactos importantes. Con la ayuda de Outlook, puede darle seguimiento a reuniones y citas que probablemente evitaría; almacenar los nombres de las personas que podría olvidar y organizar correo electrónico en una sola ubicación para que no tenga que buscar por todo su disco duro un mensaje importante que podría determinar el futuro de su carrera o negocio.

Outlook puede manejar su información personal para que pueda enfocarse en hacer el trabajo que realmente necesita hacer. ¿Quién sabe? Si Outlook lo hace lo suficientemente productivo en el trabajo, solo podría encontrar que tiene suficiente tiempo para relajarse y tomar el tiempo prolongado del almuerzo que siempre he querido.

Capítulo 14

Programar su Tiempo

- -

En este Capítulo

▶ Hacer una cita

▶ Cambiar una cita

▶ Imprimir su programación

- -

Para ayudarle a darle seguimiento de citas urgentes, tareas pendientes y nombres y direcciones importantes, Microsoft Office XP incluye un organizador de información personal llamado *Microsoft Outlook 2002.*

Microsoft Outlook actúa como una versión electrónica de un planeador diario. Al darle seguimiento a sus citas, tareas y contactos en su computadora, usted siempre está seguro de recordar sus tareas diarias, semanales, mensuales e incluso anuales. Al menos, por supuesto, que olvide encender su computadora.

La primera vez que inicia Outlook, tendrá que pasar por el Outlook Startup Wizard, que configura Outlook. Y si no está seguro de ninguna configuración, utilice las configuraciones predeterminadas y manténgase haciendo clic sobre el botón Next hasta que desaparezca el Startup Wizard.

Hacer una Cita

Si no es cuidadoso, puede sobrecargarse con tantas citas que nunca tiene tiempo de hacer nada, lo que no sería tan malo si no le gustara el trabajo que hace. Así que para ayudarle a acomodar sus citas y mantenerlas a mano; Outlook le da seguimiento a su tiempo libre y comprometido.

Hacer una nueva cita

Outlook le permite programar citas para mañana o (si prefiere la vista a largo plazo) con una década de anticipación. Para hacer una cita en Outlook, siga estos pasos:

1. **Cambie a una vista Calendar haciendo uno de los siguientes pasos:**

   • Escoja <u>V</u>iew⇨<u>G</u>o to⇨<u>C</u>alendar.

   • Haga clic sobre el botón Outlook Shortcuts en la barra Outlook y luego sobre el icono Calendar.

   Aparece la vista Calendar (como se muestra en la Figura 14-1), mostrando el mes actual y el siguiente junto con una lista de citas y otra de cosas por hacer.

2. **Haga clic sobre el día en el cual desea programar una cita.**

   Outlook destaca el día actual en un recuadro. Si hace clic sobre otro día (como mañana o en tres semanas), lo destaca en gris pero despliega un recuadro alrededor del día actual.

3. **Haga clic sobre la hora en la lista Appointment en que desea que empiece su cita, como 11:00 ó 3:00.**

   Si desea establecer una cita en la mañana, asegúrese de hacer clic sobre las ranuras de la hora entre 12 am y 12 pm.

   Outlook destaca su hora escogida.

4. **Digite una breve descripción de su cita, como Almuerzo con mi amante o Cena en la Oficina Aburrida del Banquete.**

   Outlook despliega su texto en la lista Appointment y la destaca con un borde.

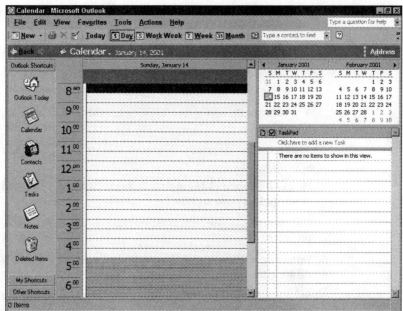

Figura 14-1:
La vista Ca-
lendar en
Outlook.

5. **Mueva el puntero del mouse sobre el borde inferior alrededor de su cita.**

   El puntero del mouse se convierte en una flecha de doble cabeza.

6. **Sostenga el botón izquierdo y arrastre el mouse hacia abajo
   hasta la hora en que espera que termine su cita, como 12:30.**

   ¡Felicidades! Acaba de almacenar una cita en Outlook.

Editar una cita

Después de crear una cita, quizás desee editarla para especificar su
ubicación, tema por tratar, horas de inicio y finalización y si Outlook
debería mantener un "beep" recordatorio para evitar perder una cita.

Para editar una cita en Outlook:

1. **Cambie una vista Calendar utilizando una de las siguientes
   técnicas:**

   • Escoja View⇨Go to⇨Calendar.

   • Haga clic sobre el botón Outlook Shortcuts en la Barra Outlook y luego haga clic sobre el icono Calendar.

   Aparece la vista Calendar (refiérase a la Figura 14-1).

2. **Haga clic sobre el día calendario que contiene la cita que desea editar.**

3. **Abra la cita ejecutando uno de los siguientes pasos:**

    • Haga doble clic sobre la cita.

    • Haga clic sobre la cita y pulse Ctrl+O.

    • Haga clic con el botón derecho sobre la cita y luego sobre Open.

    Aparece el recuadro de diálogo Appointment, como se muestra en la Figura 14-2.

4. **Haga clic sobre el recuadro de texto Subject y luego digite una descripción para su cita.**

    Por ejemplo, digite "Entregar en dos semanas, salir del trabajo, parqueo".

5. **Haga clic sobre el recuadro de texto Location y digite la ubicación de su cita.**

    Si ha digitado ubicaciones para otras citas, puede hacer clic sobre la flecha que apunta hacia abajo y sobre una ubicación que haya utilizado antes (como un salón de reuniones específico, restaurante, centro de convenciones u oficinas centrales secretas).

6. **Haga clic sobre los recuadros de lista Start Time: para especificar la fecha y hora cuando empieza la cita.**

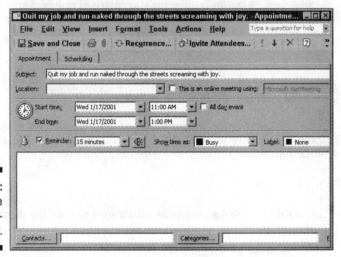

Figura 14-2:
Recuadro de diálogo Appointment.

7. **Haga clic sobre los recuadros de lista End Ti_me_: para especificar la fecha y hora en que termina la cita.**

8. **Si desea que Outlook le recuerde su cita, haga clic sobre la casilla de verificación _R_eminder para poner una marca de verificación en ella.**

El recuadro de lista Reminder le indica a Outlook recordarle cuando se acerca su cita (como 15 minutos o una hora antes). En la medida que Outlook esté corriendo en su computadora (aun si está minimizado u oculto), puede recordarle una cita —no importa cuál otro programa esté utilizando en ese momento.

9. **Haga clic sobre el recuadro de lista Sho_w_ Time As y escoja Free, Tentative, Busy o Out of Office.**

Si está en una red, puede indicarle a sus compañeros para hacerles saber si pueden molestarlo durante su cita o no. Al escoger Out of Office, por ejemplo, envía un mensaje claro de No-estoy-aquí-así-que-no-me moleste-con-un-mensaje.

10. **Haga clic sobre el botón Save and Close cerca de la parte superior del recuadro de diálogo.**

Outlook despliega su cita en la pantalla.

Cuando establece un recordatorio para una cita, esta aparece en la lista Appointment con un icono de campana de alarma al lado. Cuando se acerca la hora de recordarle su cita, Outlook despliega el recuadro Reminder como se muestra en la Figura 14-3. Para hacer que Outlook repita el recordatorio en un ratito, haga clic sobre el recuadro de lista Snooze To Be Reminded Again In, especifique cuánto tiempo debe esperar Outlook para recordarle de nuevo y luego haga clic sobre el botón Snooze.

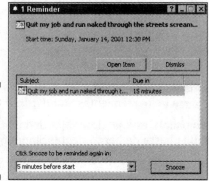

Figura 14-3:
Outlook le recuerda sus próximas citas.

La opción Reminder trabaja solamente cuando Outlook está corriendo (puede minimizar el programa para que no aglomere su pantalla). Si desea que le recuerden las citas, asegúrese de que no sale de Outlook. Si está apagado, no puede hacer *nada* por usted.

Ver la ilustración grande de sus citas

Para ayudarle a organizar su archivo, Outlook ofrece cinco formas de desplegar sus citas:

- ✔ **Day (Día):** muestra un solo día, hora por hora (refiérase a la Figura 14-1), para que pueda ver cuáles citas pudo haber perdido hoy.

- ✔ **Outlook Today (Outlook hoy):** muestra todas las citas y tareas programadas para hoy (refiérase a la Figura 14-4).

- ✔ **Work Week (Trabajo semanal):** muestra todas las citas de una semana (refiérase a la Figura 14-5), excepto los sábados y domingos.

- ✔ **Week (Semana):** muestra todas las citas de una semana, incluyendo fines de semana (refiérase a la Figura 14-6), de manera que no olvide el juego de golf el sábado.

- ✔ **Month (Mes):** muestra todas las citas para un mes calendario (refiérase a la Figura 14-7), para que pueda darle seguimiento a las citas cruciales pendientes.

Para cambiar a una vista en particular en Outlook, esta es la forma:

- ✔ **Day view (Vista día):** escoja View⇨Day o haga clic sobre el botón Day en la barra de herramientas Standard.

- ✔ **Outlook Today view (Vista Outlook hoy):** haga clic sobre el botón Outlook Shortcuts en la barra Outlook y luego sobre el icono Today.

- ✔ **Work Week view (Vista trabajo semanal):** escoja View⇨Work Week o haga clic sobre el botón Work Week en la barra de herramientas Standard.

- ✔ **Week view (Vista semanal):** escoja View⇨Week o haga clic sobre el botón Week en la barra de herramientas Standard.

- ✔ **Month view (Vista mensual):** escoja View⇨Month o haga clic sobre el botón Month en la barra de herramientas Standard.

Cambiar una cita

Como las citas pueden siempre cambiar o cancelarse, quizás necesita editar una cita siguiendo estos pasos:

1. **Haga clic sobre la cita que desea editar.**

2. **Pulse Ctrl+O o haga doble clic sobre la cita que desee modificar.**

   Aparece el recuadro de diálogo Appointment (Refiérase a la Figura 14-2).

3. **Haga sus cambios a la cita.**

   Por ejemplo, haga clic sobre el recuadro de lista Start Time o End Time y digite una nueva hora para cambiar la hora de inicio o fin, o fecha de su cita.

4. **Haga clic sobre el botón Save and Close.**

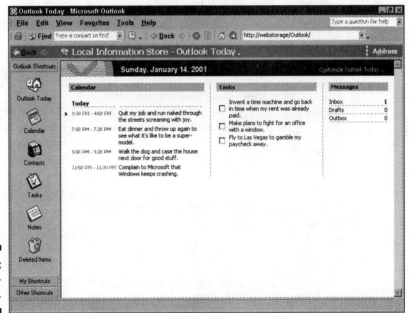

Figura 14-4:
La vista Outlook Today.

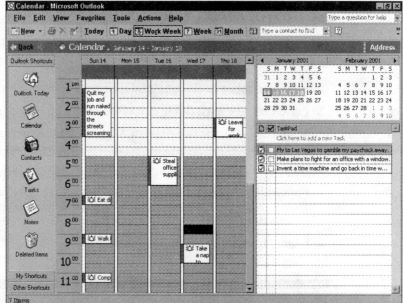

Figura 14-5:
La vista
Outlook
Work Week:
Lunes a
Viernes.

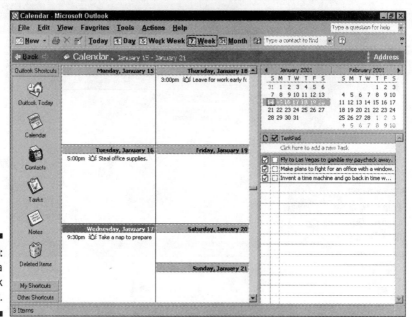

Figura 14-6:
Vista
Outlook
Week.

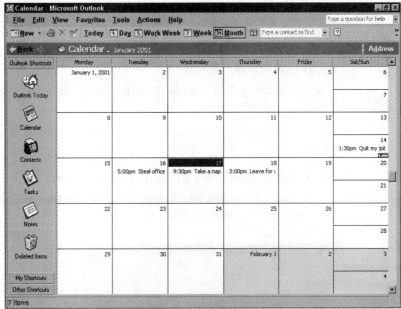

Figura 14-7:
Vista
Outlook
Month.

Eliminar una cita

Después de que una cita ha pasado o ha sido cancelada, puede eliminarla para hacerle campo a otras. Para eliminar una cita, siga estos pasos:

1. **Haga clic sobre la cita que desea eliminar.**

   Si está en la vista Outlook Today, Outlook despliega el recuadro de diálogo Appointment (refiérase a la Figura 14-2). Si está en cualquier otra vista, Outlook solo destaca su cita escogida.

2. **Pulse Ctrl+D.**

Si elimina una cita por error, pulse Ctrl+Z para recuperarla de nuevo.

Si elimina una cita desde la vista Outlook Today, al pulsar Ctrl+Z nunca la recuperará, así que asegúrese de que realmente desea hacerlo.

Definir una cita recurrente

Puede tener una cita que ocurre todos los días, semanas, meses o años (como almorzar con el jefe el primer lunes del mes o esa clase de Feng Shui cada viernes por la tarde). En lugar de digitar citas recurrentes una y otra vez, puede introducirlas una vez y luego definir cuán a menudo ocurren. Outlook automáticamente programa esas citas a menos que específicamente indique lo contrario.

Crear una cita recurrente

Si actualmente está en la vista Outlook Today, cambie a la vista Day, Work Week, Week o Month primero.

Para definir una cita recurrente en la vista Day, Work Week, Week o Month:

1. **Escoja Actions➪New Recurring Appointment.**

   Aparece el recuadro de diálogo Appointment Recurrence, como se muestra en la Figura 14-8.

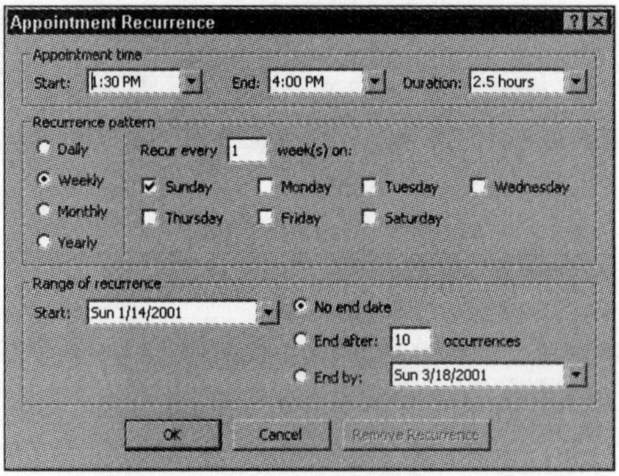

Figura 14-8:
El recuadro de diálogo Appointment Recurrence es donde especifica cuán a menudo ocurre una cita.

2. **En el grupo Appointment Time, haga clic sobre el recuadro de lista Start y digite la hora para su cita recurrente haciendo clic sobre la flecha que apunta hacia abajo hasta que aparezca la hora correcta.**

   Puede también digitar una hora, como **8:13 AM**, en el recuadro de lista Start.

3. **Haga clic sobre el recuadro de lista End y digite la hora final para su cita recurrente.**

4. **Haga clic sobre el recuadro de lista Duration y digite la extensión de su cita.**

5. **Haga clic sobre uno de los siguientes botones de opción para especificar la frecuencia de la cita: Daily, Weekly, Monthly o Yearly (o escoja un día específico, como Sunday o Tuesday).**

6. **En el área Range of Recurrence, haga clic sobre el recuadro de lista Start y haga clic sobre la fecha que corresponde a la primera instancia de su cita recurrente.**

7. **Haga clic sobre uno de los botones de opción en el área Range of Recurrence para definir cuándo desea detener las citas recurrentes.**

   Puede especificar un número de ocurrencias (End after), una fecha de finalización (End by) o sin fin del todo (No end date).

8. **Haga clic sobre OK.**

   El recuadro de diálogo Appointment aparece para que defina su cita recurrente.

9. **Digite su cita en el recuadro Subject (por ejemplo,** *salir temprano del trabajo***).**

10. **Digite la ubicación de su cita en el recuadro Location.**

11. **Haga clic sobre el recuadro de diálogo Reminder si desea que Outlook le envíe un mensaje recordatorio.**

    Haga clic sobre el recuadro de diálogo Reminder para especificar cuándo desea que Outlook le recuerde su cita (como 15 minutos o una hora de antelación).

12. **Haga clic sobre el recuadro de lista Show Time As y escoja Free, Tentative, Busy u Out of Office.**

    Refiérase al paso 9 en la sección "Editar una cita", para más información acerca de estas opciones.

13. **Haga clic sobre el botón Save and Close.**

    Outlook despliega su cita en la pantalla, como se muestra en la Figura 14-9. Las citas recurrentes muestran flechas giratorias junto a las descripciones de la siguiente cita.

Puede hacer que una cita existente recurra haciendo doble clic sobre ella y luego haciendo clic sobre el botón Recurrence (lógico, ¿no es cierto?).

Editar una cita recurrente

Para editar una cita recurrente desde la vista Day, Work Week, Week o Month:

1. **Haga clic sobre la cita recurrente que desea editar.**

2. **Pulse Ctrl+O o haga doble clic sobre la cita.**

   Aparece el recuadro de diálogo Open Recurring Item.

3. **Haga clic sobre uno de los siguientes botones de opción:**

- **Open This Occurrence (Abrir esta ocurrencia):** puede editar solo esta cita específica (por ejemplo, solo la instancia que ocurre el 18 de octubre).

- **Open the Series (Abrir la serie):** puede editar toda la serie de citas recurrentes (por ejemplo, todas sus citas de "salir temprano del trabajo el viernes").

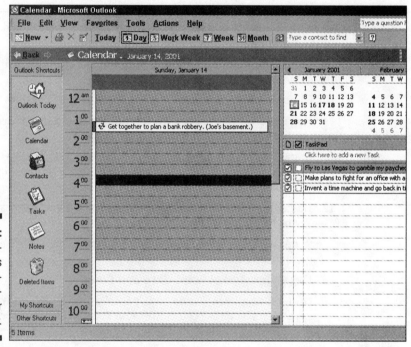

Figura 14-9: Una cita recurrente es caracterizada por su indicador circular.

Outlook despliega el recuadro de diálogo Appointment Recurrence (refiérase a la Figura 14-8).

4. **Haga cualquier cambio a su cita recurrente (como la hora de inicio, hora de finalización o día de ocurrencia), luego haga clic sobre el botón Save and Close.**

Imprimir su Programación

A menos que tenga una computadora portátil todo el día, quizás necesite ocasionalmente imprimir su itinerario de citas en papel para que pueda verlo sin utilizar electricidad o copiarlo para sus seguidores y familiares. Para imprimir sus citas desde la vista Day, Work Week, Week o Month, siga estos pasos:

1. **Cambie a la vista Calendar precediendo con alguna de las siguientes opciones:**

    - Escoja View⇨Go To⇨Calendar.

    - Haga clic sobre el botón Outlook Shortcuts en la barra Outlook y luego haga clic sobre el icono Calendar.

    Aparece la vista Calendar (refiérase a la Figura 14-1).

2. **Escoja una de las siguientes:**

    - Escoja File⇨Print.

    - Pulse Ctrl+P.

    - Haga clic sobre el icono Print en la barra de herramientas Standard.

    Aparece el recuadro de diálogo Print, como se muestra en la Figura 14-10 (Nota: si hace clic sobre el icono Print en la barra de herramientas Standard, Outlook imprime todo su itinerario de citas sin darle oportunidad de ir desde el Paso 3 al 5).

3. **Haga clic sobre un estilo en el recuadro Print Style (como Weekly Style o Monthly Style).**

    Esto es donde puede definir el marco de hora para imprimir su programación.

4. **Haga clic sobre el botón Preview para ver la apariencia de su programación cuando esté impreso.**

    Para especificar un tamaño para la impresión de manera que calce dentro del planeador diario, puede hacer clic sobre el botón Page Setup, hacer clic sobre la pestaña Paper y escoger una opción en el recuadro de lista Size —folleto, una página Day-Timer, una página Day-Runner o una página Franklin Day Planner.

5. **Haga clic sobre el botón Print para empezar a imprimir.**

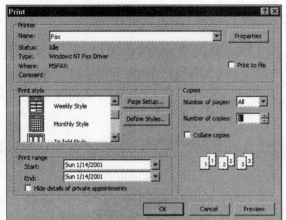

Figura 14-10:
El recuadro
de diálogo
Print.

Capítulo 15

Configurar Tareas y Hacer Contactos

Aparte de permitirle hacer y anular citas, Microsoft Outlook le permite crear sus propias listas de cosas por hacer (para que no tenga que gastar dinero comprando papel especial etiquetado "Cosas para hacer hoy") y almacenar nombres valiosos, direcciones, números telefónicos y otra información importante sobre personas que pueden favorecer su carrera.

Para más información sobre utilizar las maravillosas opciones de Outlook, tome una copia de *Outlook 2002 para Dummies*, por Bill Dyszel.

Organizar Información de Contacto

La mayoría de las personas tienen tarjetas de negocios que pueden repartir a aquellos que pueden ser útiles para ellas en el futuro. Los que están atrapados en la Edad Oscura almacenan su colección de tarjetas de negocios en un archivo Rolodex, pero usted puede progresar al siglo veintiuno y hacer esto en Outlook. Al utilizar Outlook, puede rápidamente copiar sus contactos de negocios valiosos y compartirlos con otros o solo deshacerse de su archivo pasado de moda Rolodex y poner una computadora mucho más complicada en su escritorio.

Almacenar información de contacto

Para almacenar en Outlook información acerca de un contacto, inicie Outlook y luego siga estos pasos:

1. **Cambie a la vista Contacts utilizando uno de los siguientes métodos:**

   - Escoja View⇨Go To⇨Contacts.

   - Haga clic sobre el botón Outlook Shortcuts en la barra Outlook y luego haga clic sobre el icono Contacts.

   Aparece la vista Contacts, como se muestra en la Figura 15-1.

2. **Escoja Actions⇨New Contact o pulse Ctrl+N.**

   Aparece el recuadro de diálogo Contact, como se muestra en la Figura 15-2.

3. **Digite el nombre, dirección, número telefónico y cualquier otra información que desee almacenar sobre el contacto en los recuadros adecuados.**

   Si digita un nombre de compañía, asegúrese de que lo digite en forma consistente. No lo digite como "Libros de Hungry Minds" una vez y solo "Hungry Minds" la otra, o Outlook no las considerará como la misma compañía.

   - Si hace clic sobre el botón Full Name, aparece un recuadro de diálogo Check Full Name. En él, puede especificar un título (como Dr. o Ms.); primer nombre, segundo nombre y apellido; y un sufijo (como Jr. o III).

   - Si hace clic sobre el botón Address, aparece un recuadro de diálogo Check Address. Aquí, puede especificar un nombre de calle, ciudad, estado o provincia, código postal y país.

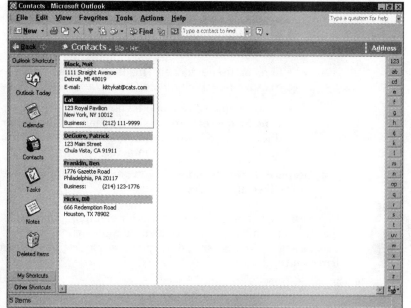

Figura 15-1: Outlook puede enumerar sus contactos en la pantalla.

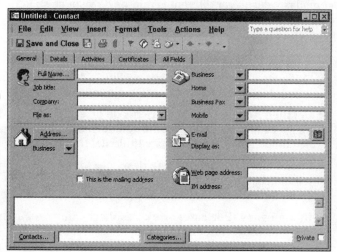

Figura 15-2: El recuadro de diálogo Contact es donde puede digitar información de un nuevo contacto.

- Si hace clic sobre la lista que aparece directamente debajo del botón Address, puede especificar dos o más direcciones para cada persona, como una dirección de negocios y una dirección de la casa.

- El recuadro de diálogo This is the Mailing Address le permite especificar cuál dirección utilizar al enviar correo.

- El botón que se ve como un libro abierto que aparece a la derecha del recuadro de lista E-mail despliega una lista de direcciones de correo electrónico que almacenó anteriormente para todos sus contactos.

4. **Después de que termine de introducir la información, haga clic sobre S̲ave and Close.**

No tiene que llenar cada recuadro. Por ejemplo, puede solo desear almacenar el nombre y número telefónico de alguna persona. En este caso, no necesita digitar la dirección o cualquier otra información irrelevante.

Cambiar su punto de vista

El verdadero poder de su computadora y Outlook entra en juego al acomodar y desplegar diferentes puntos de vista de su información para ayudarle a encontrar justo la información que necesita. Tiene siete maneras de desplegar sus contactos en Outlook:

- ✔ **Address Cards (Tarjetas de dirección):** despliega nombres (acomodados alfabéticamente por apellido), direcciones, números telefónicos y direcciones de correo electrónico.

- ✔ **Detailed Address Cards (Tarjetas de dirección detalladas):** despliega cada pedazo de información de una persona, como nombre de compañía, número de fax y título del trabajo.

- ✔ **Phone List (Lista telefónica):** despliega los nombres y números telefónicos (incluyendo los de la oficina, domicilio, fax y celular) en un formato de fila y columna para una fácil visualización.

- ✔ **By Category (Por categoría):** despliega información de acuerdo con las categorías, como Business, Hot Contacts, Key Customer y Suppliers (puede aprender a organizar sus contactos en categorías en la sección "Categorizar sus contactos", más adelante en este capítulo).

- ✔ **By Company (Por compañía):** despliega los nombres agrupados de acuerdo con el nombre de la compañía. Útil para varios nombres que pertenecen a la misma compañía).

✔ **By Location (Por ubicación):** despliega información por país, ciudad y estado/provincia.

✔ **By Follow-Up Flag (Por bandera de seguimiento):** despliega los contactos identificados con una bandera de seguimiento, que puede agregar un contacto pulsando Ctrl+Shift+G o escogiendo Actions⇨Flag for Follow-Up.

Para escoger una vista diferente para desplegar su información de contacto asegúrese de que esté en la vista Contacts y luego siga estos pasos:

1. **Escoja View⇨Current View.**

   Aparece un menú de selección.

2. **Escoja la vista deseada (como Detailed Address Cards o Phone List).**

   Outlook despliega su información de contacto en su vista escogida.

Buscar sus contactos

Después de que empiece a utilizar Microsoft Outlook, quizás puede terminar almacenando información que puede ser difícil de encontrar de nuevo. Así que para ayudarle a buscar un contacto específico almacenado en Outlook, asegúrese de que esté en la vista Contacts y luego siga estos pasos:

1. **Escoja Tools⇨Find, pulse Ctrl+F o haga clic sobre el botón Find en la barra de herramientas.**

   Aparece la barra Find Items in Contacts en la parte superior de la vista Contacts, como se muestra en la Figura 15-4.

2. **Haga clic sobre el recuadro Look For y digite la frase (primer nombre, apellido, etcétera) que desea encontrar.**

   Para hacer la búsqueda más rápida, digite tanto de la frase como desee encontrar. Por ejemplo, en lugar de digitar F para buscar a todas las personas cuyo primer nombre empieza con F, hágalo más específico y digite tanto del nombre como sea posible, como **FRAN**.

3. **Haga clic sobre Find Now.**

   Outlook despliega los contactos que coinciden con sus criterios de búsqueda. Puede hacer doble clic sobre el contacto que desea visualizar.

Buscar (Find button)   Cerrar recuadro (Close box)

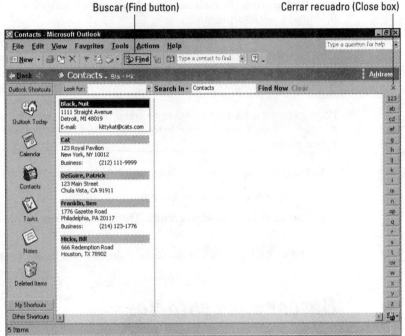

Figura 15-3:
La barra
Find Items
Contacts le
permite bus-
car a través
de sus
contactos.

4. **Haga clic sobre el recuadro Close en la barra Find Items in Contacts.**

   Outlook despliega todos sus contactos de nuevo cuando cierra la ventana Find Items in Contacts.

Para una forma más sofisticada de encontrar contactos específicos, escoja Tools⇨Advanced Find o pulse Ctrl+Shift+F. Aparece el recuadro de diálogo Advanced Find que le brinda más opciones para buscar su lista de contactos.

Categorizar sus contactos

Si es una persona ocupada (o solo una rata que no puede resistir almacenar todos los nombres y direcciones posibles que encuentra), quizás puede encontrar su lista de contactos de Outlook tan llena de nombres que intentar encontrar uno solo es muy molesto.

Para resolver este problema, puede organizar sus contactos por categorías, como contactos personales o de clientes. Cuando desea ver información para un grupo en particular de contactos, puede indicarle a Outlook acomodar su lista de contactos por la categoría adecuada.

Definir una categoría para un contacto

Antes de que pueda pedirle a Outlook organizar sus contactos por categoría, necesita definir cuáles contactos pertenecen a ella. Para definir una categoría para cada contacto, asegúrese de que esté en la vista Contacts y luego siga estos pasos:

1. **Haga clic sobre un contacto que desee categorizar.**

2. **Escoja Edit⇨Categories.**

   Aparece el recuadro de diálogo Categories, como se muestra en la Figura 15-5.

Figura 15-4:
El recuadro de diálogo Categories le permite agrupar sus contactos.

3. **Haga clic sobre la casilla de verificación para cada categoría a la que pertenece su contacto.**

   Muchos contactos pueden lógicamente pertenecer a varias categorías, como Business, Hot Contacts y Key Customer.

4. **Haga clic sobre OK.**

Un método más rápido para categorizar sus contactos es haciendo clic en el botón derecho sobre un contacto y haciendo clic sobre Categories en el menú de selección. Luego siga los Pasos 3 y 4.

En caso que desee otra forma de definir una categoría para un contacto, o si desea organizar varios contactos en una categoría, siga estos pasos:

1. **Haga clic sobre el botón Organize en la barra de herramientas.**

   Aparece la ventana Ways to Organize Contacts, como se muestra en la Figura 15-6.

2. Haga clic sobre los contactos que desea agregar a la categoría.

Puede escoger varios contactos sosteniendo la tecla Ctrl y haciendo clic sobre los contactos que desea incluir.

Organizar botones (Organize button)

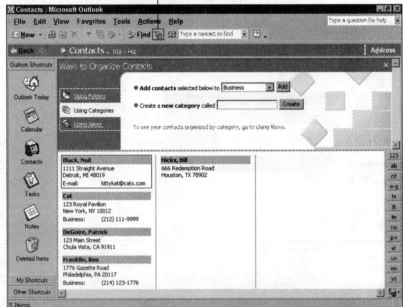

Figura 15-5:
La ventana
Ways to
Organize
Contacts le
ayuda a organizar
varios contactos por
categorías.

3. Haga clic sobre el recuadro de lista Add Contacts, escoja una categoría (como Business o Hot Contacts) y haga clic sobre el botón Add.

Para crear una nueva categoría, digite el nombre en el recuadro de texto Create a New Category Called y haga clic sobre el botón Create.

4. Haga clic sobre el recuadro Close en la ventana Ways to Organize Contacts.

Acomodar contactos por categorías

Después de que asigna sus contactos a diferentes categorías, puede hacer que Outlook le muestre solamente aquellos contactos dentro de una categoría dada. De esta forma, puede encontrar rápidamente contactos relacionados con el negocio, contactos personales o contactos secretos. Para visualizar sus contactos por categoría, siga estos pasos:

1. **Escoja View➪Current View➪By Category.**

   Outlook despliega todas las categorías que marcó, como se muestra en la Figura 15-7.

2. **Haga clic sobre el signo de más junto a la categoría que contiene los contactos que desea visualizar.**

   Por ejemplo, si desea ver todos los contactos de Business, haga clic sobre el signo de más junto al encabezado Categories: Business.

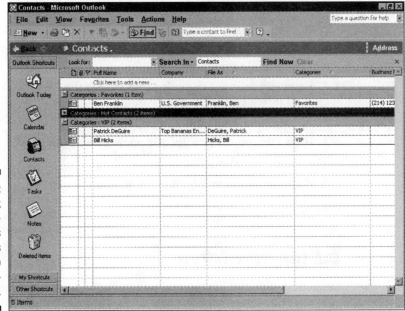

Figura 15-6:
Outlook puede organizar sus contactos de acuerdo con las categorías.

3. **Haga doble clic sobre el contacto que desea visualizar.**

   Aparece la ventana Contact, desplegando toda la información del contacto escogido.

4. **Haga clic sobre Save and Close cuando haya terminado de visualizar o editar el contacto.**

Manejar sus Tareas

Para evitar desperdiciar sus días haciendo tareas triviales y olvidando las importantes, puede crear una lista diaria de cosas por hacer en Outlook y quitar sus tareas conforme las completa.

Crear tareas en una lista de cosas por hacer

Para crear una lista de cosas que hacer, siga estos pasos:

1. **Cambie a la vista Tasks en una de las siguientes maneras:**

   • Escoja View⇨Go To⇨Tasks.

   • Haga clic sobre el botón Outlook Shortcuts en la barra Outlook y luego haga clic sobre el icono Tasks.

   Aparece la vista Tasks, como se muestra en la Figura 15-8.

2. **Haga clic sobre el recuadro de texto Click Here to Add a New Task y digite una tarea.**

3. **Haga clic sobre el recuadro Due Date (salte los Pasos del 3 al 5 si no desea escoger una fecha).**

   Aparece una flecha que apunta hacia abajo.

4. **Haga clic sobre la flecha que apunta hacia abajo.**

   Aparece un calendario.

5. **Haga clic sobre una fecha y pulse Enter.**

   Outlook despliega su tarea.

Editar una tarea

Después de que cree una tarea, puede editarla para establecer un recordatorio o seguimiento de cuánto de la tarea ha completado. Para editar una tarea, siga estos pasos:

1. **Haga doble clic sobre una tarea (o haga clic sobre la tarea y luego pulse Ctrl+O).**

   Aparece el recuadro de diálogo Task, como se muestra en la Figura 15-8.

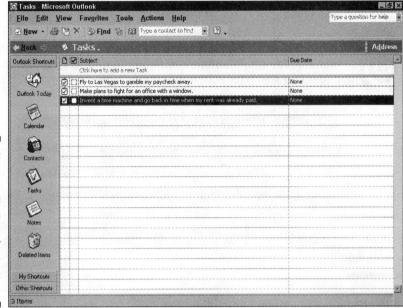

Figura 15-7:
La vista
Tasks enu-
mera todas
las tareas
que necesi-
ta completar
hoy (o cuan-
do se acer-
ca a ellas).

2. **Escoja una o más de las siguientes opciones:**

   • **Haga clic sobre el recuadro de diálogo Status y escoja un estado para su tarea, como In Progress, Completed o Waiting on Someone Else.**

   Un estado de tareas les muestra cómo está progresando cada tarea (o no progresando); esta opción le ayuda a manejar el tiempo más efectivamente.

   • **Haga clic sobre el recuadro de lista Priority y escoja Low, Normal o High.**

   Al categorizar tareas por prioridad, puede identificar las que realmente necesita terminar y las que puede ignorar en forma segura y esperar que desaparezcan.

   • **Haga clic sobre el recuadro de lista % Complete para especificar cuánto de la tarea ha completado.**

   • **Haga clic sobre la casilla de verificación Reminder y especifique una fecha y hora para Outlook para recordarle de esta tarea particular.**

   Si hace clic sobre el botón Alarm (se ve como un megáfono), puede especificar un solo sonido que Outlook reproduce para recordarle su tarea.

   • **Digite su tarea más detalladamente en el recuadro de texto grande, ubicado en la parte inferior del recuadro Task.**

3. Haga clic sobre Save and Close.

Puede visualizar su lista de tareas y un calendario al mismo tiempo si escoge la vista Calendar y la vista Outlook Today, Day, Work Week o Week. Desde cualquiera de estas vistas, puede liberar las tareas teminadas con solo hacer clic sobre la casilla de verificación de cada una.

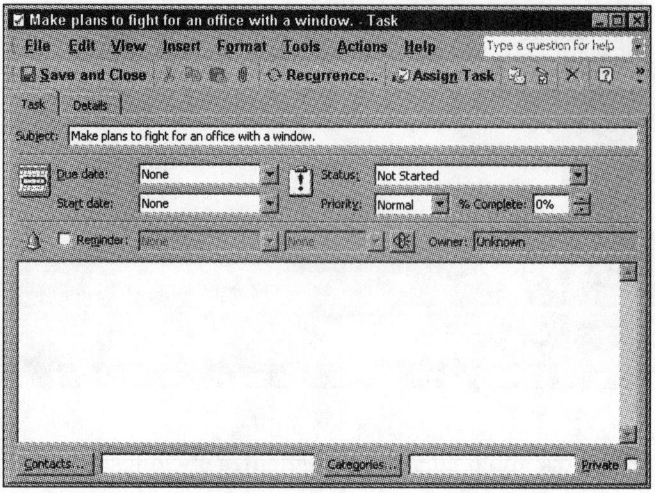

Figura 15-8:
El recuadro
de diálogo
Task.

Mover una tarea

Normalmente, Outlook organiza sus tareas en el orden que las creó. Como este orden no es siempre el más efectivo para organizar tareas, tome algún tiempo para moverlas. Para hacerlo, siga estos pasos:

1. Haga clic sobre la tarea que desea mover.

2. Sostenga el botón izquierdo del mouse.

3. Arrastre el mouse.

Outlook despliega una línea horizontal que le muestra a dónde moverá su tarea en el momento que libere el botón izquierdo del mouse.

4. Libere el botón izquierdo del mouse cuando la tarea aparece donde la desea.

Terminar una tarea

A pesar de la tendencia natural a la dilación, muchas personas en realidad completan las tareas que establecen. Para indicarle a Outlook que ha unido a este grupo élite, haga clic sobre la casilla de verificación de la tarea que ha completado. Outlook despliega una marca en la casilla de verificación, atenúa la tarea y dibuja una línea a través de esta.

Outlook almacena las tareas terminadas para que puede mostrar todas las tareas que ha completado escogiendo View➪Current View➪Completed Tasks (podría resultar útil en el momento de la revisión). Para eliminar una tarea de la memoria de Outlook, debe hacerlo de forma específica —los detalles vienen más adelante.

Eliminar una tarea

Después de que completa una tarea (o decide ignorarla permanentemente), quizás desee eliminarla de Outlook para que no aglomere su pantalla. He aquí cómo hacerlo:

1. **Haga doble clic sobre la tarea que desea eliminar.**

   Aparece el recuadro de diálogo Task.

2. **Escoja Edit➪Delete, pulse Ctrl+D o haga clic sobre el icono Delete en la barra de herramientas del recuadro de diálogo de la tarea.**

   Outlook elimina su tarea escogida.

Si elimina una tarea por error, pulse Ctrl+Z inmediatamente y Outlook amablemente la recupera.

Capítulo 16

Organizar su Correo Electrónico

• •

En este Capítulo

▶ Instalar Outlook

▶ Hacer un libro de direcciones

▶ Escribir y enviar correo electrónico

▶ Leer y responder el correo electrónico

• •

*H*oy en día, casi todas las personas tienen una cuenta de correo electrónico —algunas incluso tienen varias. Si está utilizando varias cuentas de correo electrónico, sus mensajes pueden ser esparcidos por diferentes lugares, para que tenga tiempo de aclarar quién le mandó qué a quién.

Outlook puede ayudarle no solo a escribir, enviar y leer correo electrónico, sino también encauzar todo su correo electrónico desde sus Cuentas de Internet a un buzón central. De esta forma, cuando desea leer, escribir o eliminar correo electrónico, puede hacer todo esto desde un solo programa.

Instalar Outlook para Trabajar con Correo Electrónico

Cuando instala Microsoft Office XP, Outlook explora dentro de su computadora y encuentra lo que necesita para poder trabajar con el correo electrónico desde una cuenta de Internet. Sin embargo, puede más adelante agregar o cancelar una cuenta de Internet, así que necesita saber cómo indicarle a Outlook acerca de estos cambios en su correo electrónico.

Definir una cuenta de correo electrónico para Outlook requiere detalles técnicos, como conocer su POP3 de Internet o información de SMTP. Si no tiene la menor idea de lo que esto puede ser, llame a su proveedor de servicios de la Internet para ayudarle o pídale a un amigo que lo rescate.

Agregar cuentas de correo electrónico a Outlook

Para agregar una cuenta de correo electrónico a Outlook, siga estos pasos:

1. **Escoja Tools⇨Options.**

   Aparece el recuadro de diálogo Options.

2. **Haga clic sobre la pestaña Mail Setup.**

   Se abre la pestaña Mail Setup, como se muestra en la Figura 16-1.

Figura 16-1: La pestaña Mail Setup, en el recuadro de diálogo Options, es donde puede especificar una cuenta de correo electrónico para utilizarla con Outlook.

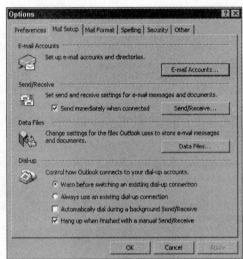

3. **Haga clic sobre el botón E-mail Accounts.**

   Aparece el recuadro de diálogo E-mail Accounts, como se muestra en la Figura 16-2.

4. **Haga clic sobre el botón de opción Add a New E-mail Account y luego haga clic sobre Next.**

   Un recuadro de diálogo E-mail Accounts le pregunta su tipo de servidor, como se muestra en la Figura 16-3.

   Si se está conectando a una cuenta de Internet que lo obliga a marcar su línea telefónica, haga clic sobre el botón de opción POP3. Si desea conectarse a Hotmail, Yahoo!, u otra cuenta de correo electrónico basada en la Web, haga clic sobre el botón de opción HTTP. Hable con un experto en computadoras (preferiblemente uno cercano) para ayudarle a utilizar las otras opciones, que a menudo son utilizadas para conectar Outlook a una cuenta corporativa de correo electrónico en una red de área local.

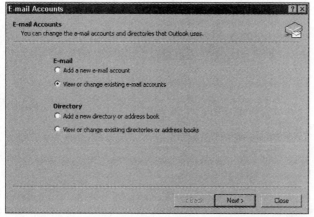

Figura 16-2: El recuadro de diálogo E-mail Accounts le permite agregar una nueva cuenta de correo electrónico o modificar una existente.

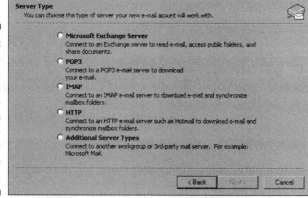

Figura 16-3: Para instalar una cuenta de correo electrónico con Outlook, necesita conocer el tipo de servidor.

5. **Haga clic sobre una opción Server Type (como POP3) y haga clic sobre Next.**

Dependiendo de la opción que escoja, aparece otro recuadro de diálogo, pidiéndole digitar detalles técnicos sobre su cuenta de correo electrónico, como el nombre de su servidor de correo.

6. **Digite la información requerida en los recuadros de texto User information.**

La información típica sobre el usuario incluye lo siguiente:

- **Your Name:** su nombre

- **E-mail address:** dirección actual del correo electrónico, por ejemplo, `yourname@isp.net`.

- **Incoming mail server (POP3):** información POP3 del proveedor de servicios de la Internet, por ejemplo pop.yourisp.net.

- **Outgoing mail server (SMTP):** información SMTP del proveedor de servicios de la Internet, por ejemplo `smtp.yourisp.net`.

- **User Name:** nombre de su cuenta de Internet, por lo general la primera porción de su dirección de correo electrónico, como Jsmith si dicha dirección es `Jsmith@meISP.net`.

- **Password:** la contraseña le permite mágicamente acceder su cuenta

7. **Haga clic sobre Next.**

   Aparece otro recuadro de diálogo informándole que ha creado exitosamente una cuenta de correo electrónico para trabajar con Outlook.

8. **Haga clic sobre Finish.**

   Aparece el recuadro de diálogo Options de nuevo.

9. **Haga clic sobre OK.**

Eliminar cuentas de correo electrónico de Outlook

Si se va a una compañía diferente o cambia el proveedor de servicios de la Internet, su vieja cuenta de correo electrónico ya no será válida. En lugar de mantener esta información obsoleta guardada en Outlook, elimínela para evitar enviar y recuperar correo electrónico desde una cuenta muerta de correo electrónico. Para eliminar una cuenta de correo electrónico de Outlook, siga estos pasos:

1. **Escoja Tools⇨Options.**

   Aparece el recuadro de diálogo Options (refiérase a la Figura 16-1).

2. **Haga clic sobre la pestaña Mail Setup.**

3. **Haga clic sobre el botón E-mail Accounts.**

   Aparece el recuadro de diálogo E-mail Accounts (refiérase a la Figura 16-2.)

4. **Haga clic sobre el botón de opción View o Change Existing E-mail Accounts y haga clic sobre Next.**

   Aparece una lista de cuentas de correo electrónico, como se muestra en la Figura 16-4

5. **Haga clic sobre la cuenta de correo electrónico de Internet que desea eliminar y luego haga clic sobre el botón Remove.**

   Aparece el recuadro de diálogo preguntándole si está seguro de querer eliminar su cuenta de correo electrónico.

6. **Haga clic sobre Yes.**

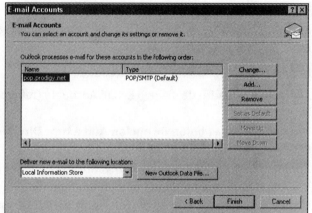

Figura 16-4:
Visualizar una lista de cuentas de correo electrónico existentes en Outlook.

7. **Haga clic sobre Finish.**

   Aparece de nuevo el recuadro de diálogo Options.

8. **Haga clic sobre OK.**

Almacenar sus direcciones de correo electrónico en Outlook

El problema con las direcciones de correo electrónico es que se ven tan crípticas como un gato caminando por su teclado. Las direcciones típicas de Internet consisten en letras separadas por puntos y ese carácter tonto (@), como en `yourname@yourisp.net`.

Si digita un carácter equivocado, Outlook no sabrá cómo enviar el correo electrónico al destino correcto. En un intento desesperado por hacer las computadoras menos hostiles para el usuario, Outlook le permite almacenar nombres y direcciones de correo electrónico en el Address Book (Libro de direcciones). De esta forma, solo necesita digitar la dirección de correo electrónico correcta una vez. Después, puede solo escoger una dirección haciendo clic sobre un nombre de la lista.

Hacer un libro de direcciones

Para hacer un Libro de direcciones personal, siga estos pasos:

1. **Escoja Tools⇨Options.**

   Aparece el recuadro de diálogo Options (refiérase a la Figura 16-1).

2. **Haga clic sobre la pestaña Mail Setup.**

3. **Haga clic sobre el botón E-mail Accounts.**

   Aparece el recuadro de diálogo E-mail Accounts (refiérase a la Figura 16-2).

4. **Haga clic sobre el botón de opción Add a New Directory o Address Book y haga clic sobre Next.**

   Aparece un recuadro de diálogo preguntándole qué tipo de directorio o libro de direcciones desea crear.

5. **Haga clic sobre el botón de opción Additional Address Books y haga clic sobre Next.**

   Aparece un recuadro de diálogo pidiéndole que escoja un tipo para el libro de direcciones.

6. **Haga clic sobre Personal Address Book y haga clic sobre Next.**

   Aparece el recuadro de diálogo Personal Address Book (Libro de direcciones personal), como se muestra en la Figura 16-5.

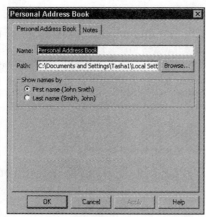

Figura 16-5:
El Personal
Address
Book le per-
mite definir
un nombre,
ubicación y
forma de
mostrar los
nombres en
su libro de
direcciones.

7. **Haga clic sobre el recuadro de texto Name y digite un nombre para su libro de direcciones, como** Lista de Perdedores o Amigos que me Deben Dinero.

8. **Haga clic sobre el recuadro de texto Path y digite la ruta donde desea almacenar la información de su libro de direcciones.**

Puede hacer clic sobre el botón Browse para visualmente hacer clic y escoger la carpeta donde desea almacenar la información de su libro de direcciones.

9. **Haga clic sobre el botón de opción First Name o Last Name bajo el grupo Show Names By.**

La opción First Name despliega nombres, como John E. Doe, mientras la opción Last Name despliega nombres con el último apellido primero, como Doe, John E. La opción que escoja es simplemente cosmética y refleja la forma en que prefiere ver los nombres en su libro de direcciones.

10. **Haga clic sobre OK.**

Aparece el recuadro de diálogo informándole que no puede acceder su libro de direcciones recién creado hasta que reinicie Outlook.

11. **Haga clic sobre OK dos veces.**

Antes de que utilice su Libro de direcciones personal, debe salirse de Outlook y reiniciarlo.

Meter direcciones en su Libro de direcciones personal

Después de que cree su Libro de direcciones personal, puede empezar a almacenar nombres y direcciones en él. Para almacenar un nombre y la dirección de correo electrónico en Outlook, siga estos pasos:

1. **Cambie a la vista Contacts haciendo clic sobre Contacts en la barra Outlook o escogiendo View⇨Go To⇨Contacts.**

   Aparece la vista Contacts.

2. **Escoja Tools⇨Address Book o pulse Ctrl+Shift+B.**

   Aparece la ventana Address Book, como se muestra en la Figura 16-6.

New Entry icon

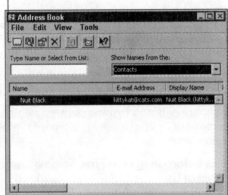

Figura 16-6:
La ventana Address Book despliega una lista de todos sus contactos.

3. **Escoja File⇨New Entry o haga clic sobre el icono New Entry.**

   Aparece el recuadro de diálogo New Entry.

4. **Haga clic sobre el recuadro de lista In The bajo el grupo Put This Entry y escoja el nombre del libro de direcciones donde desea almacenar su nueva entrada, como Personal Address Book o My List of Losers.**

5. **Haga clic sobre OK.**

   Aparece el recuadro de diálogo New Other Address Properties, como se muestra en la Figura 16-7.

Figura 16-7:
El recuadro
de diálogo
New Other
Address
Properties
es donde
puede digi-
tar nombres
y direccio-
nes de
correo
electrónico.

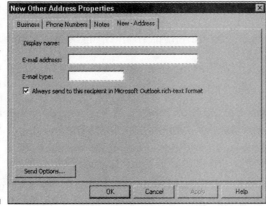

6. **Digite el nombre y dirección de correo electrónico de la perso-na en los recuadros de texto adecuados.**

El recuadro de texto E-mail Type es donde puede digitar una pe-queña descripción del nombre y dirección de correo electrónico que digitó. Algunas descripciones de muestra podrían ser "Ami-go" o "BuenProspecto".

7. **Haga clic sobre OK.**

Outlook despliega su entrada en la ventana Address Book.

8. **Para hacer desaparecer la ventana Address Book, escoja Fi-le⊏>Close o haga clic sobre el recuadro Close (la X en la esquina superior derecha).**

Cuando digita y guarda direcciones de correo electrónico en la vista Contact (refiérase al Capítulo 15 para más información acerca de al-macenar direcciones de correo electrónico en la vista Contact), Ou-tlook agrega estas direcciones en su Libro de direcciones para que pueda hacer clic sobre la que desea utilizar sin tener que digitarla toda de nuevo.

Crear un Mensaje de Correo Electrónico

Puede escribir un correo electrónico en Outlook cuando esté en lí-nea (conectado a la Internet) o cuando esté fuera de línea (no conec-tado a la Internet).

No necesita conectarse a la Internet para escribir un correo electróni-co, pero eventualmente tendrá que hacerlo para enviarlo.

Para crear un mensaje de correo electrónico, siga estos pasos:

1. **Escoja View⇨Go To⇨Inbox o pulse Crl+Shift+I.**

   Aparece la vista Inbox (Bandeja de Entrada).

2. **Haga clic sobre el botón New en la barra de herramientas, esco-ja Actions⇨New Mail Message o pulse Ctrl+N.**

   Aparece el recuadro de diálogo Message, como se muestra en la Figura 16-8.

3. **Haga clic sobre el recuadro de texto To y digite la dirección de correo electrónico donde desea enviar su mensaje.**

Haga clic sobre el botón To para mostrar un recuadro de diálogo Select Names y luego haga doble clic sobre el nombre del recep-tor. Luego haga clic sobre OK. Si el receptor no está en su Libro de direcciones, digite la dirección en el recuadro To (por ejemplo, `myfriend@isp.net`).

Para enviar el mismo correo electrónico a dos o más personas, haga clic sobre el botón To y luego haga doble clic sobre otro nombre. En caso de que dese digitar una dirección de correo elec-trónico (porque no la almacenó en el Libro de direcciones), solo digite cualquier dirección adicional separada por un punto y coma: `john@doe.com; jane@doe.com`.

Para enviar una *copia al carbón* (hablando en términos del siglo veintiuno, un *mensaje idéntico*) del correo electrónico a otras personas, haga clic sobre el botón Cc. Outlook despliega el re-cuadro de diálogo Select Names que le permite escoger direc-ciones de correo electrónico para las personas a las que desea enviarles el mensaje. Puede también digitar otra dirección di-rectamente en el recuadro Cc.

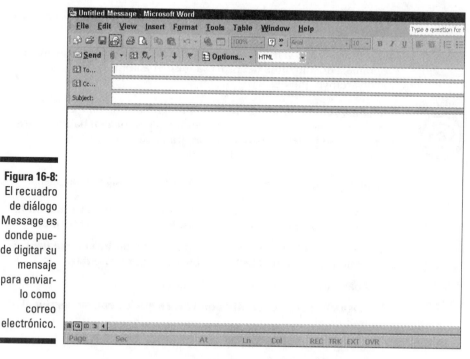

Figura 16-8:
El recuadro de diálogo Message es donde puede digitar su mensaje para enviarlo como correo electrónico.

Aunque al hacer clic sobre los botones To y Cc puede enviar el correo electrónico a dos o más personas, el botón Cc fue concebido más para enviar un correo electrónico a alguien e informarlo de su correspondencia sin necesariamente tener que responder.

4. **Haga clic sobre el recuadro Subject y digite un asunto para su mensaje.**

Por ejemplo, digite **Planes secretos para eliminar la gravedad del planeta.**

5. **Haga clic sobre el recuadro de texto grande en la parte inferior del recuadro de diálogo Message y digite el mensaje.**

Si desea enviar un archivo junto con su correo electrónico, no siga el Paso 6 todavía. En lugar de ello, siga las instrucciones de la sección siguiente, "Adjuntar archivos al correo electrónico", y luego regrese al Paso 6.

Escoja Tools⇨Spelling o pulse F7 para revisar la ortografía de su mensaje.

6. **Haga clic sobre el botón Send.**

Outlook envía su correo electrónico inmediatamente si está actualmente conectado a la Internet. De lo contrario, Outlook lo almacena en la carpeta Outbox (Bandeja de Salida).

Adjuntar archivos al correo electrónico

En lugar de solo enviar texto puro, puede también enviar ilustraciones, programas, documentos del procesador de palabras o cualquier otro tipo de archivo que desee.

Trate de no enviar archivos masivos más grandes de un megabyte. Cuán más grande sea, más tiempo durará la persona en bajarlo. Para comprimir archivos, considere un programa de compresión de archivos, como WinZip (`www.winzip.com`).

Para adjuntar un archivo a su correo electrónico, siga estos pasos:

1. **Cree su correo electrónico siguiendo los Pasos del 1 al 5 en la sección anterior, "Crear un Mensaje de Correo Electrónico".**

2. **Escoja Insert⇨File o haga clic sobre el icono Insert File (se ve como un sujetapapeles) en la barra de herramientas.**

   Aparece el recuadro de diálogo Insert File.

3. **Haga clic sobre el archivo que desea enviar con su correo electrónico.**

   Quizás deba intercambiar controladores o carpetas para encontrar el archivo que desea enviar.

4. **Haga clic sobre Insert.**

   Outlook despliega un icono y, su archivo escogido, en un recuadro de texto Attach, directamente debajo del recuadro de texto Subject. En este punto, está listo para enviar su correo electrónico.

   Puede adjuntar varios archivos a un mensaje de correo electrónico. Solo repita los Pasos del 2 al 4 para cada archivo individual que desea adjuntar.

5. **Haga clic sobre el botón Send.**

   Outlook envía su correo electrónico junto con el archivo adjunto.

Utilizar la carpeta Outbox (Bandeja de Salida)

Hasta que se conecte a la Internet, Outlook almacena cualquier mensaje de correo electrónico que no ha enviado aun en la carpeta Outbox.

Visualizar y editar mensajes en la carpeta Outbox

Para visualizar todos los mensajes atrapados en su carpeta Outbox, siga estos pasos:

1. **Escoja View⇨Go To⇨Folder o pulse Ctrl+Y (como un acceso directo, haga clic sobre Outbox bajo el encabezado Messages en la vista Outlook Today. Luego salte al Paso 3).**

   Aparece el recuadro de diálogo Go to Folder.

2. **Haga clic sobre el icono Outbox y haga clic sobre OK.**

   Outlook despliega una lista de mensajes de correo electrónico esperando ser enviados.

3. **Haga doble clic sobre el mensaje de correo electrónico que desea visualizar.**

   Puede editar su mensaje de correo electrónico.

4. **Haga clic sobre el botón Save y escoja File⇨Close para almacenar su correo electrónico de nuevo en la carpeta Outbox.**

Para enviar su correo electrónico almacenado en la carpeta Outbox, siga los pasos de la sección siguiente.

Enviar un correo electrónico desde la carpeta Outbox

Los mensajes almacenados en la carpeta Outbox permanecen allí hasta que ocurra una de estas dos condiciones:

- ✔ Los envía manualmente.

- ✔ Puede configurar Outlook para enviar todos los correos electrónicos almacenados en el Outbox automáticamente en el momento que se conecta a la Internet (o red de área local).

Para enviar manualmente correo electrónico desde la carpeta Outbox, siga estos pasos:

1. **Escoja View⇨Go To⇨Folder o pulse Ctrl+Y (como un acceso directo, haga clic sobre Outbox bajo el encabezado Messages en la vista Outlook Today. Luego salte al Paso 3).**

   Aparece el recuadro de diálogo Go To Folder.

2. **Haga clic sobre el icono Outbox y haga clic sobre OK.**

   Outlook despliega una lista de mensajes de correo electrónico que están esperando ser enviados.

3. **Haga clic sobre el mensaje de correo electrónico que desea enviar.**

   Para escoger más de un mensaje de correo electrónico, sostenga la tecla Ctrl y haga clic sobre cada mensaje que desea enviar. Para seleccionar un rango continuo de mensajes de correo electrónico, haga clic sobre el primer mensaje que desea enviar, sostenga la tecla Shift y luego haga clic sobre el último mensaje que desea enviar.

4. **Haga clic sobre el botón Send/Receive.**

   Si no está conectado a la Internet, aparece un recuadro de diálogo pidiéndole el nombre de usuario y una contraseña a su cuenta de Internet para que Outlook pueda conectarse y enviar su correo electrónico.

Si enviar manualmente su correo electrónico desde Outbox le parece complicado, haga que Outlook envíe su correo electrónico automáticamente. Si desea configurar Outlook para enviar correo electrónico automáticamente desde su carpeta Outbox, siga estos pasos:

1. **Escoja Tools⇨Options.**

   Aparece el recuadro de diálogo Options (refiérase a la Figura 16-1).

2. **Haga clic sobre la pestaña Mail Setup.**

3. **Haga clic sobre la casilla de verificación Send Immediately When Connected que aparece bajo la categoría Send/Receive (si ya aparece una marca en la casilla de verificación, sáltese este paso).**

4. **Haga clic sobre OK.**

   De ahora en adelante, Outlook automáticamente envía todos los correos electrónicos desde Outbox tan pronto se conecte a la Internet.

Recuperar y Leer Correo Electrónico

Con la mayoría de las cuentas de Internet, puede utilizar Outlook para leer y organizar su correo electrónico.

Si está utilizando America Online, no podrá utilizar Outlook para leer su correo electrónico.

Recuperar correo electrónico

Para recuperar correo electrónico, siga estos pasos:

1. **Escoja View⇨Go To⇨Inbox, pulse Ctrl+Shift+I o haga clic sobre My Shortcuts en la barra Outlook y haga clic sobre el icono Inbox.**

   Aparece la vista Inbox.

2. **Escoja Tools➪Send/Receive.**

   Aparece un menú de selección enumerando las Cuentas de Internet que ha definido para Outlook.

3. **Haga clic sobre la cuenta de Internet de la que desea recuperar el correo.**

   Si Outlook encuentra un correo electrónico para usted, amablemente se lo almacena en la carpeta Inbox.

Si ya está conectado a su cuenta de Internet, puede recuperar su correo electrónico haciendo clic sobre el botón Send/Receive en la barra de herramientas.

Leer un mensaje de correo electrónico

Para leer un mensaje de correo electrónico, siga estos pasos:

1. **Escoja View➪Go To➪Inbox, pulse Ctrl+Shift+I o haga clic sobre Inbox, bajo el encabezado Messages en la vista Outlook Today.**

   Aparece la vista Inbox.

2. **Haga clic sobre el mensaje de correo electrónico que desea leer.**

   Los contenidos de su mensaje escogido aparecen en la parte inferior de la pantalla.

3. **Escoja File➪Close o haga clic sobre el recuadro Close de la ventana de mensaje.**

4. **Después de que termina de leer el mensaje, haga clic sobre otro mensaje.**

   Si desea responder un mensaje de correo electrónico, sáltese el Paso 3 y siga los pasos enumerados en la sección siguiente, "Responder un mensaje de correo electrónico".

Responder un mensaje de correo electrónico

A menudo necesita responder a alguien que le ha enviado un mensaje de correo electrónico, ya sea por cortesía o porque desea algo de ellos. Responder el correo electrónico es fácil, ya que Outlook automáticamente sabe dónde enviar su respuesta sin tener que redigitar esa dirección críptica. Para responder un mensaje de correo electrónico, siga estos pasos:

1. **Siga los Pasos 1 y 2 de la sección anterior, "Leer un mensaje de correo electrónico".**

2. **Escoja Actions⇨Reply, pulse Ctrl+R o haga clic sobre el botón Reply en la barra de herramientas.**

   Si desea que su respuesta llegue a todas las personas que recibieron el mensaje original, escoja Actions⇨Reply to All, pulse Ctrl+Shift+R o haga clic sobre el botón Reply to All en la barra de herramientas.

   Aparece el recuadro de diálogo Message con una copia del mensaje original en la ventana de mensaje y el receptor de la dirección de correo electrónico (o las direcciones de correo electrónico del receptor) ya digitadas para usted.

3. **Digite su respuesta y luego haga clic sobre el botón Send.**

Reenviar correo electrónico

En lugar de responder un correo electrónico, quizás desee pasar un mensaje a alguien más, lo que puede ser una forma maravillosa de distribuir bromas mientras trabaja. Pasar un mensajes de correo electrónico se conoce (en círculos más técnicos) como *forwarding (reenviar)*. Para reenviar un mensaje de correo electrónico, siga estos pasos:

1. **Siga los Pasos 1 y 2 en la sección, "Leer un mensaje de correo electrónico", anteriormente en este capítulo.**

2. **Escoja Actions⇨Forward, pulse Ctrl+F o haga clic sobre el botón Forward en la barra de herramientas.**

   Aparece el recuadro de diálogo Message con el mensaje de correo electrónico original ya digitado para usted.

3. **Digite la dirección de la persona a quien desea enviar el correo electrónico.**

   Si desea enviar un correo electrónico a una dirección almacenada en su Libro de Direcciones, haga clic sobre el botón To y luego sobre el nombre del receptor. Si desea enviar el mensaje a alguien más que no esté en su Libro de direcciones, entonces debe digitarla en el recuadro To.

4. **Digite cualquier mensaje adicional que desea enviar junto con el mensaje reenviado.**

5. **Haga clic sobre el botón Send.**

Eliminar un Correo Electrónico Viejo

Si no está alerta, quizás encuentre que su Inbox está sobrecargado con mensajes de correo electrónico viejos que ya no necesita. En lugar de perder espacio valioso en el disco duro almacenando mensajes inútiles, tome algo de tiempo periódicamente para limpiar su Inbox.

Aparte del Inbox, otra carpeta que puede estar aglomerada es la Sent Items (Elementos Enviados), que contiene copias de cada mensaje de correo electrónico que ha enviado. Aunque podría desear mantener un registro de estos mensajes para futura referencia, probablemente desea limpiar al menos parte de estos mensajes en algún punto.

Eliminar correo electrónico

Para eliminar un mensaje de correo electrónico en su carpeta Inbox o Sent Items, siga estos pasos:

1. **Escoja View⇨Go To⇨Inbox, pulse Ctrl+Shift+I o haga clic sobre My Shortcuts en la barra Outlook y haga clic sobre el icono Inbox.**

   Si desea eliminar viejos mensajes almacenados en la carpeta Sent Items, escoja View⇨Go To⇨Folder, haga clic sobre el icono Sent Items y luego sobre OK para enumerar todos los mensajes en su carpeta Sent Items.

2. **Haga clic sobre el mensaje que desea eliminar.**

   Si desea eliminar varios mensajes, sostenga la tecla Ctrl y haga clic sobre cada mensaje que desea eliminar. Si desea eliminar un rango de mensajes, sostenga la tecla Shift, haga clic sobre el primer mensaje que desea eliminar y luego haga clic sobre el último.

3. **Escoja Edit⇨Delete, pulse Ctrl+D o haga clic sobre el botón Delete en la barra de herramientas.**

   Outlook elimina sus mensajes escogidos.

Cuando elimina mensajes, Outlook los almacena en la carpeta Deleted Items (Mensajes Eliminados) para darle la última oportunidad de recuperar cualquier mensaje que desea guardar antes de eliminarlo permanentemente (refiérase a "Recuperar un correo electrónico desde Send Items (Elementos Eliminados)" a continuación).

Recuperar un correo electrónico desde Deleted Ítems (Elementos Eliminados)

Si elimina un mensaje de su carpeta Inbox o Sent Items y de repente decide que lo necesita, todavía puede recuperarlo de su carpeta Deleted Items. Para recuperar correo electrónico de la carpeta Deleted Items, siga estos pasos:

1. **Haga clic sobre el icono Deleted Items en la barra Outlook.**

   O escoja View⇨Go To⇨Folder, haga clic sobre el icono Deleted Items y luego haga clic sobre OK para abrir la carpeta Deleted Items.

2. **Haga clic sobre el mensaje de correo electrónico que desea recuperar.**

   Si desea recuperar una serie de mensajes, puede seleccionarlos sosteniendo la tecla Ctrl y haciendo clic sobre cada uno.

3. **Escoja Edit⇨Move to Folder o pulse Ctrl+Shift+V.**

   Aparece el recuadro de diálogo Move Items.

4. **Haga clic sobre el icono Inbox y luego haga clic sobre OK.**

   Aparece el mensaje en el Inbox en su condición original (si desea, puede escoger una carpeta diferentes a Inbox).

Eliminar un correo electrónico para siempre

Hasta que elimine sus mensajes de correo electrónico de la carpeta Deleted Items, estos pueden ser recuperados y ser leídos por otros. Al menos, sus mensajes no deseados todavía están allí y ocupan espacio en su disco duro hasta que los elimine para siempre.

Después de que elimina correo electrónico de la carpeta Deleted Items, no podrá nunca recuperarlos. Así que asegúrese de lo que hace.

Para eliminar correo electrónico de su computadora para siempre, siga estos pasos:

1. **Haga clic sobre el icono Deleted Items en la barra Outlook.**

   O escoja View⇨Go To⇨Folder, haga clic sobre el icono Deleted Items y luego sobre OK.

2. **Haga clic sobre el mensaje de correo electrónico que desea eliminar.**

   Si desea eliminar una serie de mensajes simultáneamente, puede seleccionar varios mensajes sosteniendo la tecla Ctrl y haciendo clic sobre cada uno.

3. **Escoja Edit⇨Delete o pulse Ctrl+D.**

   Aparece un recuadro de diálogo advirtiéndole acerca de eliminar permanentemente el mensaje de correo electrónico.

4. **Haga clic sobre el botón Yes.**

   Dé un beso de despedida a sus mensajes de correo electrónico (es más silencioso que una risa maniática).

Si está apurado y desea tirar todo el correo electrónico almacenado en la carpeta Deleted Items, escoja Tools⇨Empty "Deleted Items" Folder.

Parte VI
Almacenar Cosas en Access

La 5a Ola   Por Rich Tennant

"HICISTE CLIC SOBRE LA BARRA
DE MENÚ 'AYUDA' RECIENTEMENTE?
EL SR. GATES ESTÁ AQUÍ Y QUIERE
SABER SI TODO ESTÁ BIEN".

En esta parte . . .

*L*as computadoras personales brindan una excelente
herramienta para almacenar grandes trozos de información en bases de datos para que no tenga que almacenarla en gavetas de archivos. Las bases de datos no solo
pueden almacenar grandes cantidades de información,
sino que pueden acomodar y buscar información, lo que
las hace particularmente valiosas para los negocios que
necesitan darle seguimiento a sus clientes, inventarios o
activos. Así que no es ninguna sorpresa que cuánto más
avanzadas (y caras) sean las versiones de Microsoft Office
XP, se incluya un programa de base de datos especial llamado (¿cómo era?) Access.

Para aquellos de ustedes que disfrutan descifrando ter-
minología de computación, Access es una base de datos
relacional. Para aquellos de ustedes que prefieren el
inglés, la oración anterior significa que Access le permite almacenar muchas cosas en una variedad de
formas para que pueda encontrarlas de nuevo – rápido –
cuando las necesite.

Esta parte del libro lo inicia en el almacenamiento de
cosas en Access. La meta es hacerlo sentirse lo suficientemente cómodo para crear bases de datos con Access con
el fin de poder almacenar grandes cantidades de información útil en su computadora.

Capítulo 17

Meter Información en una Base de Datos

En este Capítulo

▶ Comprender los elementos básicos de las bases de datos

▶ Introducir sus datos

▶ Visualizar sus datos

Aparte del poder de las computadoras personales, muchas personas aun insisten en almacenar nombres, direcciones y teléfonos importantes en archivos tipo Rolodex, tarjetas o papeles amontonados en carpetas. Aunque algunas veces es conveniente, el papel es terrible para recuperar y analizar información. Solo vea una gaveta típica y pregúntese cuánto tiempo necesita para encontrar los nombres y números telefónicos de cada cliente que vive en Missouri que ordenó más de $5,000 de sus productos en los últimos seis meses (¿Aterrador, no es cierto?).

En lugar de quebrarse la cabeza o buscar pedacitos de papel, intente utilizar Microsoft Access para organizar su información. Access le permite almacenar, recuperar, acomodar, manipular y analizar información —haciendo los patrones o tendencias en sus datos más fáciles de encontrar (así que puede decir si su compañía está perdiendo dinero y podrá pensar sobre otra reducción en su tamaño). Cuando más conozca su información, mejor podrá lidiar con competidores, compañeros o supervisores con menos conocimiento (o incluso, *dejar boquiabiertos a los iletrados de la computación*).

Para almacenar nombres y direcciones, puede encontrar a Outlook mucho más fácil y rápido que Access (para más sobre Outlook, vaya a la Parte V). Si necesita almacenar información más complicada, como facturas de clientes o números de parte del inventario, utilice Access.

Database 101

Access es una *base de datos relacional* programable, que puede sonar intimidante (o estúpida), pero consiste en algo sencillo: Access no es más que una gaveta de archivo virtual sofisticado —donde tira información y la saca de nuevo, casi instantáneamente, sin golpearse los dedos. Sin embargo, antes de poder realizar esta proeza, tiene que decirle al programa qué tipo de información desea almacenar. Un archivo típico de Access (almacenado en su disco duro con la extensión de archivo graciosa .MDB, que significa Microsoft database.) está compuesto por los siguientes elementos:

- **One or more fields (Uno o más campos):** un *field (campo)* contiene un pedazo de información, como un nombre, número de fax o número telefónico.

- **One or more records (Uno o más registros):** un *record (registro)* contiene dos o más campos relacionados, por ejemplo, el registro de un empleado podría contener el nombre, número telefónico y número de identificación del empleado.

- **One or more database tables (Una o más tablas de la base de datos):** una *database table (tabla de base de datos)* almacena su información y la despliega como uno o más registros en filas y columnas, muy parecido a una hoja electrónica. Las Tablas de bases de datos son convenientes para visualizar múltiples registros simultáneamente, como acomodar todos los registros alfabéticamente por nombre.

- **One or more forms (Uno o más formularios):** un *form (formulario)* típicamente despliega un registro a la vez, como el nombre, dirección y número telefónico de una persona. Los formularios suministran una forma conveniente de introducir y visualizar datos almacenados en una tabla de base de datos.

- **One or more reports (Uno o más reportes):** un *report (reporte)* contiene formas predefinidas de mostrar sus datos ya sea en la pantalla o impresos. Los reportes le ayudan a darle sentido a la información almacenada en su base de datos como imprimir una lista de empleados que ganan más de $50,000 al año y trabajan en Iowa.

En el nivel más sencillo, puede utilizar Access solo para almacenar información, como los nombres de sus amigos, sus direcciones, su número de teléfono celular y fecha de cumpleaños.

En un nivel más complicado, puede escribir programas miniatura para satisfacer un propósito específico, como administrar un inventario en una compañía de electrónica o crear un programa de lista de correo para caridad.

Este libro se enfoca principalmente en los usos más sencillos para Access al almacenar datos y recuperarlos de nuevo. Si desea aprender más acerca de diseñar bases de datos personalizadas, tome una copia de *Access Para Dummies* por John Kaufeld, publicado por Hungry Minds, Inc.

Crear un nuevo archivo de bases de datos

Piense en una base de datos como la gaveta de un archivo dedicada a mantener un tipo de datos —digamos información relacionada con impuestos o darle seguimiento al inventario de su negocio. Cuando desea crear una base de datos, Access le brinda dos opciones.

✔ **Crear una base de datos de la nada,** definiendo los campos (como nombre, número telefónico, número de parte, cumpleaños, etcétera) que describen el tipo de información que desea que tenga la base de datos.

✔ **Utilizar el Access Database Wizard** para ayudarle a apresurar el proceso de crear una base de datos. Cuando crea una base de datos utilizando el Access Database Wizard, Access crea una ventana especial, llamada *Main Switchboard window*. La ventana Main Switchboard brinda una lista de acciones que puede utilizar con la información de sus bases de datos (como agregar nueva información), de manera que no tenga que utilizar un formulario o tabla de Access.

La mayoría del tiempo, el Access Database Wizard es la forma más sencilla de crear una base de datos. Recuerde, siempre puede modificar una base de datos después de crearla con el asistente. Deje el comenzar de la nada a aquellos que tienen demasiado tiempo.

Para crear un nuevo archivo de base de datos utilizando el Database Wizard, siga estos pasos:

1. **Inicie Microsoft Access.**

   Aparece el panel New File (como se muestra en la Figura 17-1), dándole una opción de crear una nueva base de datos o abrir una existente.

2. **Haga clic sobre General Templates bajo la categoría New from Template.**

   Aparece el recuadro de diálogo Templates, como se muestra en la Figura 17-2.

3. **Haga clic sobre la pestaña Databases.**

   Access le muestra una lista de bases de datos predefinidas que puede personalizar.

4. **Haga clic sobre el tipo de base de datos que desea utilizar (como Asset Tracking, Inventory Control o Contact Management) y luego haga clic sobre OK.**

   Nota: Dependiendo de cuál base de datos escoge, lo que Access le muestra difiere levemente de lo que ve en este libro. Las figuras en este capítulo muestran qué ocurre cuando escoge el Contact Management Database Wizard.

   Aparece el recuadro de diálogo File New Database.

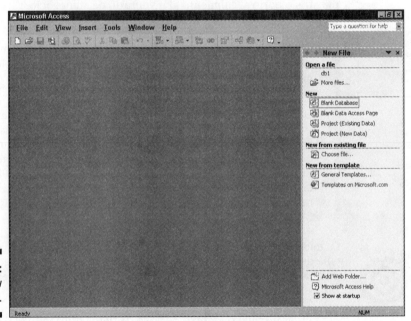

Figura 17-1:
Panel New
File.

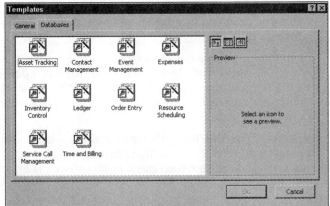

Figura 17-2:
Recuadro
de diálogo
Templates.

5. **Digite un nombre para su base de datos en el recuadro File Name y haga clic sobre el botón Create.**

Si desea almacenar su base de datos en una carpeta específica, haga clic sobre el recuadro de lista Save In y escoja la carpeta.

Después de unos cuantos segundos, aparece el recuadro de diálogo Database Wizard, permitiéndole conocer el tipo información que la base de datos almacenará.

6. **Haga clic sobre N̲ext.**

Aparece otro recuadro de diálogo Database Wizard, enumerando las tablas y campos que está listo para crear. Refiérase a la Figura 17-3.

Figura 17-3:
El Database
Wizard enu-
mera las ta-
blas y cam-
pos de su
archivo.

7. Haga clic sobre las casilla de verificación de los campos adicionales que desea almacenar en su base de datos, luego haga clic sobre Next.

Si su base de datos consiste en dos o más tablas, quizás deba hacer clic sobre cada tabla en el lado izquierdo del recuadro de diálogo Database Wizard y luego repetir el paso 6 para escoger cualquier campo adicional para agregar a cada tabla de la base de datos.

Aparece otro recuadro de diálogo Database Wizard, dándole la oportunidad de seleccionar una ilustración de fondo para sus formularios de base de datos, como se muestra en la Figura 17-4.

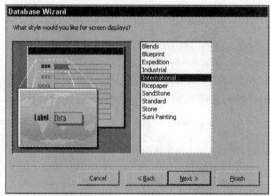

Figura 17-4:
Puede escoger diferentes fondos para sus bases de datos.

8. Escoja un estilo de pantalla (Standard si no le gustan los fondos sofisticados) y haga clic sobre Next.

Aparece otro recuadro de diálogo Database Wizard, preguntándole cuál estilo desea utilizar para reportes impresos, como se muestra en la Figura 17-5. Un *report (reporte)* es una copia impresa de la información de sus bases de datos. Un estilo hace que su reporte se vea interesante (aun si no tiene nada importante que decir).

Para ayudarle a escoger el estilo adecuado para sus necesidades, haga clic sobre varios estilos, uno a la vez, y revise la ventana izquierda para saber cómo se ve este.

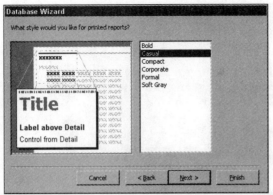

Figura 17-5:
Los estilos
hacen a los
reportes de
sus bases
de datos so-
fisticados.

9. **Escoja un estilo y luego haga clic sobre Next.**

Aparece otro recuadro de diálogo Database Wizard, pidiéndole
un título para la base de datos y preguntándole si desea agregar una ilustración a sus reportes (Access despliega dicho título en la ventana Main Switchboard. El título de la base de datos es decorativo; no afecta el diseño o la organización de su
base de datos del todo).

10. **Digite un título para su base de datos (como Valuable Names o
People I Have to Deal With) y luego haga clic sobre Next.**

Aparece el último recuadro de diálogo Database Wizard
comunicándole que ha terminado con todas las preguntas moles-
tas. Si desea empezar a usar su base de datos inmediatamente,
asegúrese de que la casilla de verificación Yes, Start The Database
esté seleccionada.

11. **Haga clic sobre Finish.**

Access crea su base de datos y despliega la ventana Main Switchboard (una interfaz de usuario simple para acceder a su base de
datos), como se muestra en la Figura 17-6.

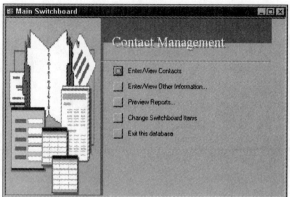

Figura 17-6:
Main
Switch-
board en
Access.

Abrir una base de datos existente

Para abrir un archivo de base de datos que ha creado —para introducir nueva información, visualizar información existente o editar o eliminar información— siga estos pasos:

1. **Inicie Microsoft Access.**

   Access despliega el panel New File (refiérase a la Figura 17-1).

2. **Haga clic sobre el nombre de archivo de la base de datos enumerada bajo la categoría Open a File.**

   Si el nombre del archivo que desea abrir no aparece, haga clic sobre el vínculo More Files para desplegar un recuadro de diálogo Open, de manera que pueda intercambiar controladores o carpetas para encontrar el archivo de base de datos que desea abrir.

Si Access ya está corriendo y desea abrir una base de datos existente, siga estos pasos:

1. **Escoja File⇨Open o pulse Ctrl+O.**

   Se abre el recuadro de diálogo Open.

2. **Haga clic sobre el nombre de la base de datos que desea abrir, luego haga clic sobre Open.**

Ver las partes de su base de datos

Cuando Access utiliza un asistente para crear una base de datos, esta realmente está compuesta por en dos ventanas separadas:

- ✔ La ventana Main Switchboard.
- ✔ La ventana Database.

La ventana Main Switchboard ofrece el método simple de un clic para utilizar su base de datos, de manera que pueda visualizar, editar e imprimir su información (refiérase a la Figura 17-6).

Si crea una base de datos de la nada, esta no tendrá una ventana Main Switchboard.

La ventana Database muestra todas las partes separadas (reportes, módulos, formas, tablas y macros) que conforman su base de datos, como se muestra en la Figura 17-7.

Un reporte le permite imprimir o visualizar datos específicos de su base de datos. El Capítulo 19 ofrece más información acerca de crear y utilizar reportes. Los módulos almacenan programas miniatura escritos en un lenguaje de programación llamado Visual Basic for Applications (VBA), que es utilizado para crear bases de datos personalizadas. Los macros almacenan teclasos comúnmente utilizados para que pueda correr comandos repetitivos con solo presionar un botón.

Para intercambiar entre las ventanas Main Switchboard y Database, escoja <u>W</u>indow➪Main Switchboard o <u>W</u>indow➪Database.

El propósito de la ventana Main Switchboard es ocultar detalles feos de administrar una base de datos. Si realmente quiere involucrarse con la creación, modificación y programación de Access, cambie a la ventana Database. Si solo desea utilizar una base de datos y no le importan los detalles lindos, utilice la ventana Main Switchboard en su lugar.

Utilizar barras de herramientas en Access

Al igual que los programas de Office XP, Access ofrece barras de herramientas que suministran iconos representativos de algunos de los comandos más utilizados que necesita para trabajar. Dos de las barras que utilizará más a menudo son la Database y Form View.

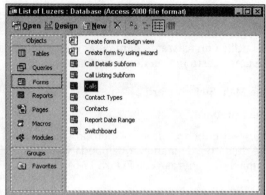

Figura 17-7:
La ventana
Database le
muestra las
partes dife-
rentes que
conforman
su base de
datos de
Access.

La barra de herramientas Database aparece cuando abre la ventana
Database, como se muestra en la Figura 17-8. Esta barra ofrece comandos para abrir o editar la estructura de su base de datos.

- ✔ **Open (Abrir):** despliega parte de su base de datos, como un formulario, tabla o reporte, para que pueda visualizar, agregar y editar la información atrapada dentro de su base de datos.

- ✔ **Design (Diseño):** le permite modificar la estructura y apariencia
  de su base de datos pero no afecta la información real atrapada
  en su base de datos.

- ✔ **Delete (Eliminar):** le permite eliminar parte de su base de datos,
  como un formulario, tabla o reporte.

- ✔ **Large Icons, Small icons, List, and Details (Iconos grandes, Iconos pequeños, Lista y Detalles):** despliega las partes de su base
  de datos en diferentes formas, como representándolas utilizando
  iconos grandes o desplegando detalles adicionales sobre cada
  parte, como la hora y fecha de su última modificación.

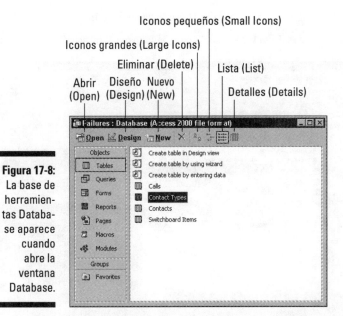

Iconos pequeños (Small Icons)

Iconos grandes (Large Icons)

Eliminar (Delete)   Lista (List)

Abrir   Diseño Nuevo
(Open) (Design) (New)   Detalles (Details)

Figura 17-8:
La base de
herramien-
tas Databa-
se aparece
cuando
abre la
ventana
Database.

La barra de herramientas Form View aparece cuando abre un formulario para visualizar, editar o agregar información a su base de datos, como se muestra en la Figura 17-9. Aunque la barra de herramientas Form View ofrece un número importante de iconos, solo
necesita conocer unos cuantos de ellos para utilizar Access de manera efectiva, incluyendo:

✔ **New Record (Nuevo Registro):** agrega un nuevo registro a su base
de datos.

✔ **Delete Record (Eliminar Registro):** elimina el registro actualmente desplegado desde su base de datos.

Nuevo Registro (New Record)

Barra de Herramientas Form View

Eliminar Registro (Delete Record)

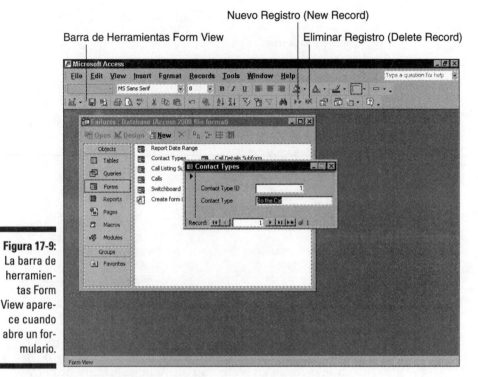

Figura 17-9:
La barra de herramientas Form View aparece cuando abre un formulario.

Utilizar una Base de Datos

Después de que Access crea una base de datos, esta se encuentra completamente vacía (y además completamente inútil) hasta que empieza a meter su información en ella.

Conforme digita información en una base de datos, Access la guarda en su disco (en otros programas de Office XP, como Word o Excel, debe guardar manualmente sus datos pulsando Ctrl+S). De esta forma, si se va la electricidad o si Windows se interrumpe, sus datos estarán (esperamos) aun almacenados en su disco duro.

Introducir información a través de Main Switchboard

La forma más sencilla de meter información en una base de datos nueva o existente es desde la ventana Main Switchboard. Para utilizar la ventana Main Switchboard para agregar nuevos datos, siga estos pasos:

1. **Abra la base de datos que desea utilizar y escoja Window⇨ Main Switchboard.**

   Aparece la ventana Main Switchboard (siga las instrucciones en la sección "Abrir una base de datos existente" si necesita ayuda para abrir un archivo de Access).

2. **Haga clic sobre uno de los botones de Enter/View en la ventana Main Switchboard.**

   Por ejemplo, si desea agregar un nuevo contacto en la base de datos desplegada en la Figura 17-6, haga clic sobre Enter/View Contacts.

   Access despliega un formulario, mostrando el primer registro en su base de datos y los campos donde puede digitar información, como se muestra en la Figura 17-10.

3. **Haga clic sobre el campo donde desea agregar información (como First Name o Address); luego digite dicha información.**

4. **Para digitar la información del próximo registro, escoja Insert⇨New Record, haga clic sobre el botón New Record que aparece en la barra de herramientas Form View o haga clic sobre el botón Next Record en el formulario.**

   Access despliega un registro en blanco.

5. **Repita los Pasos 3 y 4 para cada registro nuevo que desea agregar a su base de datos.**

6. **Después de que introduce la información que desea, haga clic sobre el recuadro Close en la ventana del formulario.**

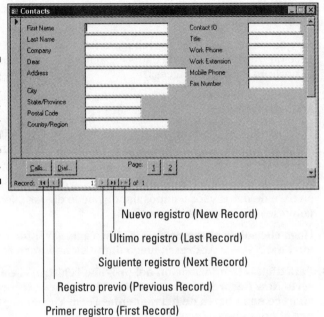

Figura 17-10:
Un formulario típico para digitar información en una base de datos.

Nuevo registro (New Record)

Último registro (Last Record)

Siguiente registro (Next Record)

Registro previo (Previous Record)

Primer registro (First Record)

Si tiene varios registros en una base de datos, puede visualizarlos haciendo clic sobre uno de los siguientes botones que aparecen en el formulario de la base de datos:

- ✔ **Botón First Record:** despliega el primer registro de la base de datos.

- ✔ **Botón Previous Record:** despliega el registro que viene antes del que está visualizando actualmente.

- ✔ **Botón Next Record:** despliega el registro que viene después del que está visualizando actualmente.

- ✔ **Botón Last Record:** despliega el último registro de la base de datos.

Introducir información a través de una tabla o formulario

Si no utiliza el Main Switchboard, debe emplear la ventana Database y escoger si desea introducir información: a través de una tabla o un formulario. Introducir información en una tabla le permite ver varios registros simultáneamente. Introducir información en un formulario le permite ver un registro a la vez.

A Access no le importa si usted introduce información en un formulario o una tabla, ya que los formularios y tablas son solo formas diferentes de visualizar la misma información.

Introducir información en un formulario es equivalente a utilizar el Main Switchboard para introducir esta información.

Para introducir información en una tabla o formulario, siga estos pasos:

1. **Abra una base de datos existente.**

2. **Escoja Window⇨Database.**

   Access despliega la ventana Database (refiérase a la Figura 17-7).

3. **Haga clic sobre el icono Tables o el icono Forms en el panel izquierdo de la ventana Database.**

4. **Haga doble clic sobre la tabla o formulario que desea utilizar para introducir información.**

   Access despliega su tabla o formulario escogido.

5. **Digite sus datos en los campos adecuados.**

   Para moverse de un campo al otro, utilice el mouse, pulse Tab o pulse Shift+Tab.

6. **Cuando termine, haga clic sobre el recuadro Close de la ventana Table o Form.**

Eliminar información

Eventualmente, quizás desee eliminar un dato de un campo individual o incluso los registros enteros. Por ejemplo, puede tener un registro en su base de datos que contiene información sobre alguien a quien no desea hablarle nunca más, como un ex esposo o compañero de cuarto. En lugar de tener el nombre y dirección de esa personas persiguiéndolo con su existencia en su base de datos, puede eliminar ese registro y (en forma figurada) eliminar el nombre de esa persona de la faz de la tierra —o al menos de la faz de su computadora.

Access ofrece dos formas de eliminar información:

✔ Solo eliminar la información almacenada en un campo (útil para editar un solo campo, como la dirección de alguien que se ha trasladado).

✔ Eliminar toda la información almacenada en un registro entero (útil para quitar todas las trazas de un registro, lo que puede ser útil para olvidarse completamente de toda la información sobre una persona que ya no trabaja para su compañía).

¿Qué diantres es una base de datos relacional?

Algunas veces las personas se refieren a Access como una "base de datos relacional". Esencialmente, este término significa que una tabla de base de datos almacena información que es idéntica a la almacenada en otra tabla de base de datos.

La razón para hacer esto es en parte por pereza, pero sobre todo por utilidad. Por ejemplo, podría tener una tabla de base de datos que almacene los números de identificación, nombres, direcciones y números telefónicos de empleados. Luego podría tener una segunda tabla de base de datos que enumere los números de identificación de empleados junto con los salarios actuales para cada persona. Obviamente, algunos de los mismos

números de identificación de empleados necesitan aparecer en cada tabla, así que en lugar de hacerlo digitar esta misma información dos veces, las dos tablas de bases de datos comparten esta información idéntica entre ellos mismos, de ahí el término "relación" o "relacional".

Al compartir información idéntica entre tablas de base de datos, puede reducir la digitada repetitiva de información idéntica y almacenarla en forma separada, de manera que una tabla de base de datos no tenga que enumerar todo (como amontonar la información de la dirección y salario del empleado en la misma tabla).

Eliminar información en un campo

Para eliminar información almacenada en un campo, siga estos pasos:

1. **Siga los Pasos en la sección "Introducir información a través de Main Switchboard" o la sección "Introducir información a través de una tabla o formulario" hasta que encuentre el registro que contiene información que desea eliminar.**

2. **Haga clic sobre el campo que contiene la información que desea eliminar.**

3. **Escoja uno de los siguientes métodos para eliminar la información:**

   • Pulse Delete o Backspace para eliminar un carácter a la vez.

   • Arrastre el mouse para seleccionar la información; luego pulse Delete o Backspace para eliminar toda la información seleccionada.

Eliminar un registro completo

Eliminar uno o dos campos puede ser útil para editar sus registros. Pero si desea quitar un registro completo, siga estos pasos:

1. **Siga los Pasos en la sección "Introducir información a través de Main Switchboard" o la sección "Introducir información a través**

de una tabla o formulario" hasta que encuentre el registro que contiene la información que desea eliminar.

2. **Escoja Edit⇨Select Record.**

   Access destaca su registro escogido.

3. **Escoja Edit⇨Delete o haga clic sobre el botón Delete Record en la barra de herramientas Form View.**

   Aparece un recuadro de diálogo, advirtiéndole que si continúa, su registro se perderá para siempre.

4. **Haga clic sobre el botón Yes (pero solamente si está seguro de que desea eliminar su registro escogido para siempre). De lo contrario, haga clic sobre el botón No.**

Asegúrese de que realmente quiere eliminar todo el registro —no podrá recuperar su información eliminada más adelante.

Modificar la Estructura de una Base de Datos

Aunque Access ofrece bases de datos predefinidas que puede utilizar, quizás desee crear una de la nada o modificar otra existente. Las dos partes más importantes de una base de datos que puede necesitar agregar, eliminar o modificar son las tablas y formularios.

Las *Tables (tablas)* despliegan información en un formato de fila y columna, igual que una hoja electrónica. Los *Forms (formularios)* despliegan información como en un formulario de papel en la pantalla.

Agregar una tabla

Para agregar una tabla a un archivo de base de datos de Access existente, siga estos pasos:

1. **Abra una base de datos existente.**

2. **Escoja Window⇨Database.**

   Access despliega la ventana Database (refiérase a la Figura 17-7).

3. **Haga clic sobre el icono Tables en el panel izquierdo de la ventana Database.**

4. **Haga doble clic sobre el icono Create Table by Using Wizard.**

Aparece el recuadro de diálogo Table Wizard como se muestra en la Figura 17-11.

5. **Haga clic sobre el botón de opción Business o Personal.**

    Access despliega una lista de campos comunes para las bases de datos Business o Personal.

6. **Haga clic sobre el recuadro de lista Sample Tables y escoja la tabla que calza mejor con la tabla que desea crear (como Contacts o Mailing List).**

Figura 17-11:
El recuadro de diálogo Table Wizard puede guiarlo a través de los pasos para crear una nueva tabla para el archivo de su base de datos.

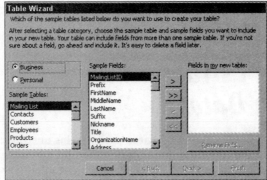

7. **Haga clic sobre el recuadro de lista Sample Fields y sobre el campo que calza mejor con el que desea crear (como LastName o City).**

8. **Haga clic sobre el botón de flecha derecha →.**

    Access despliega su campo escogido en el recuadro de lista Fields in My New Table. Si hace clic sobre el botón Rename Field, puede (¿adivine qué?) cambiarle el nombre a un campo.

9. **Repita los Pasos 7 y 8 para cada campo que desea agregar.**

10. **Haga clic sobre Next.**

    Aparece otro recuadro de diálogo Table Wizard.

11. **Digite un nombre para su tabla y haga clic sobre Next.**

    Todavía aparece otro recuadro de diálogo Table Wizard preguntándole si su nueva tabla contiene registros relacionados con otras tablas almacenadas en su base de datos. Varias tablas pueden compartir los mismos campos, como la identificación de un cliente o nombre de la compañía.

12. **Haga clic sobre Next.**

Aparece el último recuadro de diálogo Table Wizard preguntándole si desea modificar el diseño de su tabla o empezar a introducir información inmediatamente

13. **Haga clic sobre una de las opciones (como Enter Data Directly into the Table) y haga clic sobre Finish.**

Si hace clic sobre el botón de opción `Enter Data into the Table Using a Form the Wizard Creates for Me`, **Access** crea un formulario sencillo donde puede empezar a digitar la información.

Eliminar una tabla

Quizás desee eliminar una tabla si no necesita guardar la información almacenada en ella.

Al eliminar una tabla, quita cualquier tipo de información, como nombres y direcciones almacenados en ella. Así que asegúrese de que realmente desea eliminar una tabla y toda la información en ella. Si elimina una tabla, cualquier formulario que haya creado para desplegar esa información será inútil. De manera que si va a eliminarla, debería también eliminar cualquier formulario que dependa de ella.

Para eliminar a tabla, siga estos pasos:

1. **Abra una base de datos existente.**

2. **Escoja Window⇨Database.**

Access despliega la ventana Database (refiérase a la Figura 17-7).

3. **Haga clic sobre el icono Tables en el lado izquierdo de la ventana Database.**

4. **Haga clic sobre la tabla que desea eliminar.**

5. **Escoja Edit⇨Delete, pulse Delete o haga clic sobre el icono Delete en la barra de herramientas Database.**

Aparece un recuadro de diálogo, preguntándole si realmente desea eliminar su tabla escogida.

6. **Haga clic sobre Yes.**

Pulse Ctrl+Z si de repente decide que no desea eliminar su tabla después de todo.

Modificar una tabla

Después de que cree una tabla, quizás desee modificarla (pero no la información almacenada allí). Por ejemplo, quizás haya olvidado crear un campo para almacenar el número de identificación del empleado, así que tiene que crear un nuevo campo en una tabla para retener esa información. De igual forma, quizás de repente decida que ya no desea almacenar los números telefónicos de las personas, así que puede eliminar ese campo.

Agregar un nuevo campo en una tabla

Para agregar un campo en una tabla, siga estos pasos:

1. **Abra una base de datos existente.**

2. **Escoja <u>W</u>indow⇨Database.**

   Access despliega la ventana Database (refiérase a la Figura 17-7).

3. **Haga clic sobre el icono Tables en el lado izquierdo de la ventana Database.**

4. **Haga clic sobre la tabla donde desea agregar un nuevo campo.**

5. **Haga clic sobre el icono <u>D</u>esign en la barra de herramientas Database.**

   Aparece una ventana Table, como se muestra en la Figura 17-12.

6. **Haga clic sobre la fila donde desea insertar su nuevo campo.**

   A Access no le importa insertar su nuevo campo. La ubicación de un campo es para su conveniencia, como enumerar los campos de Nombre y Apellido uno junto al otro.

7. **Escoja <u>I</u>nsert⇨<u>R</u>ows o haga clic sobre el icono Insert Rows en la barra de herramientas Table Design.**

   Access inserta una fila en blanco en su tabla.

8. **Digite su nombre de campo bajo la columna Field Name.**

9. **Haga clic sobre la columna Data Type.**

   Aparece una flecha que apunta hacia abajo en la celda Data Type, y aparece un panel Field Properties en la parte inferior de la pantalla.

Insertar Filas (Insert Rows)

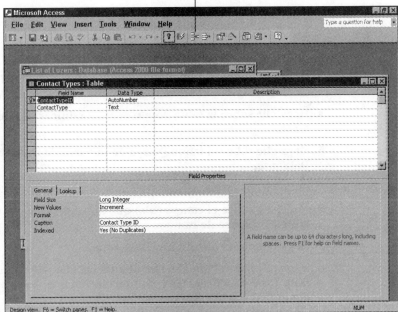

Figura 17-12:
La ventana
Table le
muestra to-
dos los
campos uti-
lizados para
almacenar
datos.

10. **Haga clic sobre la flecha que apunta hacia abajo en la columna Data Type y escoja el tipo de información que desea almacenar, como Text o Date/Time.**

Dependiendo del tipo de información que escoja, puede modificar las propiedades del campo, definiendo el número máximo de caracteres o los valores aceptables que el campo puede aceptar.

11. **Haga clic sobre el recuadro Close de la ventana Table.**

Aparece un recuadro de diálogo preguntándole si desea guardar los cambios a su tabla.

12. **Haga clic sobre Yes.**

Modificar un campo en una tabla

Después de que crea una tabla, defina varios campos (como Nombre, Teléfono o Sobrenombre del empleado) y digite la información (como Bob, 555-1234 o JefePerdedor), puede de repente darse cuenta de que un campo en particular necesita modificación. Por ejemplo, pudo haber inicialmente definido un campo tan pequeño que la información aparezca cortada. O si un campo despliega números, quizás desee modificar la apariencia de ellos, como una moneda en lugar de notación científica.

Para modificar un campo en una tabla, siga estos pasos:

1. **Abra una base de datos existente.**

2. **Escoja Window⇨Database.**

   Access despliega la ventana Database (refiérase a la Figura 17-7).

3. **Haga clic sobre el icono Tables en el lado izquierdo de la ventana Database.**

4. **Haga clic sobre la tabla donde desea modificar un campo existente.**

5. **Haga clic sobre el icono Design en la barra de herramientas Database.**

   Aparece una ventana Table (refiérase a la Figura 17-10).

6. **Haga clic sobre el campo (fila) que desea modificar y digite o edite el nombre de campo.**

7. **Haga clic sobre la columna Data Type.**

8. **Haga clic sobre la flecha que apunta hacia abajo en la columna Data Type y escoja el tipo de información que desea almacenar, como Text o Date/Time.**

   Dependiendo del tipo de información que escoja, puede modificar las propiedades del campo definiendo el número máximo de caracteres o los valores aceptables que el campo puede guardar.

9. **Haga clic sobre el recuadro Close de la ventana Table.**

   Aparece un recuadro de diálogo preguntándole si desea guardar los cambios a su tabla.

10. **Haga clic sobre Yes.**

Eliminar un campo de una tabla

Para eliminar un campo de una tabla, siga estos pasos:

1. **Abra una base de datos existente.**

2. **Escoja Window⇨Database.**

   Access despliega la ventana Database (refiérase a la Figura 17-7).

3. **Haga clic sobre el icono Tables en el lado izquierdo de la ventana Database.**

4. **Haga clic sobre la tabla donde desea eliminar un campo existente.**

5. **Haga clic sobre el icono Design en la barra de herramientas Database.**

   Aparece una ventana Table (refiérase a la Figura 17-10).

6. **Haga clic sobre el recuadro gris a la izquierda del campo (fila) que desea eliminar.**

   Access destaca toda la fila.

7. **Escoja <u>E</u>dit⇨<u>D</u>elete o pulse Delete.**

   Si el campo contiene información, aparece un recuadro de diálogo preguntándole si realmente desea eliminar el campo y cualquier dato que pueda estar almacenado en él. Si el campo está vacío, no aparece ningún recuadro de diálogo y puede saltar al Paso 9.

8. **Haga clic sobre <u>Y</u>es.**

9. **Haga clic sobre el recuadro Close de la ventana Table.**

   Aparece un recuadro de diálogo preguntándole si desea guardar los cambios que le hizo a su tabla.

10. **Haga clic sobre Yes.**

Agregar un formulario

Un formulario imita un formulario en papel que suministra una forma organizada de visualizar e introducir datos. Como un formulario puede desplegar sus datos de diferentes maneras, es posible que luego encuentre que todos los formularios actuales despliegan demasiada (o muy poca) información para ciertos usos. Por ejemplo, quizás necesite uno para desplegar los nombres y números de seguro médico de las personas y un formulario completamente nuevo para desplegar los nombres, direcciones, números telefónicos e información de contacto de esas mismas personas.

Con varios formularios, puede personalizar y agregar información a su base de datos de Access para una variedad de tareas específicas. Para agregar un nuevo formulario a su archivo de base de datos, siga estos pasos:

1. **Abra una base de datos existente.**

2. **Escoja <u>W</u>indow⇨Database.**

   Access despliega la ventana Database (refiérase a la Figura 17-7).

3. **Haga clic sobre el icono Forms en el lado izquierdo de la ventana Database.**

4. **Haga doble clic sobre el icono Create Form by Using Wizard.**

   Aparece un recuadro de diálogo Form Wizard (como se muestra en la Figura 17-13), ofreciéndole una opción de cuáles campos desplegar en su formulario.

5. **Haga clic sobre el recuadro de lista Tables/Queries y escoja una tabla que contiene la información que desea desplegar en su formulario.**

6. **Haga clic sobre el recuadro de lista Available Fields y escoja el campo que desea agregar a su formulario.**

   Puede escoger campos de dos o más tablas de bases de datos si selecciona una tabla diferente en el Paso 5 y luego escoge campos de esa tabla de base de datos en el Paso 6.

7. **Haga clic sobre el botón de la flecha derecha → para agregar campos a la lista Selected Fields.**

8. **Repita los Pasos 6 y 7 para cada campo que desea desplegar en su formulario.**

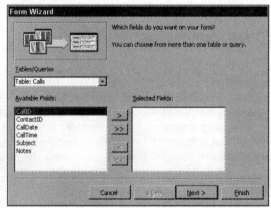

Figura 17-13:
Recuadro
de diálogo
Form
Wizard.

9. **Haga clic sobre Next.**

   Aparece un recuadro de diálogo Form Wizard preguntándole si desea visualizar sus datos (si solamente escoge campos en el Paso 6 de una sola tabla de base de datos, no verá este recuadro de diálogo y puede saltar al Paso 11).

10. **Haga clic sobre una de las opciones desplegadas para mostrar sus datos y haga clic sobre Next.**

    Otro recuadro de diálogo Form Wizard le pide escoger una distribución para su formulario. Si escoge desplegar campos desde dos o más tablas de base de datos, aparece el recuadro de diálogo Form Wizard y le pregunta cómo desea visualizar sus datos.

11. **Haga clic sobre una de las opciones (como Tabular o Justified) y haga clic sobre Next.**

Todavía aparece otro recuadro de diálogo Form Wizard que le pide escoger un estilo para su formulario.

12. **Haga clic sobre un estilo de formulario, como Blueprint o Sandstone y haga clic sobre Next.**

Aparece un último recuadro de diálogo Form Wizard que le pide un título para su formulario.

13. **Digite un nombre para su formulario y haga clic sobre Finish.**

Access despliega su formulario como se muestra en la Figura 17-14.

Figura 17-14:
Un formulario típico para desplegar los contenidos de su base de datos.

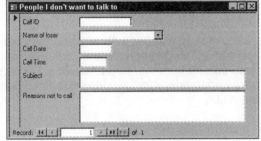

Eliminar un formulario

Si elimina un formulario, no puede recuperarlo de nuevo. Asegúrese de que realmente desea eliminarlo antes de hacerlo.

Cuando elimina un formulario, no elimina ninguna información que este despliega (si desea eliminar la información actual almacenada en Access, debe eliminar la tabla que contiene esos datos. Refiérase a la sección anterior "Eliminar información").

En caso de no necesitar más un formulario en particular, puede deshacerse de él siguiendo estos pasos:

1. **Abra una base de datos existente.**

2. **Escoja Window⇨Database.**

Access despliega la ventana Database (refiérase a la Figura 17-7).

3. **Haga clic sobre el icono Forms en el lado izquierdo de la ventana Database.**

4. **Haga clic sobre el formulario que desea eliminar.**

5. **Escoja Edit⇨Delete, pulse Delete o haga clic sobre el icono Delete en la barra de herramientas Database.**

   Aparece un recuadro de diálogo preguntándole si realmente desea eliminar su tabla escogida.

6. **Haga clic sobre Yes.**

Modificar un formulario

Los formularios solo despliegan información en la pantalla, haciendo fácil que las personas visualicen o digiten nueva información. Los dos elementos más comunes que necesitará modificar en un formulario son las etiquetas y los recuadros de texto.

Las *Labels (etiquetas)* son únicamente decorativas pero a menudo utilizadas para describir qué tipo de información aparece en un recuadro de texto, como un nombre o número telefónico. Los *Text boxes (recuadros de texto)* suministran un recuadro en blanco donde aparece la información real.

Existen muchas maneras de modificar un formulario, pero la más común es agregar o eliminar un nuevo campo que aparece en un formulario. Para más información sobre las diferentes formas de modificar un formulario, tome una copia de *Access 2002 Para Dummies*, por Michael MacDonald, publicado por Hungry Minds, Inc.

Agregar un nuevo campo a un formulario

Si desea agregar un nuevo campo, necesita agregar un recuadro de texto (para retener la información real) y una etiqueta (para describir el tipo de información que aparece en el recuadro de texto). Para agregar un recuadro de texto (campo) a un formulario, siga estos pasos:

1. **Abra una base de datos existente.**

2. **Escoja Window⇨Database.**

   Access despliega la ventana Database (refiérase a la Figura 17-7).

3. **Haga clic sobre el icono Forms en en el lado izquierdo de la ventana Database.**

4. **Haga clic sobre el formulario que desea modificar.**

5. **Haga clic sobre el icono Design en la barra de herramientas Database.**

   Access despliega su formulario junto con un recuadro de herramientas Form (como se muestra en la Figura 17-15).

6. **Haga clic sobre el icono Text Box en el Recuadro de herramientas Form.**

   El cursor del mouse cambia a una cruz con un icono Text Box adjunto.

7. **Mueva el mouse al punto en el formulario donde desea dibujar su recuadro de texto.**

8. **Sostenga el botón izquierdo del mouse y arrástrelo para dibujar el recuadro de texto.**

9. **Libere el botón izquierdo del mouse cuando el recuadro de texto tenga el tamaño que desea.**

   Access dibuja el recuadro de texto y automáticamente dibuja una etiqueta acompañante que vaya con su recuadro de texto recién dibujado.

10. **Haga clic en el botón derecho sobre el recuadro de texto y escoja Properties.**

    Aparece el recuadro de diálogo Text Box, como se muestra en la Figura 17-16.

11. **Haga clic sobre el recuadro Control Source.**

    Aparece una flecha que apunta hacia abajo.

12. **Haga clic sobre la flecha que apunta hacia abajo.**

    Aparece una lista de campos almacenados en su base de datos.

13. **Haga clic sobre una fuente de información, como FirstName o Address.**

    La fuente de información que escoge le indica a Access qué tipo de información desplegar en su recuadro de texto recién creado.

14. **Haga clic sobre el recuadro Close del recuadro de diálogo Text Box.**

Icono de caja de texto (Text Box icon)

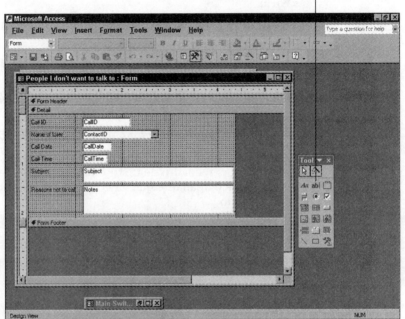

Figura 17-15:
Diseñar un
formulario.

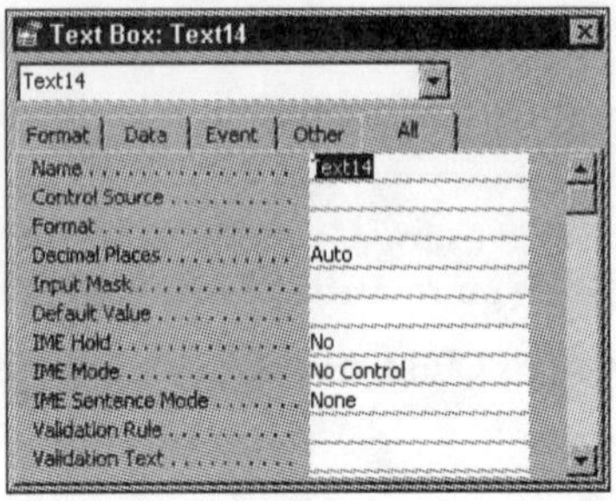

Figura 17-16:
Recuadro
de diálogo
Text Box
Properties.

15. **Haga doble clic sobre la etiqueta Field.**

Aparece el recuadro de diálogo Label Properties.

16. **Haga clic sobre el recuadro Caption y digite una leyenda para su campo recién creado (como Identificación del Empleado o Estado Civil).**

Lo que digite en el recuadro Caption aparece en su formulario.

17. **Haga clic sobre el recuadro Close del recuadro de diálogo Label Properties.**

18. **Haga clic sobre el recuadro Close de la ventana Form.**

    Aparece un recuadro de diálogo preguntándole si desea guardar cambios a su formulario.

19. **Haga clic sobre Yes.**

Modificar un campo en un formulario

Después de que crea un campo, quizás necesite ajustar el tamaño o mover el campo de manera que se vea bien en su formulario. Para ajustar el tamaño de un campo, siga estos pasos:

1. **Abra una base de datos existente.**

2. **Escoja Window⇨Database.**

    Access despliega la ventana Database (refiérase a la Figura 17-7).

3. **Haga clic sobre el icono Forms en el lado izquierdo de la ventana Database.**

4. **Haga clic sobre el formulario que desea modificar.**

5. **Haga clic sobre el icono Design en la barra de herramientas Database.**

    Access despliega su formulario junto con un recuadro de herramientas Form.

6. **Haga clic sobre el campo o su leyenda.**

    Access destaca el campo o leyenda con cuadros de dimensionamiento negros alrededor del borde.

7. **Mueva el mouse sobre un recuadro de dimensionamiento, de manera que el cursor del mouse se convierta en una flecha doble.**

8. **Sostenga el botón izquierdo del mouse y arrástrelo para ajustar el tamaño del campo o leyenda.**

9. **Libere el botón izquierdo del mouse cuando el campo o leyenda tenga el tamaño que desea.**

10. **Haga clic sobre el recuadro Close de la ventana Form.**

    Aparece un recuadro de diálogo preguntándole si desea guardar cambios a su formulario.

11. **Haga clic sobre Yes.**

Para mover un campo, siga estos pasos:

1. **Abra una base de datos existente.**

2. **Escoja Window⇨Database.**

   Access despliega la ventana Database (refiérase a la Figura 17-7).

3. **Haga clic sobre el icono Forms en el lado izquierdo de la venta-na Database.**

4. **Haga clic sobre el formulario que desea modificar.**

5. **Haga clic sobre el icono Design en la barra de herramientas Database.**

   Access despliega su formulario junto con un Recuadro de herramientas Form.

6. **Haga clic sobre el campo o su leyenda.**

   Access destaca el campo o leyenda con recuadros de dimensionamiento negros alrededor. Note que el cuadro de dimensionamiento más grande está en al esquina superior izquierda.

7. **Mueva el mouse sobre el cuadro de dimensionamiento grande en la esquina superior izquierda, sostenga el botón izquierdo del mouse y arrátrelo.**

   Access le muestra el contorno de su campo o leyenda conforme lo mueve.

8. **Libere el botón izquierdo del mouse cuando el campo o leyen-da esté en la ubicación que desea.**

9. **Haga clic sobre el recuadro Close de la ventan Form.**

   Aparece un recuadro de diálogo preguntándole si desea guardar cambios a su formulario.

10. **Haga clic sobre Yes.**

Eliminar un campo de un formulario

Para eliminar un campo de un formulario, siga estos pasos:

1. **Abra una base de datos existente.**

2. **Escoja Window⇨Database.**

   Access despliega la ventana Database (refiérase a la Figura 17-7).

3. **Haga clic sobre el icono Forms en el lado izquierdo de la venta-na Database.**

4. **Haga clic sobre el formulario que desea modificar.**

5. **Haga clic sobre el icono Design en la barra de herramientas Database.**

   Access despliega su formulario junto con un recuadro de herra-mientas Form.

6. **Haga clic sobre el campo o su leyenda.**

   Access destaca el campo o leyenda con cuadros de dimensionamiento negros alrededor de su borde.

7. **Pulse Delete.**

8. **Haga clic sobre el recuadro Close de la ventana Form.**

   Aparece un recuadro de diálogo preguntándole si desea guardar cambios a su formulario.

9. **Haga clic sobre Yes.**

Guardar su Base de Datos

Access le brinda dos formas diferentes de guardar su base de datos:

- Como archivo de base de datos de Access (recomendado en la mayoría de los casos).

- Como un archivo de base de datos foráneo (bueno para compartir información almacenada en una base de datos de Access con personas que utilizan otros programas de bases de datos, como Paradox o dBASE).

Conforme edita, elimina y agrega nuevos datos, Access automáticamente guarda la información que digita en su archivo de base de datos. Sin embargo, si agrega o elimina campos o tablas en su base de datos, debe guardar el diseño de su archivo de base de datos, que incluye cualquier reporte, formulario o tabla que pudo haber creado y modificado.

Guardar su base de datos como un archivo de Access

Para guardar cambios a su archivo de base de datos como un archivo de Access, necesita escoger uno de los tres siguientes métodos:

- Escoja File⇨Save.

- Pulse Ctrl+S.

- Haga clic sobre el botón Save en la barra de herramientas Standard.

Exportar su base de datos a un formato de archivo diferente

A pesar de los grandes esfuerzos de Microsoft para dominar el mundo sin producir la ira de legisladores antimonopolistas, no todo el mundo utiliza Access para almacenar datos. En los viejos tiempos, muchas personas utilizaban un programa molesto y lento llamado dBASE. Eventualmente, otros se graduaron de un programa molesto y más rápido llamado Paradox; y otros vencieron programas molestos y rivales con nombres extraños, como FileMaker o FoxPro.

Así que si tiene que compartir sus datos con personas que aun se resisten a utilizar Access, debe exportarlos desde su tabla de Access a un nuevo formato de archivo que otros programas (como Paradox o FoxPro) puedan leer.

Muchas personas realmente utilizan sus hojas electrónicas para almacenar datos, así que Access puede también guardar sus bases de datos, como una hoja electrónica de Lotus 1-2-3 o Excel.

Casi todos los programas de bases de datos en el mundo pueden leer archivos de dBASE III porque ese era el estándar en algún momento. Así que si desea compartir sus archivos con otros programas de bases de datos como FileMaker, FoxPro o Approach, guarde sus archivos en el formato dBASE III.

Para exportar una tabla de tabla de base de datos de Access a un formato de archivo diferente, siga estos pasos:

1. **Abra una base de datos existente.**

2. **Escoja <u>W</u>indow⇨Database.**

   Aparece la ventana Database.

3. **Haga clic sobre Tables en el lado izquierdo de la ventana Database.**

   Access despliega una lista de tablas en su base de datos.

4. **Haga clic sobre una tabla de base de datos.**

5. **Escoja <u>F</u>ile⇨<u>E</u>xport.**

   Aparece el recuadro de diálogo Export Table To.

6. **Digite un nombre para su archivo en el recuadro de texto File <u>N</u>ame.**

7. **Haga clic sobre el recuadro de lista Save as Type y escoja un formato de archivo para utilizar como dBASE III o Paradox 5.**

8. **Haga clic sobre Save.**

Cuando tenga dos copias de la misma información almacenada en archivos diferentes, necesita asegurarse de que cualquier cambio que le haga a una copia de sus datos también es cambiado en la segunda copia. De lo contrario, podría terminar con versiones levemente diferentes de la misma información y luego no sabrá cuál copia es la más actualizada y confiable.

Capítulo 18

Buscar, Acomodar y Hacer Consultas

*E*l verdadero poder de las bases de datos de las computadoras está en su capacidad súper rápida de realizar tareas —como buscar, acomodar y recuperar información— que sería muy tedioso, aburrido o frustrante de hacer con una base de datos en papel. ¿Desea saber cuáles productos se están vendiendo más rápido (y cuáles merecen ser desechados)? Access puede decir eso con solo tocar un botón. ¿Necesita saber cuál de sus vendedores está generando mayores comisiones (y gastos administrativos)? Access también puede brindarle esta información pronto. El conocimiento puede ser el poder, pero hasta que utilice el poder de una base de datos de computadora su información puede ser inalcanzable.

Buscar una Base de Datos

Las bases de datos típicas en papel, como gavetas de archivos, archivos Rolodex y carpetas en papel, están diseñadas para almacenar y recuperar información alfabéticamente. Por contraste, Access puede encontrar y recuperar información en cualquier forma que desee: por código de área, por código ZIP, alfabéticamente por nombre o apellido, por estado o fecha. . .ya tiene una idea.

Access le brinda dos formas de buscar una base de datos:

✔ Puede buscar un registro específico.

✔ Puede encontrar uno o más registros utilizando un filtro.

Access también ofrece una tercera manera de buscar una base de datos. Es posible hacer preguntas específicas llamadas *queries* (consultas), que puede conocer en la sección "Consultar una Base de Datos ", más adelante en este capítulo.

Encontrar un registro específico

Para encontrar un registro específico en un archivo de base de datos, necesita conocer parte de la información que desea. Como Access no puede leerle la mente, debe darle claves, como "Encuentre el nombre de la persona cuyo fax es 555-1904" o "Encuentre el número telefónico de Bill Gates".

Cuánto más específica sea la información que ya conoce, más rápido puede Access encontrar el registro que desea. Pedirle a Access encontrar el número telefónico de alguien que vive en California toma más tiempo (por ejemplo) que pedirle encontrar el número de alguien cuyo apellido es Bangladore y vive en California. Quizás haya almacenado los nombres de varios cientos de personas que viven en California, pero ¿cuántas personas en su base de datos tienen el apellido Bangladore?

Para encontrar un registro específico en una base de datos, siga estos pasos:

1. **Abra el formulario que despliega la información que desea buscar.**

   Por ejemplo, si desea encontrar el número telefónico de un cliente, debe primero abrir un formulario que despliega los números telefónicos de los clientes. Puede abrir un formulario haciendo clic sobre uno de los botones Enter/View en la ventana Main Switchboard o escogiendo Window⇨Database, haciendo clic sobre el icono Forms y haciendo doble clic sobre el formulario que desea desplegar.

2. **Escoja Edit⇨Find o pulse Ctrl+F.**

   Aparece el recuadro de diálogo Find and Replace, como se muestra en la Figura 18-1. Si no ha almacenado ninguna información en su base de datos, Access lo regaña con un recuadro de diálogo para indicarle que no puede utilizar el comando Find.

Figura 18-1:
El recuadro
de diálogo
Find and
Replace
puede ayu-
darle a bus-
car su base
de datos.

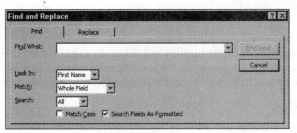

3. **En el recuadro de texto Find What, digite los datos que desea encontrar (como** Jefferson**).**

4. **Haga clic sobre el recuadro de lista Look In y escoja el campo que desea buscar (como First Name o Phone Number).**

5. **Haga clic sobre el recuadro de lista Match y escoja una de las siguientes opciones:**

   • **Any Part of Field (Cualquier parte del campo):** el texto puede aparecer en cualquier parte del campo (una búsqueda para *Ann* encontraría tanto Mary*anne* como *AnnMarie*).

   • **Whole Field (Campo completo):** el texto debe aparece solo, no como parte de otra palabra (una búsqueda para *Ann* encuentra registros que contienen solo *Ann*; no encuentra *Maryanne* o *AnnMarie*).

   • **Start of Field (Inicio del campo):** el texto aparece al princi-pio del campo (una búsqueda para *Ann* encuentra *AnnMarie* y *Ann* pero no *Maryanne*).

6. **Haga clic sobre el recuadro de lista Search y escoja Up, Down u All**

   • **Up:** busca su base de datos empezando con el registro actualmente mostrado hacia arriba hasta el primer registro.

   • **Down:** busca su base de datos empezando con el registro actualmente mostrado hacia abajo hasta el último registro.

   • **All:** busca toda su base de datos.

Si escoge la opción Up o Down en el recuadro de lista Search y Access no puede encontrar la información que está buscando, podría significar que dicha información no existe o que está oculta en alguna parte de la base de datos que no buscó. Así que si escoge la opción Up y no pudo encontrar su información, esta podría estar almacenada cerca del fin de su base de datos.

7. **Haga clic sobre la casilla de verificación Match Case si desea escoger esta opción.**

   La opción Match Case le indica a Access encontrar solamente aquellos registros que coinciden exactamente con las mayúsculas que digitó en el recuadro Find What. Escoger esta opción significa que en su búsqueda para AnN, Access encuentra registros que contienen AnN pero no aquellos que tienen Ann, ann o aNN.

8. **Haga clic sobre el botón Find Next.**

   Access destaca el primer registro que contiene su información escogida. Quizás deba mover el recuadro de diálogo Find and Replace para que pueda ver el registro que Access encuentra. Si Access no encuentra una coincidencia, salta un recuadro de diálogo para informarle que el elemento de búsqueda no fue encontrado en su base de datos.

9. **Haga clic sobre Close para cerrar el recuadro de diálogo Find and Replace (o haga clic sobre Find Next si desea ver el próximo registro que contiene su información escogida).**

   Access le muestra el registro que encontró en el Paso 8 o busca el próximo registro que coincide.

Encontrar uno o más registros utilizando un filtro

Cuando utiliza un filtro, Access despliega solamente aquellos registros que contienen la información que está buscando. De esta forma, puede concentrarse en visualizar solamente la información que desea ver sin que el resto de base de datos se meta en su camino.

Piense en la diferencia entre el comando Find y un filtro así: suponga que desea encontrar un par de calcetines iguales. El comando Find lo obliga a mirar en toda una pila de ropa para encontrar un par de calcetines verdes. Un filtro simplemente separa todos sus calcetines del resto de su ropa.

Cuando desee utilizar un filtro, use el recuadro de diálogo Filter para especificar varias opciones:

✔ **Field (Campo):** le indica a Access cuáles campos desea buscar. Puede escoger uno o más campos.

✔ **Sort (Acomodar):** le indica a Access acomodar los registros en orden alfabético (ascendente), acomodarlos en orden alfabético revertido (descendente) o no molestarse en acomodar todo eso (sin acomodar). Explicamos cómo acomodar registros más adelante en la sección imaginariamente llamada "Acomodar una Base de Datos".

✔ **Criteria (Criterios):** le indica a Access buscar criterios específicos. En lugar de simplemente enumerar direcciones (por ejemplo), Access puede encontrar direcciones de *personas que tienen sus casas en Oregon o California* o aquellas que las tienen en Oregon y California.

Acomodar una base de datos solo reorganiza su información, pero puede ver todo el contenido de su base de datos. Filtrar por criterios solamente despliega registros que coinciden con criterios específicos, lo que significa que alguna información podrá no visualizarse.

Filtrar con un formulario

Los formularios pueden desplegar un registro entero en su pantalla. Si un filtro encuentra varios registros, el formulario despliega el número total encontrado (como 1 de 6). Para visualizar todos los registros encontrados por un filtro, haga clic sobre los botones Next o Previous Record en cada formulario.

Para encontrar uno o más registros utilizando un filtro, siga estos pasos:

1. **Abra el formulario que contiene la información que desea buscar.**

2. **Escoja Records⇨Filter⇨Filter by Form o haga clic sobre el botón Filter by Form en la barra de herramientas Standard, como se muestra en la Figura 18-2.**

   Aparece el recuadro de diálogo Filter by Form, el cual se ve extrañamente parecido al formulario que abrió en el Paso 1.

Acomodar/Ascendente (Sort Ascending)

Orden/Descendente (Sort Descending)

Filtro por Selección (Filter by Selection)

Filtro por Forma (Filter by Form)

Aplicar/Remover Filtro (Apply/Remove Filter)

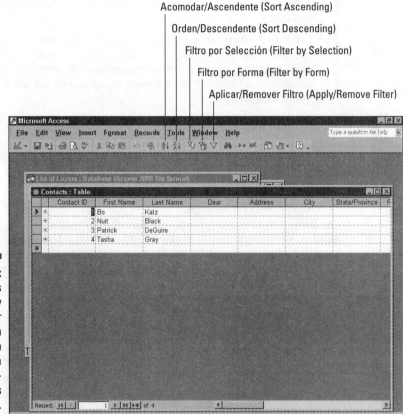

Figura 18-2:
Los iconos
Filter by
Form y Filter
by Selection
aparecen
en la barra
de herra-
mientas
Standard.

3. **Haga clic sobre el campo que desea usar como su filtro.**

   Por ejemplo, si desea encontrar todas las personas que viven en Illinois, haga clic sobre el campo State/Province.

   Aparece una flecha que apunta hacia abajo a la derecha del campo sobre el que hizo clic.

4. **Haga clic sobre la flecha que apunta hacia abajo.**

   Aparece una lista con toda la información (como todos los estados almacenados en su base de datos) disponible en ese campo de base de datos particular.

5. **En esta lista que cae, haga clic sobre la información que desea encontrar (como IL para encontrar Illinois).**

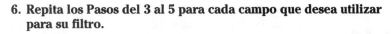
6. **Repita los Pasos del 3 al 5 para cada campo que desea utilizar para su filtro.**

Cuantos más filtros utilice, más específica será la búsqueda – lo que significa que tiene menos registros donde ambular antes de encontrar los que realmente quiere. Podría terminar filtrando y no viendo registros que realmente desea incluir, así que sea selectivo al crear filtros.

7. **Escoja Filter⇨Apply Filter/Sort o haga clic sobre el icono Apply Filter en la barra de herramientas.**

Access despliega solamente aquellos registros que coinciden con sus criterios de búsqueda. Solo para recordarle que está buscando una versión filtrada de su base de datos, Access amablemente despliega la palabra (Filtered , *filtrado*) cerca de la parte inferior del formulario. Quizás deba hacer clic sobre los botones Next o Previous Record para ver otros registros que su filtro le encontró.

8. **Cuando esté listo para ver toda la base de datos de nuevo (no solo los resultados de la búsqueda), escoja Records@–>Remove Filter/Sort o haga clic sobre el botón Remove Filter en la barra de herramientas Standard.**

Al escoger este comando despliega toda la información en su base de datos una vez más.

Después de utilizar un filtro, asegúrese de que lo elimina utilizando el comando Remove Filter/Sort; de lo contrario, Access despliega solamente aquellos registros que coinciden con su última búsqueda y podrá pensar que el resto de su información se ha perdido.

Filtrar con una tabla

En lugar de utilizar un filtro en un formulario, quizás prefiera utilizar un filtro con una tabla. La principal ventaja de utilizar un filtro es que una tabla puede desplegar varios registros simultáneamente, mientras que un formulario puede desplegar solamente un registro. Para encontrar uno o más registros utilizando un filtro, siga estos pasos:

1. **Abra la tabla que contiene la información que desea buscar.**

2. **Haga clic sobre el campo que desea utilizar como su filtro.**

Por ejemplo, si desea encontrar todas aquellas personas cuyo apellido es Doe, haga clic sobre cualquier campo de Last Name que contiene el nombre *Doe*.

3. **Escoja Records⇨Filter⇨Filter by Selection o haga clic sobre el botón Filter By Selection en la barra de herramientas Standard.**

Access inmediatamente despliega solamente aquellos registros que coinciden con sus criterios.

Si desea seleccionar varios criterios para filtrar su información, repita los Pasos 2 y 3 cuantas veces sea necesario.

4. **Cuando esté listo para ver toda su base de datos de nuevo (y no solo los resultados de la búsqueda), escoja Records⇨Remove-/Filter/Sort o haga clic sobre el botón Remove Filter en la barra de herramientas Standard.**

Acomodar una Base de Datos

Para acomodar una base de datos, debe indicarle a Access por cuál campo y cómo desea hacerlo (en orden ascendente o descendente).

Por ejemplo, puede acomodar su base de datos alfabéticamente por apellido, país o ciudad. A diferencia de buscar cuál muestra solamente parte de su base de datos, acomodar simplemente muestra toda su base de datos con estos reacomodados.

Cuando acomoda una base de datos, puede siempre restaurar el orden original escogiendo Records⇨Remove Filter/Sort.

Para acomodar una base de datos, siga estos pasos:

1. **Abra el formulario o tabla que contiene la información que desea buscar.**

2. **Haga clic sobre el campo por el que desea acomodar.**

   Si desea acomodar por apellidos, por ejemplo, haga clic sobre el campo que contiene apellidos.

3. **Escoja Records⇨Sort⇨Sort Ascending (o Descending) o haga clic sobre el botón Sort Ascending o Sort Descending en la barra de herramientas Standard.**

   La opción Sort Ascending acomoda desde la A a la Z (o desde el 0 al 9). Sort Descending acomoda en forma invertida, de la Z a la A (o 9 al 0).

   Access obedientemente acomoda sus registros.

4. **Cuando esté listo para restaurar el orden original a su base de datos, escoja Records⇨Remove Filter/Sort.**

Como una tabla puede desplegar varios registros simultáneamente, quizás encuentre acomodar una base de datos a través de una tabla más fácil de ver.

Consultar una Base de Datos

Almacenar información en una base de datos está bien, pero la verdadera diversión viene cuando utiliza la información que introdujo. Después de todo, almacenar todos los nombres y direcciones de sus clientes es un desperdicio si no utiliza la información para ayudarle a hacer más dinero (que es de lo que se trata un negocio).

Para ayudarle a utilizar su información almacenada en forma efectiva, Access suministra diferentes maneras de analizar su información. Cuando almacena información en tarjetas Rolodex, en libros de direcciones o en formularios de papel, la información es estática. Cuando almacena su información en Access, esta puede ser moldeada, formada y manipulada como plasticina.

Hacer preguntas con las queries (consultas)

Una *query (consulta)* es un término sofisticado para una pregunta que le hace a Access. Después de que almacena la información en una base de datos, puede utilizar las consultas para obtener la información de nuevo —y en diferentes formas. Una consulta puede ser tan simple como encontrar los nombres y números telefónicos de todos los que viven en Arkansas o tan sofisticada— como hacer que Access recupere los nombres y cantidades de todos los productos que su compañía vendió entre el 2 de noviembre y el 29 de diciembre.

El secreto de crear consultas efectivas es saber lo que desea y saber decirle a Access cómo encontrarlo.

¿Cuál es la diferencia entre una consulta y el comando Find?

Tanto una consulta como el comando Find le indican a Access recuperar y desplegar cierta información desde su base de datos. Sin embargo, las consultas tienen una ventaja: puede guardarlas como parte de su archivo de base de datos y utilizarlas una y otra vez sin tener que definir lo que está buscando cada vez (siempre tiene que definir qué buscar cada vez que utiliza el comando Find).

Piense en una consulta como una forma de almacenar filtros que puede utilizar una y otra vez para encontrar información específica.

Utilice el comando Find cuando necesita buscar a través de uno o más campos solamente una vez. Utilice las consultas cuando necesita buscar a través de uno o más campos regularmente.

Crear una consulta

Cuando crea una consulta, debe especificar *search criteria* (criterios de búsqueda), atributos que le indican a Access el tipo específico de información que desea buscar.

Las consultas pueden volverse bastante complicadas. Por ejemplo, puede pedirle a Access encontrar los nombres de todas las personas en su base de datos que ganan menos de $75,000 al año, viven en Seattle o Detroit, han tenido casa por más de seis años, trabajan en ventas, tienen computadoras personales y se suscriben a más de tres pero menos de seis revistas al año.

Solo recuerde que la calidad de sus respuestas depende enormemente de la calidad de sus consultas (preguntas). Si crea una consulta con un diseño pobre, Access probablemente no encontrará toda la información que realmente necesita y puede obviar información importante que afecta a su negocio o trabajo.

Para crear una consulta, siga estos pasos:

1. **Escoja Window⇨Database.**

   Aparece la ventana Database.

2. **Haga clic sobre el icono Queries en el panel izquierdo.**

3. **Haga doble clic sobre el icono Create Query by using Wizard.**

   Aparece el recuadro de diálogo Simple Query Wizard, como se muestra en la Figura 18-3.

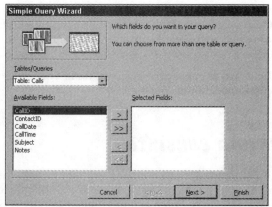

Figura 18-3:
El recuadro
de diálogo
Simple
Query
Wizard.

4. **Haga clic sobre la flecha que apunta hacia abajo a la derecha del recuadro de lista Tables/Queries y haga clic sobre la tabla que desea buscar.**

   Una tabla de base de datos simplemente contiene información relacionada, como nombres, direcciones y números telefónicos de estudiantes. Cuando escoge una tabla de base de datos, le está indicando a Access buscar solamente en una tabla en particular, no buscar en todo el archivo de base de datos, que puede consistir en una o más tablas.

5. **Haga clic sobre el recuadro de lista Available Fields y haga clic sobre un campo en el que desea desplegar el resultado de la consulta**

   Por ejemplo, si desea desplegar los campos FirstName y PhoneNumber, haga clic sobre uno de ellos (luego regrese después del Paso 6 para hacer clic sobre el otro).

6. **Haga clic sobre el botón de la flecha sencilla que aparece entre los dos recuadros grandes.**

   Access despliega su campo en el recuadro Selected Fields. Repita los Pasos 5 y 6 para cada campo que desea utilizar en su consulta.

7. **Haga clic sobre Next.**

   Access le pregunta cuál título desea darle a su consulta.

8. **Digite un nombre para su consulta en el recuadro What Title Do You Want for Your Query?**

   Póngale a su consulta un nombre descriptivo, como *Seguimiento de los productos de ventas bajas* o *Lista de empleados que pienso despedir.*

9. **Haga clic sobre Finish.**

Access despliega el resultado de su consulta en una ventana Select Query. Cada vez que necesite utilizar esta consulta, solo haga doble clic sobre el nombre de la consulta en la ventana Database.

10. **Haga clic sobre el recuadro de cierre de la ventana Select Query para hacerla desaparecer.**

Utilizar una consulta

Después de crear y guardar una consulta, puede utilizarla tantas veces lo desee, sin importar cuánto agregue, elimine o modifique los registros en su base de datos. Como algunas consultas pueden ser bastante complicadas ("Encuentre todas las personas en Dakota del Norte que deban más de $10,000 en sus tarjetas de crédito, tengan fincas y hayan vendido sus cosechas en los últimos treinta días"), guardar y reutilizarlas le ahorra tiempo, que después de todo, es el propósito de las computadoras.

Las consultas son más útiles si necesita reutilizarlas regularmente.

Para utilizar una consulta existente, abra el archivo de base de datos que contiene su consulta y luego siga estos pasos:

1. **Escoja Window⇨Database.**

2. **Haga clic sobre el icono Queries en el panel izquierdo.**

   Aparece una lista de sus consultas disponibles.

3. **Haga doble clic sobre el nombre de la consulta que desea usar.**

   Access despliega los resultados de su consulta en una ventana. En este punto, puede visualizar su información o imprimirla pulsando Ctrl+P.

4. **Haga clic sobre el recuadro Close para quitar la ventana que despliega el resultado de su consulta.**

Eliminar una consulta

Eventualmente, una consulta puede ya no servir el propósito conforme usted agrega, elimina y modifica la información en su base de datos. Para evitar que su ventana Database se sobrecargue con consultas, elimine las que no necesita.

Eliminar una consulta no barra la información. Cuando lo hace, solo elimina los criterios que utilizó para buscar su base de datos con esa consulta.

Para eliminar una consulta, siga estos pasos:

1. **Escoja Window⇨Database.**

2. **Haga clic sobre el icono Queries en el panel izquierdo.**

   Aparece una lista de sus consultas disponibles.

3. **Haga clic sobre la consulta que desea eliminar.**

4. **Escoja Edit⇨Delete o pulse Delete.**

   Aparece un recuadro de diálogo que le pregunta si realmente desea eliminar su consulta escogida.

5. **Haga clic sobre Yes.**

   Su consulta desaparece de la ventana Database.

Si de repente se da cuenta que eliminó una consulta por error, no entre en pánico. Inmediatamente escoja Edit⇨Undo Delete o pulse Ctrl+Z. Access deshace su último comando y restaura la consulta a su estado original.

Capítulo 19

Reportar su Información de Access

*A*ccess puede almacenar montones de información útil (o inútil) dentro de los cerebros de silicona de su computadora. Sin embargo, quizás desee imprimirla de vez en cuando, de manera que otras personas no tengan que rondar por la pantalla de su computadora para ver su información.

Afortunadamente, puede imprimir cualquier información almacenada en un archivo de base de datos de Access. Pero en lugar de solo imprimir un montón de nombres, direcciones y números telefónicos al azar (o cualquier dato que tenga en la base de datos), puede diseñar reportes para que otras personas puedan realmente comprender su información.

Por ejemplo, puede utilizar Access para darle seguimiento a todos sus clientes. Al toque de un botón (y con un poco de ayuda de este capítulo), puede crear un reporte que imprime una lista de sus diez clientes más importantes. Toque otro botón y Access puede tirar una lista de sus diez productos más importantes. Un reporte es sencillamente una forma de que Access imprima y organice la información para que pueda tener sentido.

Hacer un Reporte

Un reporte puede selectivamente desplegar información y hacerla ver tan linda que las personas olvidan que no tiene sentido. Para hacer un reporte de su base de datos, siga estos pasos:

1. **Escoja Window➪Database.**

   Aparece la ventana Database.

2. **Haga clic sobre el reporte Reports en el panel izquierdo.**

3. **Haga doble clic sobre el icono Create Report by Using Wizard.**

   Aparece el recuadro de diálogo Report Wizard, como se muestra
   en la Figura 19-1.

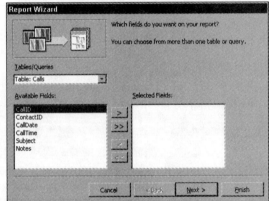

Figura 19-1:
El recuadro
de diálogo
Report
Wizard.

4. **Haga clic sobre el recuadro de lista Tables/Queries para seleccionar una tabla de base de datos y utilizarla.**

   Por ejemplo, si desea imprimir un reporte que muestra los resultados de cada vendedor en su compañía, busque la tabla de base
   de datos que contiene este tipo de información, como Vendedores
   o Resultado de las Ventas.

5. **Haga clic sobre el recuadro de lista Available Fields y escoja los
   campos que desea imprimir en su reporte.**

   El recuadro de lista Available Fields enumera todos los campos
   utilizados en la tabla o consulta que usted selecciona en el
   recuadro de lista Tables/Queries. Sea selectivo al escoger cuáles
   campos aparecen en el reporte —no todos los campos deben
   aparecer en un reporte.

6. **Haga clic sobre el botón de la flecha sencilla, entre los
   recuadros Available Fields y Selected Fields.**

   Access despliega el campo escogido en el recuadro Selected
   Fields. Repita los Pasos 5 y 6 para cada campo que desee utilizar
   en su reporte.

7. Haga clic sobre N̲ext.

Aparece otro recuadro de diálogo Report Wizard, mostrado en la Figura 19-2, y le pregunta si desea niveles de agrupación. Un *grouping level (nivel de agrupación)* le indica a Access organizar su información impresa de acuerdo con un campo específico. Por ejemplo, si desea organizar la información en su reporte por estado o provincia, escoja el campo StateOrProvince para su nivel de agrupación. Con este nivel, su reporte puede agrupar todas las personas en Alabama, Michigan y Texas en partes separadas de su reporte, permitiéndole encontrar a alguien en un estado específico más fácilmente.

Figura 19-2:
Los niveles de agrupación le ayudan a organizar la forma en que Access debe desplegar su información.

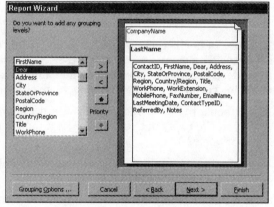

8. Si desea agrupar la información, haga clic sobre el campo en el que desea hacerlo y luego haga clic sobre el botón de la flecha derecha.

Access le muestra cómo se verá su reporte si agrupa un nivel. Agrupar niveles puede ayudarle a organizar su reporte por un campo específico, como fecha o apellido. En esa forma puede pasar el reporte y ver solamente registros que están basados en una cierta fecha o nombre.

9. Haga clic sobre N̲ext.

Aparece otro recuadro de diálogo Report Wizard, mostrado en la Figura 19-3 y le pregunta cuál orden de acomodo desea para los registros detallados. Esta es la forma confusa de Access de preguntar cómo desea que acomode la información en su reporte.

Por ejemplo, si definió un nivel de agrupación en el Paso 8, Access puede acomodar alfabéticamente los nombres dentro de cada nivel de agrupación por nombre o apellido.

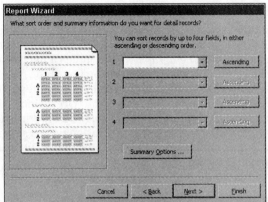

Figura 19-3:
Access
acomoda su
información
en un
reporte.

10. **Haga clic sobre la flecha que apunta hacia abajo del recuadro de lista 1 y escoja un campo por el que desea acomodar (si hubiera). Si desea acomodar por más de un campo, escoja fields (campos) en los recuadros 2, 3 y 4. Luego haga clic sobre N̲ext.**

Aparece otro recuadro de diálogo Report Wizard y le pregunta "How would you like to lay out your report?, (¿Cómo le gustaría acomodar su reporte?").

11. **Haga clic sobre una opción bajo Layout y una opción bajo Orientation para especificar el diseño de su reporte.**

Las diferentes opciones de distribución simplemente imprimen su reporte en diferentes formas, dependiendo de qué se ve mejor. Cada vez que haga clic sobre una opción de distribución, Access amablemente le muestra cómo se verá su reporte en el lado izquierdo del recuadro de diálogo Report Wizard.

12. **Haga clic sobre N̲ext.**

Aparece otro recuadro de diálogo Report Wizard pidiéndole especificar un *style (estilo)* —una definición de las fuentes utilizadas para imprimir su reporte. Cada vez que haga clic sobre un estilo, Access le muestra un ejemplo del estilo escogido a la izquierda del recuadro de diálogo Report Wizard.

13. **Haga clic sobre un estilo en el recuadro de lista y luego sobre N̲ext.**

Aparece otro recuadro de diálogo Report Wizard preguntando, "What title do you want for your report?, ¿Cuál título desea para su reporte?".

14. **Digite un título para su reporte y luego haga clic sobre F̲inish.**

Su título del reporte debería ser algo descriptivo, como "Ganancias de marzo" o "Cuánto dinero perdimos por el error estúpido de Bob".

Access despliega su reporte en la pantalla.

15. **Escoja File⇨Close (o haga clic sobre el recuadro Close de la ventana del reporte).**

Access despliega de nuevo la ventana Database y automáticamente guarda su reporte en la sección Reports de la ventana Database. La próxima vez que necesite utilizar ese reporte, solo haga doble clic sobre su nombre.

Utilizar un Reporte

Después de que cree y guarde un reporte, puede agregar o eliminar tanta información como desee. Luego, cuando desee imprimir esa información, utilice el reporte que ya diseñó.

Para utilizar un reporte existente, abra el archivo de base de datos que lo contiene y luego siga estos pasos:

1. **Escoja Window⇨Database.**

2. **Haga clic sobre el icono Reports en el panel izquierdo.**

Aparece una lista de sus reportes disponibles.

3. **Haga doble clic sobre el nombre del reporte que desea utilizar.**

Access despliega su reporte escogido en una ventana. En este punto, puede imprimirlo escogiendo File⇨Print o pulsando Ctrl+P.

4. **Haga clic sobre el recuadro Close (la X en la esquina superior derecha) para eliminar la ventana que despliega su reporte.**

Eliminar un Reporte

Conforme usted agrega, elimina y modifica la información en su base de datos, puede encontrar que un reporte en particular ya no se ajusta a sus propósitos porque ya no necesita la información que imprime o porque cambió el diseño de su base de datos. Para evitar que la ventana de su base de datos se sobrecargue con reportes inútiles, elimine los que ya no necesita.

Al eliminar un reporte no se borra la información. Cuando elimina un reporte, tan solo está eliminando la forma en que le dijo a Access que imprimiera esa información.

Después de que elimina un reporte, no puede recuperarlo de nuevo, así que asegúrese de que realmente no lo necesita más antes de decidir eliminarlo. Para eliminar un reporte, siga estos pasos:

1. **Escoja Window⇨Database.**

2. **Haga clic sobre el icono Reports en el panel izquierdo.**

   Aparece una lista de sus reportes disponibles.

3. **Haga clic sobre el reporte que desea eliminar.**

4. **Escoja Edit⇨Delete, pulse la tecla Delete o haga clic sobre el icono Delete en la barra de herramientas de la ventana Database.**

   Aparece un recuadro de diálogo que le pregunta si realmente desea eliminar el reporte escogido.

5. **Haga clic sobre Yes.**

   Su reporte desaparece de la ventana Database.

Cirugía Plástica a sus Reportes de Access

En lugar de utilizar las capacidades generadoras de reporte de Access, puede crear unos de mejor apariencia si combina las habilidades para hacer reportes de Access con las maravillosas opciones de composición, formato y publicación en Word.

Por supuesto, no puede trabajar con su información de Access en Word hasta que copie su trabajo desde Access a Word. Para utilizar Word y hacer que la información de Access se vea mejor, siga estos pasos:

1. **Escoja Window⇨Database.**

2. **Haga clic sobre el icono Tables en el panel izquierdo.**

3. **Haga doble clic sobre la tabla de base de datos que contiene la información que desea copiar a Word.**

   Access despliega su tabla de base de datos y cualquier información almacenada en ella.

4. **Escoja Tools⇨Office Links⇨Publish It with Microsoft Word.**

   Word carga y despliega su tabla de base de datos de Access en un documento de Word como una serie de filas y columnas.

5. **Haga cualquier cambio que desee a su información de Access o digite texto adicional alrededor de la información de Access.**

   Por ejemplo, puede cambiar la fuente y tamaño del tipo (para más información acerca de utilizar Word, refiérase a la Parte II de este libro). En este punto, puede imprimir o guardar su documento de Word.

Cuando trabaja con una tabla de base de datos de Access en un documento de Word, Microsoft Office XP simplemente copia la información desde Access y la pega a Word. Cualquier cambio que le haga a su información en Word no afectará la almacenada en Access y viceversa.

Parte VII
Hacer Páginas Web con FrontPage

La 5a Ola   Por Rich Tennant

"¿VES? CREÉ UNA PEQUEÑA FIGURA DE UN
DELINCUENTE QUE CORRE POR NUESTRO
SITIO WEB OCULTÁNDOSE DETRÁS DE CADA
ANUNCIO. EN LA ÚLTIMA PÁGINA, NUESTRO
LOTOGITO LO PONE EN UN AHOGO NO LETAL
Y LO TRAE DE NUEVO A LA PÁGINA DE INICIO".

En esta parte . . .

FrontPage es uno de los programas de diseño más populares en el mundo. Prácticamente todos están creando una página Web en estos días, ya sea para uso personal o de negocio, así que quizás desee crear una para anunciar sus servicios o su negocio, o tan solo para que todo el mundo la lea.

Crear páginas Web con FrontPage es sencillo y rápido, así que puede concentrarse en digitar y editar los contenidos de la página Web actual sin preocuparse de los detalles de la subrayada y hacer que la página Web aparezca en la Internet.

Para ayudarlo a empezar a hacer sus propias páginas Web, esta parte del libro ofrece una introducción gentil a la utilización y trabajo con FrontPage. Lo mejor de todo, FrontPage es un programa de diseño poderoso; conforme se vuelve más diestro en el diseño de páginas Web, puede utilizarlo para hacer de todo, desde un sitio sencillo con una página, hasta un sitio Web complicado que asombra a sus espectadores con la elegancia y diseño de punta. (Si está haciendo lo que hacen todos, ¿por qué no hacerlo mejor?

Capítulo 20

Diseñar una Página Web con FrontPage

Microsoft FrontPage está diseñado para crear y editar páginas Web —desde crear marcos hasta editar el código HTML que conforma su página Web.

FrontPage está disponible solamente en las versiones Premium y Professional de Office XP. Si tiene una edición diferente de Office XP, quizás deba comprar FrontPage separadamente.

Crear Páginas Web Nuevas

Con FrontPage, puede crear una sola página Web o un nuevo *Web site (sitio Web)* (que consiste en dos o más páginas Web).

Antes de que pueda crear cualquier página Web, debe iniciar el programa. En caso de que olvide cómo cargar FrontPage, refiérase al Capítulo 1 para refrescar su memoria.

Para crear una nueva página Web, siga estos pasos:

1. **Escoja File➪New➪Page or Web (puede saltarse este paso si el panel New Page or Web ya está en su pantalla).**

   Aparece un panel de New Page or Web, como se muestra en la Figura 20-1, enumerando los diseños de la página Web disponibles que puede utilizar.

2. **Haga clic sobre Blank Page bajo la categoría New para crear una sola página Web. O haga clic sobre Page Templates bajo la categoría New from Template.**

   Si hace clic sobre Blank Page, FrontPage despliega una página Web en blanco en la pantalla, lista para que usted empiece a digitar texto o agregar gráficos. Si hace clic sobre Page Templates, aparece un recuadro de diálogo Page Templates, como se muestra en la Figura 20-2.

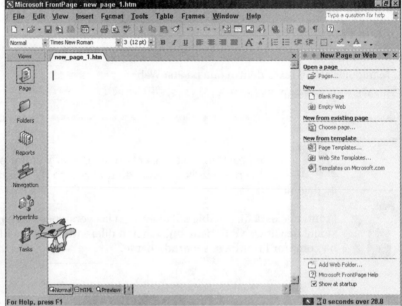

Figura 20-1:
El panel
New Page
o Web.

3. **Haga clic sobre la plantilla de la página que desea utilizar (como Feedback Form o Bibliography) y luego haga clic sobre OK.**

   FrontPage despliega una página Web lista para que agregue su propio texto.

Para crear una página Web completamente nueva, siga estos pasos:

1. **Escoja File➪New➪Page or Web.**

   Aparece el panel New Page or Web.

2. **Haga clic sobre Empty Web bajo la categoría New.**

   Aparece un recuadro de diálogo Web Site Templates, como se muestra en la Figura 20-3.

3. **Haga clic sobre el botón Browse.**

   Aparece el recuadro de diálogo New Web Location.

4. **Haga doble clic sobre la carpeta en la cual desea almacenar sus páginas Web; luego haga clic sobre Open.**

   Se abre su carpeta escogida.

5. **Haga clic sobre el diseño de sitio Web que desea utilizar (como Customer Support Web) y luego haga clic sobre OK.**

   FrontPage despliega su sitio Web en la pantalla, listo para modificarlo en la forma que desee.

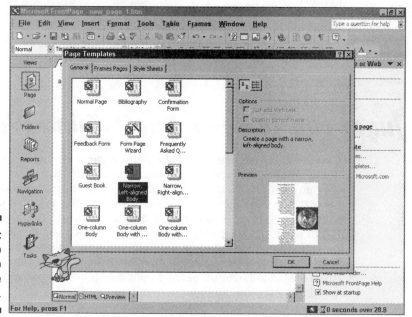

Figura 20-2:
El recuadro
de diálogo
Page
Templates.

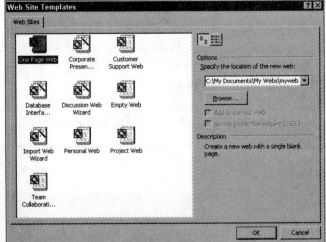

Figura 20-3:
El recuadro
de diálogo
Web Site
Templates.

Jugar con Texto en una Página Web

Casi todas las páginas Web deben desplegar texto de algún tipo, ya sea el nombre de la compañía que corre el sitio Web o varios párrafos que explican los méritos de un producto. Afortunadamente, digitar texto en una página Web es parecido a digitar texto en un procesador de palabras. Solo hace clic donde desea que aparezca el texto; FrontPage luego despliega un cursor para mostrarle donde aparecerá su texto cuando empiece a digitar. Conforme digita, FrontPage automáticamente ajusta sus palabras a la próxima línea para que su texto aparezca como un párrafo continuo (como el párrafo que está viendo en este momento).

Si desea agregar un salto de párrafo (que despliega una línea en blanco entre dos líneas de texto, como la parte superior de este párrafo y la línea inferior del párrafo anterior), solo pulse la tecla Enter o Return.

Si desea desplegar la próxima línea de texto debajo de la línea anterior sin esperar que FrontPage ajuste sus palabras a la próxima línea, puede insertar un salto de línea pulsando Shift+Enter (o Shift+Return). Esto hace que el texto aparezca directamente debajo de la línea anterior sin ningún espacio entre las dos líneas.

Si desea tabular texto, pulse la tecla Tab o la barra espaciadora varias veces para alinear su texto de la forma que desea que aparezca en su página Web.

Formatear texto

El texto por sí solo puede verse sencillo y poco atractivo. Tome unos momentos para arreglar la apariencia de su información formateando una o más líneas de texto.

Para formatear texto, siga estos pasos:

1. **Destaque el texto que desea modificar.**

2. **Escoja F̲ormat⇨F̲ont.**

   Aparece el recuadro de diálogo Font.

3. **Escoja el formato que desea (fuente, subrayado, tamaño de fuente, color, etcétera) y luego haga clic sobre OK.**

   Si hace clic sobre el botón Apply, puede ver los cambios en su texto sin salir del recuadro de diálogo Font.

Agregar color y bordes al texto

Para enfatizar su texto, enciérrelo en un borde o cambie los colores de fondo y primer plano.

Para agregar un borde alrededor del texto, siga estos pasos:

1. **Haga clic sobre el texto que desea rodear con un borde.**

2. **Escoja F̲ormat⇨B̲orders and Shading.**

   Aparece el recuadro de diálogo Borders and Shading, como se muestra en la Figura 20-4.

3. **Haga clic sobre Bo̲x para que un borde rodee su texto (si solo desea un borde en la parte superior, inferior o costados de su texto, haga clic sobre los botones top, bottom, left o right de Border en el grupo Preview).**

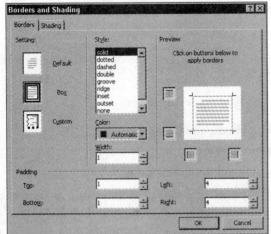

Figura 20-4:
El recuadro
de diálogo
Borders and
Shading.

4. **Haga clic sobre la lista Style y escoja un estilo, como dotted (de puntos) o ridge (ondulado).**

5. **Haga clic sobre la flecha que apunta hacia abajo en el recuadro de lista Color y escoja un color.**

6. **Haga clic sobre OK.**

Los bordes le dan al texto más prominencia en la página, pero quizás desee incluir color para asegurarse de que las personas no se pierdan su texto. FrontPage le brinda la opción de cambiar el color de fondo y primer plano para que pueda desplegar texto en rosado llamativo contra un fondo verde-neón (siempre que desee dañar los ojos de quien lo vea).

Para colorear su texto, siga estos pasos:

1. **Haga clic sobre el texto que desea colorear.**

2. **Escoja Format⇨Borders and Shading.**

   Aparece el recuadro de diálogo Borders and Shading.

3. **Haga clic sobre la pestaña Shading.**

   Aparece la pestaña Shading.

4. **Haga clic sobre la flecha que apunta hacia abajo junto al recuadro de lista Background Color y escoja un color para su fondo.**

5. **Haga clic sobre la flecha que apunta hacia abajo junto al recuadro de lista Foreground Color y escoja un color para su texto.**

6. **Haga clic sobre OK.**

Sea cuidadoso al escoger los colores para el fondo y texto. Escoger un color de fondo oscuro y color de texto oscuro puede hacer sus páginas Web difíciles de leer. Para mejores resultados, utilice colores contrastantes, como un fondo claro y color oscuro para el texto.

Si no define los colores para su fondo y el texto, el explorador de un espectador puede utilizar sus colores predefinidos para desplegar sus páginas Web, lo que puede hacer que estas aparezcan leve o drásticamente diferentes de la forma en que se ven en su computadora.

Utilizar estilos de texto

Para ahorrarle las congojas de formatear texto usted mismo, FrontPage lo puede hacer utilizando estilos de texto —configuraciones con formato apropiado incorporado. Los estilos de texto pueden tener nombres extraños Heading 1, Normal y Heading 4 (para ver cuáles estilos pueden estar disponibles para su página Web, haga clic sobre el recuadro de lista Style en la barra de herramientas Formatting).

Para utilizar un estilo de texto, siga estos pasos:

1. **Haga clic sobre el texto que desea formatear utilizando un estilo de texto.**

2. **Haga clic sobre la flecha que apunta hacia abajo junto al recuadro de lista Style y escoja un estilo de texto, como Normal o Heading 3.**

   FrontPage automáticamente formatea su texto de acuerdo con su estilo de texto escogido.

Como una alternativa, haga clic sobre la flecha que apunta hacia abajo junto al recuadro de lista Style, escoja un estilo de texto y luego empiece a digitar. Lo que digite, aparece automáticamente en su estilo de texto escogido.

Si escoge un estilo que hace a su texto verse repugnante, pulse Ctrl+Z o haga clic sobre el botón Undo para revertir cualquier cambio que haya hecho.

No puede aplicar más de un estilo de texto a un párrafo. Termina un párrafo donde pulse Enter o Return. Para ver las marcas de párrafo que muestran el final de sus párrafos, haga clic sobre Show All button en la barra de herramientas Standard (se ve como una marca de párrafo).

Agregar efectos de HTML dinámico

En el pasado, las páginas Web se veían bastante aburridas. Para darle un poco de sabor y hacerlas verse más sofisticadas, los programadores crearon algo llamado *dynamic HTML (HTML dinámico) (o DHTML para sus amigos)*, que puede hacer que su texto responda al usuario deslizándose por la pantalla o cambiando los colores cuando el usuario hace clic.

Los efectos del HTML dinámico quizás no funcionan con todos los tipos y versiones de exploradores. Por ejemplo, Internet Explorer 3.0 no puede desplegar efectos de HTML dinámico, pero la versión 4.0 (y posteriores) de Internet Explorer sí. Aun así, no todos utilizan la última versión de un explorador; eso quiere decir que no todos pueden ver los efectos del HTML dinámico en su página Web.

A pesar de estos contratiempos, los efectos del HTML dinámico pueden hacer sus páginas Web más dinámicas e interesantes (por supuesto, debe tener *información* interesante en su sitio Web o, ¿quién va a ver los efectos especiales?).

Para agregar efectos del HTML dinámico, siga estos pasos:

1. **Haga clic sobre el texto que desea formatear.**

2. **Escoja F̲ormat⇨Dynamic HTML E̲ffects.**

   Aparece la barra de herramientas DHTML Effects, como se muestra en la Figura 20-5.

Figura 20-5:
La barra de
herramien-
tas DHTML
Effects.

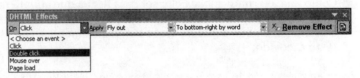

3. **Haga clic sobre la flecha que apunta hacia abajo junto al recuadro On list.**

   Aparece una lista de eventos, incluyendo Click, Double Click, Mouse Over y Page Load.

4. **Escoja un evento (como Click o Mouse Over).**

5. **Haga clic sobre la flecha que apunta hacia abajo junto al recuadro de lista Apply.**

Aparece una lista de opciones en el recuadro de lista Apply, como Fly Out y Formatting.

6. **Escoja la opción que desea del recuadro de lista Apply.**

   Dependiendo del evento que escoja en el Paso 4, las opciones disponibles en el Paso 5 pueden variar.

7. **Haga clic sobre el recuadro Close de la barra de herramientas DHTML para hacerla desaparecer.**

8. **Escoja File⇨Preview in Browser.**

   FrontPage despliega un recuadro de diálogo que le pide escoger un explorador y una resolución.

9. **Haga clic sobre el explorador y la resolución que desea utilizar, luego haga clic sobre Preview.**

   Si todavía no ha guardado su página Web, un recuadro de diálogo le recuerda hacerlo. Aparece su explorador desplegando su página Web para que la admire.

10. **Escoja File⇨Close para deshacerse del explorador y regresar a FrontPage.**

Siempre puede quitar efectos del HTML dinámico del texto repitiendo los Pasos 1 y 2 y haciendo clic sobre el botón Remove Effects en la barra de herramientas DHTML Effects.

Poner Ilustraciones Bonitas en una Página Web

Aparte del texto, el elemento más importante de una página Web son los gráficos. Estos pueden ser decorativos (como ilustración del logotipo de su compañía) o botones que se vinculan con otra página Web.

Los gráficos pueden hacer la diferencia entre una página Web invitadora y otra que se ve monótona(o tan solo repugnante). Tome algún tiempo para seleccionar (o crear) y agregar algunos gráficos para mejorar la apariencia de sus páginas Web.

Aunque FrontPage despliega una variedad de archivos de gráficos, los dos tipos de archivos que las páginas Web pueden utilizar son GIF y JPEG (los archivos JPEG a menudo tienen la extensión JPG). Si desea utilizar un archivo de gráfico que está almacenado en un formato de archivo diferente (como PCX o BMP), debe obtener un programa especial para convertir ese archivo, ya sea en formato GIF o JPEG antes de poder utilizarlo en su página Web.

Agregar ilustraciones a una página Web

FrontPage puede obtener imágenes gráficas de dos fuentes: *clip art* —imágenes prediseñadas que Microsoft hizo que algún artista muerto de hambre dibujara para que usted las utilizara— u otros archivos de gráficos que ha almacenado en su computadora.

Como clip art no siempre puede ofrecer la imagen exacta que desea, muchas personas (especialmente las buenas dibujantes) crean sus propias imágenes utilizando un programa de pintura o dibujo. Las personas que no pueden dibujar deben ingeniárselas para obtener una imagen a través de un escáner, una cámara digital o la Internet.

Para agregar una imagen de clip art a una página Web, siga estos pasos:

1. **Haga clic sobre la página Web donde desea que aparezca la imagen de clip art.**

2. **Escoja Insert⇨Picture⇨Clip Art.**

   Aparece el panel Insert Clip Art, como se muestra en la Figura 20-6.

3. **Haga clic sobre el recuadro Search Text y digite una descripción del tipo de clip art que desea ver, como gato o Paris.**

4. **Haga clic sobre Search.**

   El panel Insert Clip Art despliega imágenes miniatura de las imágenes de clip art que coinciden con la palabra que digitó en el Paso 3.

5. **Haga clic sobre la flecha que apunta hacia abajo y que aparece a la derecha de la imagen que desea utilizar.**

   Aparece un menú que cae.

6. **Haga clic sobre Insert.**

   FrontPage inserta su imagen escogida en su página Web. Quizás desee ajustar el tamaño de la imagen.

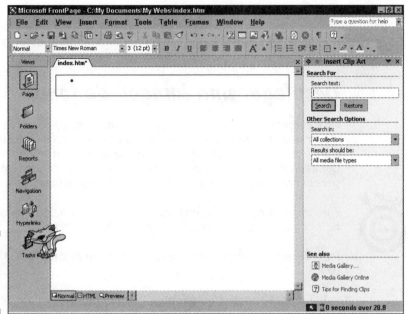

Figura 20-6:
Escoger clip
art en
FrontPage.

Si desea ajustar el tamaño de su ilustración, haga clic sobre esta para que FrontPage despliegue cuadros de dimensionamiento negros alrededor de los bordes. Luego mueva el puntero del mouse sobre un cuadro de dimensionamiento negro, sostenga el botón izquierdo del mouse y arrastrelo para ajustar el tamaño de su ilustración.

En lugar de utilizar las imágenes de clip art suministradas por Microsoft, podría querer utilizar archivos gráficos que almacenó usted mismo, como imágenes capturadas a través de un escáner o cámara digital. Para desplegar dicho archivo gráfico en una página Web, siga estos pasos:

1. **Haga clic sobre la página Web donde desea que aparezca la imagen del archivo gráfico.**

2. **Escoja Insert⇨Picture⇨From File.**

   Aparece el recuadro de diálogo Picture.

   Las páginas Web pueden desplegar solamente imágenes almacenadas en el formato de archivo GIF o JPEG.

3. **Haga clic sobre el archivo gráfico que desea utilizar y luego sobre Insert.**

FrontPage despliega la imagen que escoge en la página Web. Quizás deba mover o ajustar el tamaño de la imagen para hacerla calzar en la página Web.

Desplegar una imagen de fondo

Para agregar un poco de color a sus páginas Web, puede escoger desplegar una imagen de fondo —un simple archivo gráfico desplegado en sus páginas Web, como la imagen del papel tapiz en su computadora. Como un simple archivo gráfico es rara vez lo suficientemente grande para llenar una página entera, FrontPage lo repite una y otra vez.

Para mejores resultados, una imagen gráfica de fondo no debería interferir con ningún texto o gráficos en sus páginas Web.

Para desplegar una imagen de fondo para su página Web, siga estos pasos:

1. **Escoja F̲ormat⇨Bac̲kground.**

   Aparece el recuadro de diálogo Page Properties.

2. **Haga clic sobre la casilla de verificación Background Picture para que aparezca una marca de verificación.**

3. **Haga clic sobre B̲rowse.**

   Aparece el recuadro de diálogo Select Background Picture.

4. **Haga clic sobre el archivo gráfico que desea utilizar y haga clic sobre O̲pen.**

   Aparece el recuadro de diálogo Page Properties de nuevo.

5. **Haga clic sobre OK.**

   FrontPage despliega su página Web con la imagen escogida en el fondo.

Utilizar temas

Como acceso directo para escoger una imagen de fondo y utilizar estilos de texto, FrontPage ofrece temas. Un tema contiene imágenes de fondo predefinidas, texto y estilos gráficos para crear diferentes tipos de páginas Web. Al utilizar un tema, usted está esencialmente copiando el diseño de una página Web existente. Luego solo debe modificarla para su propio uso.

Para definir un tema para su página Web, siga estos pasos:

1. **Escoja Format⇨Theme.**

   Aparece el recuadro de diálogo Themes, como se muestra en la Figura 20-7.

2. **Haga clic sobre un botón de opción para escoger el tema para All pages o Selected page(s).**

3. **Haga clic sobre el tema que desea utilizar, como Citrus Punch o Romanesque.**

   FrontPage muestra cómo se ve el tema escogido para que pueda aprobarlo o cambiar de parecer ahora mismo.

4. **Haga clic sobre OK.**

   FrontPage utiliza el tema escogido para su página Web. Si ya formateó cualquier texto utilizando un estilo de texto, como Heading 1, podría verse ahora diferente dependiendo del tema que escogió.

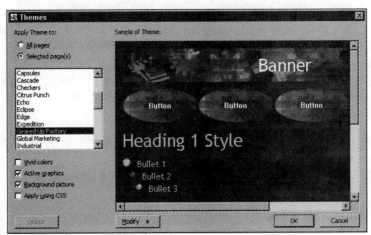

Figura 20-7: Decorar una página Web utilizando el recuadro de diálogo Themes.

Conectar Todo con Hipervínculos

El paso final para hacer sus páginas Web útiles, interesantes y listas para la Internet es agregar hipervínculos. Tanto el texto como los gráficos pueden ser hipervínculos. Un hipervínculo simplemente apunta a otra página o sitio Web cuando el espectador hace clic sobre ella(él).

Para crear hipervínculos, siga estos pasos:

1. **Haga clic sobre la imagen gráfica (o destaque el texto) que desea convertir en un hipervínculo.**

2. **Escoja_Insert⇨Hyperlink, pulse Ctrl+K o haga clic sobre el botón Hyperlink en la barra de herramientas Standard.**

   Aparece el recuadro de diálogo Insert Hyperlink, como se muestra en la Figura 20-8, ofreciendo opciones para conectar su página Web con otras.

3. **Haga clic sobre la página Web que desea que despliegue el hipervínculo o digite la dirección de sitio Web (como** www.dummies.com) **en el recuadro de texto Address.**

4. **Haga clic sobre OK.**

Para editar o quitar un hipervínculo, siga estos pasos:

1. **Haga clic sobre el gráfico o hipervínculo de texto que desea cambiar.**

2. **Escoja Insert⇨Hyperlink, pulse Ctrl+K o haga clic sobre el botón Hyperlink en la barra de herramientas Standard para mostrar el recuadro de diálogo Edit Hyperlink.**

3. **Edite el texto que aparece en el recuadro de texto Address (o elimine el texto que aparece en el recuadro de texto para quitar el hipervínculo).**

   El recuadro de texto Address despliega la dirección de otro sitio de la WWW o el nombre de una página Web.

4. **Haga clic sobre OK.**

   FrontPage quita o cambia su hipervínculo.

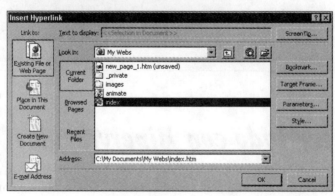

Figura 20-8:
El recuadro
de diálogo
Insert
Hyperlink.

Vista Preliminar de sus Páginas Web

Después de crear, editar y modificar sus páginas Web, puede encontrar errores menores cuando las visualiza en la Internet. Si es así, debe modificar sus páginas Web y luego colocarlas de nuevo en la Internet, lo que puede consumir mucho tiempo, es molesto y aburrido. Sin embargo, FrontPage suministra dos formas útiles de tener una vista preliminar de sus páginas para que pueda interceptar el problema de colocar páginas Web no corregidas en la Internet.

Mientras tiene una vista preliminar de sus páginas Web, si hace clic sobre un hipervínculo que apunta hacia otro sitio Web, como `www.dummies.com`, FrontPage intenta cargar su explorador y conectarse a la Internet. Asegúrese de que eso es lo que desea que ocurra.

No importa cuán lindas se ven sus páginas Web en la pantalla de su computadora, eventualmente deseará colocarlas en un sitio de la WWW para que todos las vean. Dependiendo del servicio de hosting del sitio Web específico que usted utiliza, los pasos exactos pueden diferir, pero en la mayoría de ellos solo necesitará una contraseña y un nombre de directorio específico (como `/yourisp/homepages`) para almacenar sus páginas Web en la computadora que brinda el host de la Web.

Vista preliminar de una sola página

Para descubrir más sobre cómo se ve una sola página Web, siga estos pasos:

1. **Haga clic sobre el icono Page en la barra Views.**

   FrontPage despliega la Folder List a la derecha de la barra Views.

   Si la barra Views está oculta, escoja View⇨Views Bar para hacerla aparecer en su pantalla.

2. **Haga doble clic sobre la página Web de la que desea una vista preliminar.**

3. **Haga clic sobre la pestaña Preview que aparece en la parte inferior de la página Web.**

   FrontPage le muestra cómo se verá su página Web escogida en la Internet. Puede también hacer clic sobre los hipervínculos para ver si funcionan.

4. **Haga clic sobre la pestaña Normal para regresar a editar su página Web.**

Vista preliminar de su sitio Web en un explorador

El problema de tener una vista preliminar de sus páginas Web con FrontPage es que no puede decir cómo se verán en un explorador. Como una alternativa, FrontPage puede cargar cualquier explorador desde su disco duro y permitirle tener una vista preliminar de sus páginas Web dentro del explorador escogido. Utilizando este método, puede ver cómo lucirán sus páginas Web en diferentes versiones de Netscape Navigator o Internet Explorer.

Para una vista preliminar de sus páginas Web en un explorador, siga estos pasos:

1. **Escoja File⇨Preview in Browser para mostrar el recuadro de diálogo Preview in Browser.**

2. **Haga clic sobre el explorador que desea utilizar.**

3. **Haga clic sobre el botón de opción de la resolución de pantalla que desea utilizar, como 800 x 600.**

4. **Haga clic sobre Preview.**

   Aparece su explorador escogido y despliega sus páginas Web. Puede también hacer clic sobre los hipervínculos para asegurarse de que funcionen (¡Qué concepto!).

5. **Haga clic sobre File⇨Close File.**

   FrontPage reaparece y su explorador desaparece.

Para una forma rápida de tener una vista preliminar de sus páginas Web, haga clic sobre el botón Preview in Browser en la barra de herramientas Standard en el Paso 1. Preview despliega sus páginas Web en su explorador predeterminado inmediatamente.

Ver el código HTML

El código HTML contiene muchos símbolos crípticos que realmente definen cómo se vean sus páginas Web en la Internet. FrontPage lo protege de las complejidades de editar el código HTML; si realmente es curioso, puede visualizar y editar su Código HTML . Sin embargo. . .

Asegúrese de que sabe lo que está haciendo si decide editar el código HTML; las tipografías y otros errores pueden realmente estropear sus páginas Web. Para más información sobre HTML, lea *HTML Para Dummies*, Tercera Edición, por Ed Tittel, Natanya Pitts y Stephen N. James (Hungry Minds, Inc.).

Para visualizar el código HTML que le da vida a sus páginas Web, siga estos pasos:

1. **Haga clic sobre el icono Page en la barra Views.**

   FrontPage despliega la Folder List a la derecha de la barra Views.

   (si la barra Views está oculta, escoja <u>V</u>iew⇨<u>V</u>iews Bar primero).

2. **Haga doble clic sobre la página Web de la que desea una vista preliminar.**

   FrontPage despliega su página Web escogida.

3. **Haga clic sobre la pestaña HTML en la parte inferior de la página Web.**

   FrontPage despliega el código HTML críptico que conforma su página Web, como se muestra en la Figura 20-9.

4. **Haga clic sobre la pestaña Normal en la parte inferior de la página Web para regresar a una vista libre de HTML de esta.**

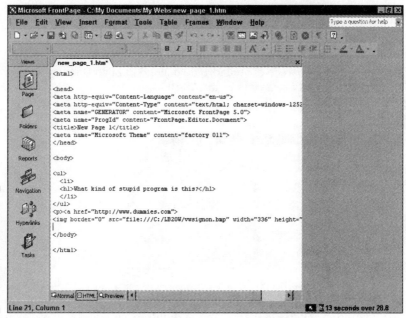

Figura 20-9: Visualizar el código HTML —las extrañas de su página Web.

Colocar sus Páginas Web

Después de haber diseñado sus páginas Web y haber tenido una vista preliminar de ellas para que luzcan en la forma que desea, el paso final es colocarlas en la Internet para que todas las personas en el mundo entero puedan verlas.

Para colocar páginas Web en un servicio de host de la Web (como Geocities, en Geocities, geocities.yahoo.com/home), necesita una contraseña (para que solamente pueda actualizar su sitio Web) y una carpeta para almacenar sur archivos de página Web. Si esto ya le suena confuso, pídale a su servicio de host de la Web amigable ayuda para colocar sus páginas Web en la Internet.

FrontPage incluye un comando para hacer el colocar sus páginas Web en la Internet algo sencillo. Recuerde que no todos los servicios de host de la Web soportan los comandos de publicación de FrontPage, así que converse con el servicio de host de la Web antes de intentar los pasos anteriores.

Para colocar sus páginas Web de la FrontPage, siga estos pasos:

1. Escoja File⇨Publish Web

Aparece el recuadro de diálogo Publish Destination, como se muestra en la Figura 20-10.

Figura 20-10: Necesita especificar el dominio del sitio Web que despliega sus páginas Web.

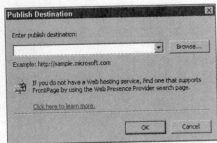

2. Digite la dirección del dominio, como www.dummies.com, **que almacena sus páginas Web y haga clic sobre OK.**

Si no está conectado a la Internet, aparece un recuadro de diálogo pidiéndole el nombre de su conexión con la Internet y la contraseña. Cuando está conectado a la Internet, aparece un recuadro de diálogo pidiéndole el nombre y contraseña necesarios para acceder su servicio de host de la Web.

Si no conoce el nombre y contraseña que necesita digitar en el Paso 2, contacte su servicio host de la Web para ayuda.

3. **Digite el nombre y contraseña necesarios para acceder su servicio host de la Web y haga clic sobre OK.**

FrontPage despliega un recuadro de diálogo mostrándole las páginas Web que el programa está actualizando. Cuando FrontPage termina de actualizar sus páginas Web, aparece un recuadro de diálogo para informarle que estas han sido colocadas.

4. **Haga clic sobre Done.**

Después de colocar sus páginas Web, quizás desee cargar su explorador de la Web y verificar que sus páginas aparezcan y se comporten en la forma que espera que luzcan y actúen. Para asegurarse de que sus páginas Web aparecen exactamente como desea, visite su sitio utilizando diferentes exploradores de la Web y computadoras, como una Macintosh corriendo Netscape Navigator.

Capítulo 21

Organizar sus Páginas con Tablas, Marcos y Líneas

Solo necesita agregar texto y gráficos a una página Web para hacerla funcional, pero ¿por qué detenerse aquí? Para ayudarle a alinear esos elementos básicos en una página Web, puede también utilizar tablas y marcos. Las tablas pueden organizar texto y gráficos en filas y columnas nítidas. Los marcos pueden dividir una página en dos o más partes, con cada parte mostrando su información independientemente de las otras.

Organizar Texto en Tablas

Aunque puede digitar texto en cualquier parte en una página Web, intentar alinear donde desea que aparezca, algunas veces puede ser molesto. De vez en cuando, el texto aparece exactamente donde lo desea y otras debe mantenerse golpeando la barra espaciadora o la tecla Tab para alinearlo adecuadamente. Pero, ¿por qué torturarse usted mismo? Utilice una tabla para organizar su texto.

Una tabla despliega filas y columnas, mucho como una hoja electrónica, donde puede digitar texto. Como cada trozo de texto aparece en su propia fila y columna (llamada *cell, celda*), una tabla facilita la organización de su texto.

Dibujar una tabla

Para darle tantas opciones como sea posible, FrontPage brinda tres formas de dibujar una tabla. Puede escoger el método que le guste más (o confundirse con todos los métodos y no utilizar ninguno). Para dibujar una tabla, siga estos pasos:

1. **Haga clic donde desea que aparezca la tabla en su página Web.**

2. **Haga clic sobre el botón Insert Table en la barra de herramientas Standard.**

   Aparece un menú que cae, desplegando celdas en blanco.

3. **Arrastre el mouse a través del menú que cae para destacar el número de filas y columnas que desea.**

4. **Haga clic sobre el botón izquierdo del mouse.**

   FrontPage dibuja su tabla.

Para intentar otro método de dibujar una tabla que le brinda más flexibilidad, siga estos pasos:

1. **Haga clic donde desea que aparezca la tabla en su página Web.**

2. **Escoja T̲able⇨I̲nsert⇨T̲able.**

   Aparece el recuadro de diálogo Insert Table, como se muestra en la Figura 21-1.

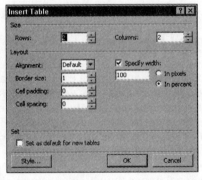

Figura 21-1: Dibujar una tabla utilizando el recuadro de diálogo Insert Table.

3. **Digite el número de filas y columnas que desea.**

4. **Haga clic sobre OK.**

   FrontPage dibuja su tabla.

Si ya tiene demasiado texto digitado en una página pero quiere organizarlo en una tabla, no se moleste creando una nueva tabla y digitando el texto en ella. En lugar de eso, FrontPage puede convertir texto en una tabla automáticamente. Para convertir texto en una tabla, siga estos pasos:

1. **Divida el texto que desea que aparezca en una tabla utilizando párrafos o comas.**

   El método que utiliza para dividir su texto determinará sobre cuál botón de opción hace clic en el paso 4. Por ejemplo, si tiene una lista de nombres que desea que aparezcan en celdas individuales de su tabla, separe cada nombre con una coma y luego haga clic sobre el botón de opción Commas, más adelante en el Paso 4.

2. **Destaque el texto que desea mostrar en una tabla.**

3. **Escoja Table⇨Convert⇨Text to Table.**

   Aparece el recuadro de diálogo Convert Text to Table.

4. **Haga clic sobre un botón de opción para escoger cómo separar texto en celdas, como by Paragraphs o Commas, luego haga clic sobre OK.**

   FrontPage despliega su texto destacado en una tabla.

Agregar (y eliminar) filas y columnas

Después de que dibuje su tabla, puede necesitar agregar o eliminar filas y columnas. Para agregar una fila o columna, siga estos pasos:

1. **Haga clic sobre la fila o columna de la tabla donde desea agregar otra (fila o columna).**

2. **Escoja Table⇨Insert⇨Rows o Columns.**

   Aparece un recuadro de diálogo Insert Rows or Columns.

3. **Haga clic sobre el botón de opción Rows or Columns.**

4. **Haga clic sobre el recuadro de texto Number of Rows/Columns y luego digite cuántas filas o columnas desea agregar.**

5. **En el grupo Location, haga clic sobre un botón de opción para especificar dónde insertar la nueva fila o columna (como Right of Selection o Above Selection).**

6. **Haga clic sobre OK.**

   FrontPage inserta sus filas o columnas en la tabla amablemente.

Eventualmente, puede decidir que tiene demasiadas filas o columnas. Si desea eliminar una fila o columna, siga estos pasos:

1. **Haga clic sobre la fila o columna de la tabla que desea eliminar.**
2. **Escoja Table⇨Select⇨Row (o Column).**

   FrontPage destaca su fila o columna escogida.
3. **Escoja Table⇨Delete Cells.**

   FrontPage quita su fila o columna escogida.

Cambiar el tamaño de una tabla

Es muy probable que FrontPage no dibujará una tabla exactamente del tamaño que la desea. Afortunadamente, puede ajustar su tamaño fácilmente siguiendo estos pasos:

1. **Mueva el puntero del mouse sobre el borde de una tabla (ya sean los bordes externos o internos).**

   El puntero del mouse se convierte en una flecha doble.
2. **Sostenga el botón izquierdo del mouse y arrástrelo.**

   FrontPage despliega una línea de puntos para mostrarle la nueva ubicación del borde de su tabla.
3. **Libere el botón izquierdo del mouse.**

Eliminar una tabla

Las tablas pueden ser útiles, pero después de dibujar una, puede decidir que no la necesita después de todo. Para eliminar completamente una tabla y sus contenidos, siga estos pasos:

1. **Haga clic sobre la tabla que desea eliminar.**
2. **Escoja Table⇨Select⇨Table.**

   FrontPage destaca la tabla completa.
3. **Escoja Table⇨Delete Cells.**

Enmarcar sus Páginas Web

Anteriormente, los Sitios Web mostraban solo una página Web en toda la pantalla. Desafortunadamente, esto confundía a muchas personas, ya que cuando hacían clic sobre un hipervínculo, toda la página desaparecía y una nueva página Web tomaba su lugar.

Para dar un sentimiento de continuidad a todas las páginas en un sitio Web, los programadores inventaron los marcos. Los *Frames (marcos)* dividen su página Web en dos o más partes, donde cada parte despliega páginas Web completamente diferentes. Como los marcos a menudo brindan sus propias barras de desplazamiento verticales, los usuarios pueden desplazarse hacia arriba o hacia abajo dentro de ellos, sin afectar el contenido de los otros marcos. Muchas páginas Web utilizan un marco para mostrar una lista de botones de hipervínculo y otro para mostrar los contenidos reales de la página Web, como se muestra en la Figura 21-2.

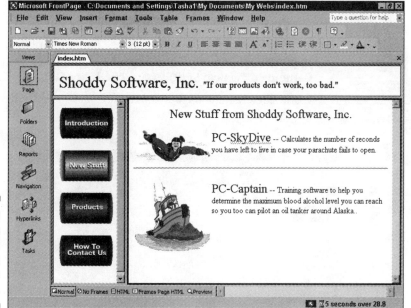

Figura 21-2:
Los marcos organizan el material en una página Web.

Versiones más viejas de Netscape Navigator e Internet Explorer no pueden mostrar marcos. Para asegurarse de que sus páginas Web sean vistas por todos (incluyendo las personas que utilizan exploradores de la Web oscuros, como Mosaic o Lynx), evite los marcos o cree dos versiones de sus páginas Web: una versión enmarcada y una no enmarcada.

Crear una página Web enmarcada

Para crear una página Web enmarcada, siga estos pasos:

1. **Escoja File⇨New⇨Page or Web.**

   Aparece el panel New Page or Web.

2. **Haga clic sobre Page Templates bajo la categoría New from Template.**

   Aparece el recuadro de diálogo Page Templates.

3. **Haga clic sobre la pestaña Frames Pages.**

   FrontPage despliega una lista de plantillas de página Web que utilizan marcos, como se muestra en la Figura 21-3.

4. **Haga clic sobre una plantilla de marco que desea utilizar (como Contents o Vertical Split) y haga clic sobre OK.**

   FrontPage crea una página enmarcada vacía, como se muestra en la Figura 21-4.

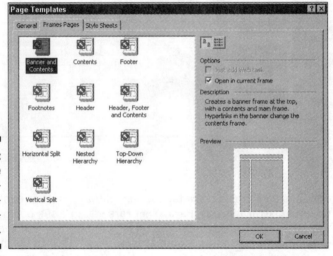

Figura 21-3:
FrontPage brinda plantillas de páginas enmarcadas.

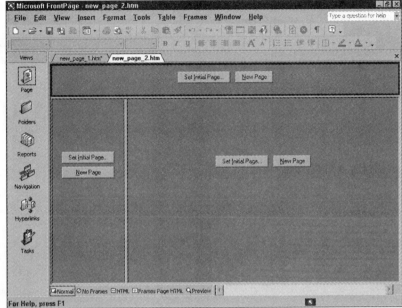

Figura 21-4:
Una página
enmarcada
vacía lista
para el texto
y gráficos.

Llenar una página Web enmarcada

Después de que crea una página Web enmarcada vacía, el próximo
paso es llenar el marco con información —ya sea completamente
nueva (que debe digitar o insertar usted mismo) u otra página Web
existente. Para colocar información completamente nueva en un
marco, siga estos pasos:

1. **Haga clic sobre el botón New Page dentro del marco que desea
   utilizar.**

   FrontPage despliega un marco vacío.

2. **Empiece a digitar el texto o insertar gráficos.**

   Refiérase al Capítulo 20 para más información acerca de agregar
   texto y gráficos a una página Web.

En lugar de crear nueva información dentro de un marco, puede indicarle a FrontPage mostrar una página Web existente dentro de su
marco. Para definir que una página Web aparezca en un marco, siga
estos pasos:

1. **Haga clic sobre del botón Set Initial Page dentro del marco que desea utilizar.**

   Aparece el recuadro de diálogo Insert Hyperlink, como se muestra en la Figura 21-5.

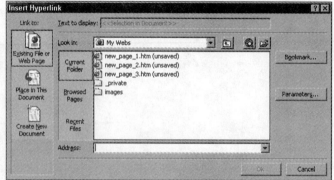

Figura 21-5: El recuadro de diálogo Insert Hyperlink le ayuda a mostrar una página Web existente dentro de un marco.

2. **Haga clic sobre la página Web que desea utilizar dentro de su marco.**

   Puede necesitar intercambiar carpetas o controladores para encontrar la página Web que desea mostrar.

3. **Haga clic sobre OK.**

   FrontPage despliega su página Web escogida dentro de su marco.

Hipervincular páginas Web enmarcadas

Cuando guarda una página Web enmarcada, FrontPage guarda cada marco como un archivo separado. Así que, puede crear un hipervínculo en un marco que abra una página Web dentro de otro marco. Para crear un hipervínculo entre marcos, siga estos pasos:

1. **Destaque el texto o haga clic sobre una ilustración que desea utilizar como un hipervínculo.**

2. **Escoja Insert⟹Hyperlink o pulse Ctrl+K.**

   Aparece el recuadro de diálogo Edit Hyperlink.

3. **Escoja la Página Web que desea abrir desde el recuadro de lista.**

4. **Haga clic sobre el botón Target Frame en el recuadro de diálogo Edit Hyperlink.**

   Aparece el recuadro de diálogo Target Frame, como se muestra en la Figura 21-6.

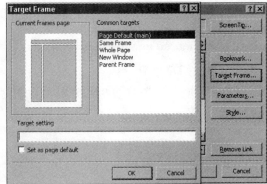

Figura 21-6:
El recuadro de diálogo Target Frame le permite escoger un marco donde aparezca su página Web.

5. **En el recuadro Current Frames Page, haga clic sobre el marco donde desea que aparezca su página Web.**

   FrontPage destaca su marco escogido.

6. **Haga clic sobre OK para cerrar el recuadro de diálogo Target Frame y luego haga clic sobre OK para cerrar el recuadro de diálogo Edit Hyperlink.**

   Quizás desee hacer clic sobre la pestaña Preview en la parte inferior de la pantalla para probar su hipervínculo.

Cambiar las propiedades de una página Web enmarcada

Después de que crea una página enmarcada, puede modificarla en cualquier momento. La forma más simple de hacerlo es cambiar las propiedades del marco, lo que le permite modificar lo siguiente:

- Nombre del marco.
- Página Web inicial que desea que despliegue el marco.
- Tamaño del marco.
- Márgenes del marco.
- Si el tamaño del marco es ajustable al ser visualizado dentro de un explorador.

✔ Bordes del marco.

✔ Espaciado del marco.

✔ Si el marco despliega barras de desplazamiento.

Para modificar las propiedades de un marco, siga estos pasos:

1. **Haga clic sobre la pestaña Normal en la parte inferior de la pantalla.**

2. **Haga clic dentro del marco que desea modificar.**

3. **Escoja Frames➪Frame Properties.**

   Aparece el recuadro de diálogo Frame Properties, como se muestra en la Figura 21-7.

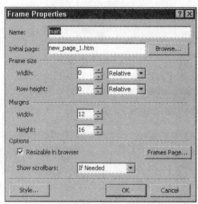

Figura 21-7:
El recuadro de diálogo Frame Properties le brinda opciones para cambiar el tamaño y apariencia de su marco.

4. **Haga clic sobre el recuadro de texto Name y digite un nuevo nombre para su marco, si desea.**

5. **Haga clic sobre el recuadro de texto Initial Page y digite la página Web que desea que el marco despliegue.**

   Si hace clic sobre Browse, puede hacer clic sobre la página Web que desea mostrar sin tener que digitar nada.

6. **En el grupo Frame Size, haga clic sobre los recuadros Width o Row Height y digite una nueva altura o ancho para el marco.**

7. **En el grupo Margins, haga clic sobre los recuadros Width o Height y digite un nuevo ancho o altura para el margen.**

8. **Haga clic sobre el recuadro de lista Show scrollbars y escoja una opción, como If Needed o Always.**

9. Asegúrese de que aparece una marca de verificación en la casilla Resizable in Browser, o libere la casilla de verificación si no desea que los tamaños de los marcos sean ajustables cuando son visualizados en un explorador.

10. Haga clic sobre el botón Frames Page.

    Aparece el recuadro de diálogo Page Properties.

11. Asegúrese de que aparece una marca de verificación en la casilla Show Borders o libere la casilla de verificación si no desea que los marcos muestren los bordes.

12. Haga clic sobre el recuadro Frame Spacing y digite un número para definir el ancho los bordes de su marco.

13. Haga clic sobre OK.

Eliminar un marco

Aunque puede mantenerse dividiendo marcos, quizás desee eliminar los extras si tiene más de los que necesita. Para eliminar un marco, siga estos pasos:

1. Haga clic sobre la pestaña Normal en la parte inferior de la pantalla.

2. Haga clic dentro del marco que desea eliminar.

3. Escoja Frames⇨Delete Frame.

    FrontPage quita su marco escogido.

Visualizar su marco como una pantalla completa

Como los marcos dividen su página Web en pedazos más pequeños, quizás encuentre que editar un marco puede ser difícil en un espacio tan pequeño. Afortunadamente, los programadores más inteligentes en Microsoft ya han anticipado y resuelto este problema, permitiéndole visualizar un marco como una sola página Web. De esta forma, puede editarlo en una pantalla completa y, cuando termine, puede ver cómo luce el marco. Para visualizar un marco como una pantalla completa, siga estos pasos:

1. Haga clic sobre la pestaña Normal en la parte inferior de la pantalla.

2. **Haga clic sobre el marco que desea visualizar.**

3. **Escoja F**rames⇨**O**pen Page in New Window.

   FrontPage despliega su marco como una ventana.

4. **Edite su página Web hasta que se sienta contento y luego escoja F**ile⇨**C**lose o pulse Ctrl+F4 para regresar a la vista del marco de su página Web.

Utilizar Líneas Horizontales

Como un método final de organizar información en sus páginas Web, considere utilizar (¿listo para esto?) líneas horizontales. Aunque no son exactamente "alta tecnología" (una línea horizontal simplemente divide su página Web), si tienen grandes grupos de texto e ilustraciones para desplegar, una simple línea le ayuda a evitar que sus visitantes se sientan abrumados.

Crear una línea horizontal

Para agregar una línea horizontal a una página Web, siga estos pasos:

1. **Haga clic sobre la Página Web donde desea que aparezca la línea.**

2. **Escoja I**nsert⇨**Horizontal L**ine.

   FrontPage despliega una línea horizontal pura y aburrida, útil a lo largo de su página Web.

Mover una línea horizontal

Después de crear una línea horizontal, quizás desee moverla a una nueva ubicación. Para mover una línea horizontal, siga estos pasos:

1. **Haga clic sobre la línea horizontal que desea mover.**

   FrontPage destaca su línea horizontal escogida.

2. **Mueva el puntero del mouse sobre la línea, sostenga el botón izquierdo del mouse y arrástrelo.**

   FrontPage despliega una línea gris en el margen izquierdo de su página Web para mostrar dónde aparecerá la línea horizontal cuando libere el botón izquierdo del mouse.

3. Libere el botón izquierdo del mouse cuando esté contento con la nueva ubicación de la línea horizontal.

Eliminar una línea horizontal

Si se cansa de ver una línea horizontal, puede eliminarla siguiendo estos pasos:

1. Haga clic sobre la línea horizontal que desea eliminar.

   FrontPage destaca su línea horizontal escogida.

2. Pulse Delete.

   Su línea horizontal desaparece en el olvido.

Parte VIII
Los Diez Mejores

La 5a Ola   Por Rich Tennant

KEVIN ACCIDENTALMENTE ENVIÓ POR CORREO ELECTRÓNICO SU BORRADOR PARA DE NOVELA DE MISTERIO EN LUGAR DE SU RÉSUMÉ.

SÍ, HEMOS RECIBIDO SU RÉSUMÉ. ¿PUEDE DECIRNOS MÁS ACERCA DEL TIEMPO QUE ESTUVO ESPOSADO EN EL CASCO DEL CARGUERO RUSO?

En este parte . . .

Después de dedicar una cantidad importante de tiempo comprendiendo los poderes y rompecabezas de Microsoft Office XP, venga a esta parte del libro para descubrir los accesos directos secretos y consejos que pueden hacer a cualquier programa en Microsoft Office XP aun más fácil y efectivo para su uso personal o de negocios.

Solo asegúrese de que su familia, compañeros de trabajo o jefe no lo agarren leyendo esta parte del libro. Podrían dejar de pensar que usted es un súper gurú de Office XP y darse cuenta de que es solo otra persona ordinaria que se apoya en un libro maravilloso. (¿Por qué no? Muchos de los gurús lo hacen).

De nuevo, ¿por qué no comprar copias extra de este libro y dárselas a sus amigos, compañeros de trabajo y jefe para que puedan comprender cómo utilizar Office XP ellos solos y dejarle bastante tiempo para realmente trabajar?

Capítulo 22

Diez Consejos para Utilizar Microsoft Office XP

Microsoft Office contiene tantas opciones y comandos que usted debería tomar algún tiempo para explorar los consejos en este capítulo. Vea cuán rápidamente puede convertirse de novato en computación en un gurú de Office XP (siempre y cuando mantenga una copia de este libro con usted todo el tiempo).

Personalizar la Interfaz de Usuario de Microsoft Office XP

Microsoft intentó crear la colección más fácil e intuitiva de programas en el mundo. Aunque hay una buena posibilidad de que estos sean todavía demasiado complicados para que la mayoría de los mortales los utilicen y comprendan. Así que en lugar de sufrir en silencio, tome unos minutos para personalizar la interfaz de usuario de Microsoft Office XP.

Desgarrar sus barras de herramientas

Las barras de herramientas por lo general aparecen en la parte superior de la pantalla (si aparecen). Quizás encuentre dos o más barras aplastadas entre sí (lo que puede lucir confuso). Así que siéntase en libertad de desgarrar sus menúes y moverlas por todas partes en la pantalla, incluyendo el costado, la parte inferior o justo en le medio de la pantalla.

Para desgarrar una barra de herramientas, siga estos pasos:

1. **Escoja <u>V</u>iew⇨<u>T</u>oolbars y luego el menú que desea mostrar.**

   Su barra de herramientas escogida aparece en la pantalla.

2. **Mueva el puntero del mouse encima del cuadro de dimensionamiento de la barra de herramientas.**

   El cuadro de dimensionamiento de la barra de herramientas aparece como una línea vertical en el extremo izquierdo del menú (como se muestra en la Figura 22-1). El puntero del mouse se convierte en una flecha apuntando en cuatro direcciones cuando mueve el mouse encima del cuadro de dimensionamiento del menú.

Figura 22-1:
Para mover una barra de herramientas o menú, mueva el puntero del mouse encima del cuadro de dimensionamiento de esta (este).

Controlador (Handles)

3. **Sostenga el botón izquierdo del mouse y lo arrastra para mover la barra de herramientas.**

   Conforme mueve la barra de herramientas lejos de la parte superior, esta se convierte en una ventana flotante. Puede dejar el menú como una ventana flotante o moverlo al costado, parte superior o parte inferior de su pantalla.

4. **Libere el botón del mouse cuando esté contento con la posición de su barra de herramientas.**

   Para mover una ventana flotante, mueva el puntero del mouse encima del título de la barra de herramientas flotante hasta que este se convierta en una flecha que apunta en cuatro direcciones.

Puede utilizar los pasos anteriores para mover el menú de cualquier programa de Microsoft Office XP al costado, parte inferior o mitad de su pantalla como una barra de menú flotante.

Zoom para evitar el esfuerzo de los ojos

Para abarrotar tanto texto en la pantalla como sea posible, Microsoft Office XP despliega todo en una fuente diminuta. Si no quiere esforzar sus ojos, puede acercarse a su pantalla o inflar su texto para que las letras sean más fáciles de ver.

FrontPage y Outlook no ofrecen una opción de Zoom.

Para "zoom in" (expandir) o "zoom out" (encoger) la apariencia del texto en la pantalla, siga estos pasos:

1. **Escoja View⇨Zoom.**

2. **Escoja un aumento (como 200% o 25%) y luego haga clic sobre OK.**

   Su documento aparece con el aumento deseado para que lo visualice placenteramente.

Si tiene un mouse con una rueda entre los dos botones (como el Microsoft IntelliMouse), tiene otra forma de acercarse o alejarse. Solo sostenga la tecla Ctrl y gire la rueda en todas direcciones.

Agrandar sus botones

Los botones de la barra de herramientas de Microsoft Office XP pueden ser crípticos pero difíciles de ver. En lugar de hacer bizco y dañar su vista, puede agrandar los botones. Para hacer los botones de su barra de herramientas más grandes, siga estos pasos:

1. **Escoja Tools⇨Customize.**

   Aparece el recuadro de diálogo Customize.

2. **Haga clic sobre la pestaña Options.**

3. **Seleccione la casilla de verificación Large Icons.**

   Microsoft Office XP despliega sus botones para hacerlos ver como si la radiación los hubiera mutado a tres veces su tamaño normal.

4. **Haga clic sobre Close.**

Si se enferma de ver botones grandes observándolo mientras trabaja, repita los pasos anteriores y quite la marca de la casilla Grandes iconos. ¡He aquí el regreso de los botones a su tamaño normal!

Cuando tenga dudas, haga clic sobre el botón derecho del mouse

Cuando desee cambiar el nombre, editar o modificar cualquier cosa en Office XP, utilice el menú de selección del botón derecho del mouse. Para utilizar este menú, siga estos pasos:

1. **Coloque el cursor del mouse encima del elemento que desea editar.**

2. **Haga clic sobre el botón derecho del mouse.**

   Aparece el menú de selección del botón derecho del mouse.

3. **Haga clic sobre un comando en el menú de selección.**

Utilizar la opción What's This?

Escoger comandos de los menúes de selección de Microsoft Office puede ser muy torpe, lento y molesto. Para resolver este problema, Microsoft puso los comandos más corrientemente utilizados en las barras de herramientas que aparecen en la parte superior de la pantalla.

Desafortunadamente, las barras de herramientas a menudo despliegan botones crípticos en jeroglíficos egipcios que confunden a los expertos. En lugar de adivinar qué hacen estos botones de la barra de herramientas (o perder tiempo experimentando), puede utilizar la opción útil What's This? que le ofrece una rápida explicación de cualquier botón de la barra de herramientas que lo confunde.

Para utilizar la opción What's This?, siga estos pasos:

1. **Escoja Help⇨What's This?**

   El cursor del mouse se convierte en una flecha con un signo de pregunta junto a él.

2. **Haga clic sobre un botón de la barra de herramientas que lo confunde.**

   Aparece una ventana explicando brevemente cuáles comandos representa el botón.

3. **Haga clic en cualquier parte para quitar la explicación de la pantalla.**

Si desea utilizar la opción What's This? para examinar otro botón en una barra de herramientas, debe repetir los pasos del 1 al 3.

Tomar accesos directos con macros

Muchas personas sueñan con el día en que den órdenes a una computadora en forma oral; la realidad actual es que aun deben digitar en un teclado si esperan utilizar una computadora. Como la mayoría de las personas preferirían evitar la digitada, Microsoft Office ofrece una solución parcial: los macros.

Los macros no eliminan la digitada del todo, pero pueden reducir el número de teclas que debe pulsar para obtener algo. Un macro es un miniprograma que registra sus teclasos conforme digita. Después de que registra los teclasos en un macro, cuando necesite utilizar esos mismos teclasos de nuevo, puede indicarle al Microsoft Office XP "reproducir" los teclasos registrados.

Por ejemplo, suponga que se encuentra digitando el nombre de su compañía, The Mississippi Mudflat Corporation, una y otra vez. En lugar de ello, es posible digitarlo una vez como un macro. Entonces, cuando desea que el nombre de la compañía aparezca en su documento, Office XP puede automáticamente digitar *The Mississippi Mudflat Corporation*.

Puede crear y correr macros en Word, Excel y PowerPoint.

Grabar macros en Word

Para grabar un macro en Word, siga estos pasos:

1. **Escoja Tools⇨Macro⇨Record New Macro.**

    Aparece el recuadro de diálogo Record Macro, como se muestra en la Figura 22-2.

Figura 22-2:
El recuadro
de diálogo
Record
Macro es
donde pue-
de ponerle
nombre a su
macro y
asignar el
teclaso para
correrlo
posterior-
mente.

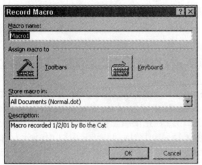

2. **Digite un nombre para su macro en el recuadro de nombre Macro.**

3. **Haga clic sobre el botón Keyboard.**

   Aparece el recuadro de diálogo Customize Keyboard (como se muestra en la Figura 22-3); donde puede asignar una combinación de teclasos para su macro.

4. **Pulse el teclaso que desea que represente su macro (como Alt+F12).**

   Puede repetir este paso para asignar varios teclasos al mismo macro si lo desea.

5. **Haga clic sobre el botón Assign.**

6. **Haga clic sobre el botón Close.**

   El puntero del mouse se convierte en una flecha con un icono de audiocassete; aparece una barra de herramientas Stop Recording (como se muestra en la Figura 22-4) que puede utilizar para hacer una pausa o detener la grabación de un macro.

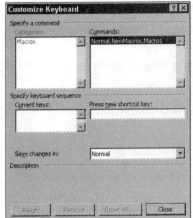

Figura 22-3:
El recuadro
de diálogo
Customize
Keyboard.

Detener Grabación (Stop Recording)

Pausa a la grabación (Pause Recording)

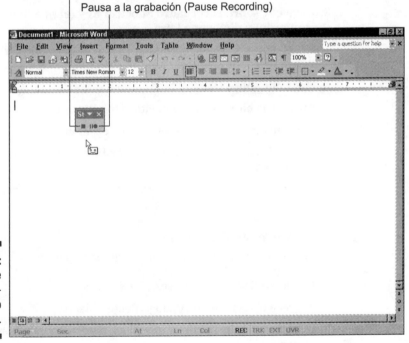

Figura 22-4:
La barra de
herramien-
tas Stop
Recording.

7. **Pulse los teclasos que desea grabar en su macro.**

   Si hace clic sobre el botón Pause Recording, puede temporalmente detener la grabación de su macro.

8. **Haga clic sobre el botón Stop Recording cuando termina de grabar los teclasos.**

Para correr su macro, pulse la combinación de teclas que escogió en el Paso 4.

Grabar macros en Excel

Para grabar un macro en Excel, siga estos pasos:

1. **Escoja Tools⇨Macro⇨Record New Macro.**

   Aparece el recuadro de diálogo Record Macro.

2. **Digite un nombre para su macro en el recuadro de nombre Macro.**

3. **Haga clic sobre el recuadro Shortcut Key (el que tiene Ctrl+ a la izquierda) y digite una letra.**

   Por ejemplo, si desea reproducir su macro pulsando Ctrl+W, digite W en el recuadro Shortcut Key.

4. **Haga clic sobre OK.**

   Aparece la barra de herramientas Stop Recording.

5. **Pulse los teclasos que desea grabar en su macro.**

6. **Haga clic sobre el botón Stop Recording cuando termine de grabar los teclasos.**

Para correr un macro, pulse la combinación de teclas que escogió en el Paso 3.

Grabar macros en PowerPoint

Para grabar un macro en PowerPoint, siga estos pasos:

1. **Escoja Tools⇨Macro⇨Record New Macro.**

   Aparece el recuadro de diálogo Record Macro.

2. **Digite un nombre para su macro en el recuadro de nombre Macro.**

3. **Haga clic sobre OK.**

   Aparece la barra de herramientas Stop Recording.

4. **Pulse los teclasos que desea grabar en su macro.**

5. **Haga clic sobre el botón Stop Recording cuando termina de grabar los teclasos.**

Para correr un macro en PowerPoint, siga estos pasos:

1. **Escoja <u>T</u>ools⇨<u>M</u>acro⇨<u>M</u>acros (o pulse Alt+F8).**

   Aparece un recuadro de diálogo Macro.

2. **Haga clic sobre el nombre del macro que desea correr.**

3. **Haga clic sobre Run.**

Proteger sus Archivos de Microsoft Office XP

Después de que gasta todo el tiempo aprendiendo cómo utilizar Microsoft Office XP, lo último que desea que ocurra es perder toda la información preciosa que sudó tanto al crearla. Así que tome los pasos para protegerse en caso de desastre y no lo lamentará más adelante.

Revisar si hay virus para macros

Microsoft Office XP le permite dos formas de crear un macro. La más sencilla, como se explicó en la sección anterior, es grabar sus teclasos y luego reproducirlos cuando los necesita. La más difícil es utilizar el lenguaje de programación especial de Microsoft (llamado Visual Basic for Applications o VBA) para crear macros más poderosos y complicados.

Aunque el lenguaje de programación de macros de Microsoft le da el poder de crear sus propios macros, también le ha dado a los programadores traviesos la oportunidad de escribir virus para computadoras.

Esta nueva raza de virus de computadoras, los macro virus doblados (virus de macro), pueden infectar los documentos de Word, las hojas electrónicas de Excel, las presentaciones de PowerPoint y las bases de datos de Access. Cuando entrega una copia de un documento u hoja electrónica que contiene un virus a otra persona, arriesga pasar ese virus de macro.

Para ayudarle a prevenir que los virus de macro infecten y se esparzan a través de sus archivos de Office XP, este ofrece un formulario limitado de protección contra ellos.

Los virus de macro más comunes infectan documentos de Word. Los segundos más comunes infectan hojas electrónicas de Excel; un montón de virus de macros atacan archivos de PowerPoint o Access. Pero asegúrese de comprar un programa antivirus y mantenerlo actualizado regularmente, solo para protegerse de cualquier virus futuro que podría atacar a su computadora.

Para activar una protección de virus de macro en Word, siga estos pasos:

1. **Escoja File⇨Save o Save As.**

   Aparece el recuadro de diálogo Save As.

2. **Haga clic sobre el menú de Tools que aparece en la esquina superior derecha del recuadro de diálogo Save As.**

   Aparece el menú que cae.

3. **Haga clic sobre Security Options.**

   Aparece el recuadro de diálogo Security.

4. **Haga clic sobre Macro Security.**

   Aparece otro recuadro de diálogo Security (como se muestra en la Figura 22-5).

Figura 22-5:
El recuadro de diálogo Security, con el cual puede cambiar la configuración de seguridad del macro para documentos de Word.

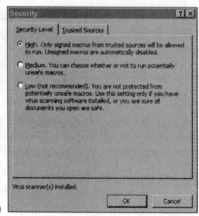

5. **Haga clic sobre la pestaña Security Level y luego sobre el botón de opción High, Medium o Low.**

   A menos que tenga una buena razón para escoger un nivel de seguridad menor, debe siempre escoger el botón de opción High.

El High Security Level le ayuda a evitar que los virus infecten sus archivos, pero algunos virus de macros son lo suficientemente inteligentes para desactivar esta opción, así que no se confíe completamente de la protección de virus de macro de Office XP para mantener su computadora libre de ellos.

6. Haga clic sobre OK dos veces.

Aparece el recuadro de diálogo Save As de nuevo. Cada vez que guarde su documento, Word utiliza sus configuraciones de seguridad escogidas para este documento.

7. Haga clic sobre Save.

Si un virus de macro ha infectado sus documentos de Word o las hojas electrónicas de Excel, activar la protección de virus de macro de Office XP no elimina dicho virus. Esa es la razón por la cual debe también obtener un programa antivirus, como McAfee's VirusScan (www.mcafee-.com), Symantec's Norton AntiVirus (`www.mcafee.com`) o Symantec's Norton AntiVirus (`symantec.com`), que pueden detectar y eliminar los virus tipo macro y otros más.

Encriptar sus archivos

En caso de que desee mantener sus documentos de Office XP privados, puede utilizar el programa encriptador incorporado de Office XP o comprar un programa encriptador. El encriptado revuelve su información para que nadie más, excepto usted (y nadie más que robe o averigüe su contraseña), pueda leerla.

Para activar su protección de encriptado de Office XP en Word, Excel o PowerPoint, siga estos pasos:

1. Escoja File⇨Save o Save As.

Aparece un recuadro de diálogo Save As.

2. Haga clic sobre el menú de Tools que aparece en la esquina superior derecha del recuadro de diálogo

Aparece un menú que cae.

3. Haga clic sobre Security Options (haga clic sobre General Options en Excel).

Aparece un recuadro de diálogo Security.

4. Digite una contraseña en el recuadro de texto Password to Open.

Aparece su contraseña como una serie de asteriscos para ocultarla en caso de que alguien esté espiando sobre su hombro (¡Rápido! ¡De la vuelta y mire!).

No importa cuál programa encriptador utilice, solo recuerde que si escoge una contraseña sencilla, las personas pueden adivinarla, esto es lo que hace el encriptado tan efectivo como cerrar una bóveda de banco pero pegar la combinación al frente de la puerta.

5. **Haga clic sobre el botón Advanced.**

   Aparece el recuadro de diálogo Encryption Type.

6. **Haga clic sobre un método de encriptado que desee utilizar y luego sobre OK.**

   Office XP tiene tres formas de encriptado incorporado: Weak Encryption (XOR), Office 97/2000 Compatible y varias versiones de un método de encriptado doblado RC4. Si escoge el encriptado RC4 (que es el más seguro de los tres métodos), puede también hacer clic sobre las flechas arriba/abajo en el recuadro de texto Choose a key. Cuanto más alto sea el número (como 56), más seguro será su documento.

7. **(Opcional) Digite una contraseña en el recuadro de texto Password to Modify.**

   Puede escoger dos diferentes contraseñas en los Pasos 4 y 7 si lo desea. De esta forma, puede tener una contraseña que le permite abrir pero no cambiar un archivo (la contraseña que escogió en el Paso 4) y una segunda contraseña que le permite abrir y editar el mismo archivo.

8. **Haga clic sobre OK.**

   Aparece el recuadro de diálogo Confirm Password para cada contraseña que digitó.

9. **Redigite cada contraseña y haga clic sobre OK.**

   Aparece el recuadro de diálogo Save As de nuevo.

10. **Haga clic sobre Save.**

El encriptado de Office XP puede evitar que la mayoría de las personas visualicen su información, pero los ladrones y espías determinados tendrán poco problema abriendo los archivos encriptados de Office XP. Para mayor protección, obtenga un programa encriptado. Dos programas populares de encriptado son Pretty Good Privacy (a menudo llamado PGP y disponible en www.pgp.com) y GNU Privacy Guard (www.gnupg.org). Ambos programas le permiten encriptar archivos individuales, carpetas enteras o discos duros completos para que solamente usted pueda acceder a su información (a menos que olvide su contraseña).

Triturar sus archivos

El encriptado es una forma de proteger su información. Sin embargo, cuando usted encripta un archivo, por lo general termina con dos archivos separados: el recién encriptado y no encriptado original. Si borra el archivo no encriptado original, alguien puede recuperar ese archivo y ver sus documentos mientras evita todos sus archivos encriptados.

El problema surge de la forma en que las computadoras eliminan los archivos. Cuando usted le indica a su computadora eliminar un archivo, realmente le juega un truco. En lugar de borrar físicamente el archivo, la computadora simplemente pretende que no existe. Esa es la razón por la cual alguien puede utilizar un programa utilitario, como The Norton Utilities y "desborrar" un archivo que puede haber borrado varias horas, días, semanas e incluso meses atrás.

Así que si desea eliminar un archivo, no utilice la opción de eliminar un archivo de Windows 98/95/Me/NT/2000. En lugar de ello, obtenga un programa de triturado de archivo especial. Estos programas de rallado de archivo no solo los eliminan, sino que los sobreescriben varias veces con bits aleatorios de información. De esta forma, si alguien intenta "desborrar" ese archivo posteriormente, todo lo que verá es galimatías.

Dos programas populares de triturar archivo son: Eraser (`www.tolvanen.com/eraser`) y East-Tec Eraser (`www.east-tec.com/eraser`).

Si accidentalmente elimina un archivo utilizando un programa triturador de archivo, quizás nunca recupere ese archivo de nuevo, ¡así que tenga cuidado!

Respaldar sus archivos

Siempre deberá mantener copias extra de sus archivos en caso de que accidentalmente estropee uno por error. Si ocurre que pierde o elimina un archivo por error, una copia de respaldo le permite continuar trabajando aunque sus archivos originales puedan ser historia.

La forma más sencilla (que es también la más fácil de olvidar) de hacer copias de respaldo es, hacerlo usted mismo, utilizando el Windows Explorer para copiar archivos de su disco duro a un disquette (o viceversa). Como este método requiere esfuerzo concienzudo de su parte, también es el método más probable en el cual confiar cuando do ocurre un desastre.

Como alternativa, obtenga un programa de respaldo y un dispositivo de respaldo, como una unidad de cinta, unidad Zip, discos compactos reescribibles o un dispositivo de almacenamiento similar. Si puede arreglárselas para obtener su programa de respaldo configurado adecuadamente (buena suerte), este puede, automáticamente, respaldar todo su disco duro en esta unidad sin ningún esfuerzo extra de su parte.

Como otra forma de respaldar archivos automáticamente, Word y Excel tienen una opción de respaldo especial que crea una copia de sus archivos cada vez que guarda uno. Desafortunadamente, utilizar la opción de respaldo de Word o Excel no lo protegerá en caso de que todo su disco duro se rompa, así que posiblemente todavía deba almacenar sus copias de respaldo en un disquete y mantenerlas separadas de su computadora.

Para activar esta opción de respaldo especial en Word o Excel, siga estos pasos:

1. **Escoja File⇨Save As.**

   Aparece el recuadro de diálogo Save As.

2. **Haga clic sobre el botón Tools.**

   Aparece una lista que cae.

3. **Haga clic sobre Save Options (en Excel, haga clic sobre General Options).**

   Aparece el recuadro de diálogo Save.

4. **Seleccione la casilla de verificación Always Create Backup Copy.**

5. **Haga clic sobre OK.**

Cuando guarda un archivo con la opción de respaldo activada, este tendrá un nombre como Respaldo de. Por ejemplo, si guardó un archivo llamado nota Ransom, su copia de respaldo podrá tener un nombre de la copia de Copia de Respaldo de la nota Ransom y tener una extensión de archivo de .WBK (para documentos de Word) o .XLK (para hojas electrónicas de Excel).

Utilizar Pocket Office

Las computadoras portátiles continúan bajando en precio y peso, pero aumentando en poder. Algunas de las últimas computadoras portátiles pesan menos de tres libras y tienen suficiente memoria y poder de procesamiento para correr una copia estropeada de Microsoft Office XP.

Pero en lugar de cargar una computadora portátil alrededor del país, muchas personas están optando por computadoras más pequeñas, más baratas y más livianas que corren un sistema operativo levemente más barato llamado PocketPC.

PocketPC viene con una versión miniatura de Microsoft Office doblado Pocket Office que incluye Pocket Word, Pocket Excel, Pocket Power-Point y Pocket Access.

Estas versiones de bolsillo de Microsoft Office ofrecen menos opciones que la pila completa de Microsoft Office XP, pero Pocket Office puede compartir información con sus programas de Microsoft Office XP haciéndola perfecta para tomar su información y visualizarla o editarla en una computadora portátil.

Así que si viaja frecuentemente pero se ha quebrado su espalda cargando una computadora pesada y costosa, considere comprar una PocketPC y utilizar Pocket Office en su lugar.

Capítulo 23

Diez Accesos Directos Comunes de Microsoft Office XP

Con cada reencarnación de Microsoft Office, Microsoft intenta que todos los programas diversos de Office se vean y funcionen más y más parecidos. De esta forma, después de que aprende cómo utilizar un programa de Office, podrá dominar otros bastante fácil.

Para ayudarle a dominar Microsoft Office XP, este capítulo enumera los teclasos comunes (accesos directos) que todo programa de Office XP utiliza. De esta forma, pasa gran cantidad de tiempo descubriendo cómo utilizar cada comando del programa y más tiempo trabajando.

Crear un Nuevo Archivo (Ctrl+N)

En cualquier momento que desea crear un nuevo archivo en cualquier programa de Microsoft Office XP, pulse Ctrl+N o haga clic sobre el botón New en la barra de herramientas Standard. Office XP responde felizmente creando un archivo vacío que puede utilizar para empezar a crear cualquier cosa que desee su corazón.

Al pulsar Ctrl+N en Microsoft Outlook puede crear cualquier cosa, desde un mensaje nuevo de correo electrónico hasta un contacto o cita, dependiendo de qué está haciendo en ese momento.

Abrir un Archivo Existente (Ctrl+O)

A menudo necesita abrir un archivo existente para hacerle cambios. Cuando quiera abrir un archivo, pulse Ctrl+O o haga clic sobre el botón Open en la barra de herramientas Standard para ver el recuadro de diálogo Open, donde puede escoger el archivo específico que desea abrir.

Por omisión, Microsoft Office XP busca archivos existentes en la carpeta My Documents, que por lo general es `C:\My Documents`. En lugar de tirar todos sus archivos en la carpeta My Documents, cree subcarpetas separadas dentro de la carpeta My Documents, evitando que todos los archivos que pertenecen a diferentes proyectos o programas se confundan.

Para crear una nueva carpeta:

1. **Haga clic sobre el botón Start en la barra de tareas Windows y luego escoja Programs⇨Windows Explorer (o Programs⇨Accessories⇨Windows Explorer si está usando Windows Me o Windows 2000).**

   Aparece el programa Windows Explorer.

2. **Haga clic sobre la carpeta My Documents.**

3. **Escoja File⇨New ⇨Folder.**

   Windows Explorer crea una nueva carpeta, llamada con poca imaginación *New Folder*.

4. **Digite un nuevo nombre para su carpeta y pulse Enter.**

Por omisión, Word, Excel, PowerPoint y Access siempre buscan en la carpeta My Documents cuando intentan abrir un archivo existente (FrontPage busca en la carpeta My Documents\My Webs). Para definir una carpeta diferente para Word, Excel, PowerPoint o Access donde buscar primero:

1. **Inicie Word, Excel, PowerPoint o Access.**

2. **Escoja Tools⇨Options.**

   Aparece el recuadro de diálogo Options.

3. **Siga los pasos para el programa que está utilizando:**

- **Si está utilizando Access:** haga clic sobre la pestaña General; haga clic sobre el recuadro de texto Default Database Folder y luego digite un nuevo nombre de directorio (como `C:\My Documents\Secrets`).

- **Si está utilizando Excel:** haga clic sobre la pestaña General; haga clic sobre el recuadro de texto Default file location y luego digite un nuevo nombre de directorio (como `C:\My Documents\Useless Work`).

- **Si está utilizando PowerPoint:** haga clic sobre la pestaña Save; haga clic sobre el recuadro de texto Default file location y luego digite un nuevo nombre de directorio (como `C:\My Documents\Useless Work`).

- **Si está utilizando Word:** haga clic sobre la pestaña File Locations; haga clic sobre el recuadro Documents in the File Types; haga clic sobre Modify y luego haga clic sobre una carpeta.

4. **Haga clic sobre OK.**

   Sin importar cuál programa de Office XP está usando, ya ha terminado (ah, la simplicidad. ¡Qué concepto!).

Si abre o guarda un archivo en un directorio diferente, la próxima vez que escoja el comando Open, su programa de Office XP busca en el directorio donde abrió o guardó un archivo. Así que, si guarda un archivo en un directorio llamado A:\Stuff, entonces la próxima vez que abre un archivo, Office XP asume que desea buscar uno almacenado en el directorio `A:\Stuff` directory.

Guardar su Trabajo (Ctrl+S)

Guarde su trabajo constantemente —cada diez minutos está bien. De esta forma, si de repente se va la electricidad, no perderá todo el trabajo que hizo en las últimas cinco horas. Cuando tome un descanso o se aleje de su computadora, pulse Ctrl+S o haga clic sobre el botón Save en la barra de herramientas Standard para guardar su trabajo. Esta sugerencia es fácil de recordar después de que pierde un día entero de trabajo porque olvidó guardarlo en un disco.

Microsoft Word, Excel y PowerPoint brindan una opción especial AutoRecover que automáticamente guarda su trabajo después de una cantidad de tiempo especificada. Para activar la opción AutoRecover —y especificar cuán a menudo desea guardar su trabajo automáticamente— siga estos pasos:

1. **Escoja Tools⇨Options.**

   Aparece el recuadro de diálogo Options.

2. **Haga clic sobre la pestaña Save.**

3. **Haga clic sobre la casilla de verificación Save AutoRecover info.**

4. **Haga clic sobre la flecha hacia arriba o hacia abajo en el recuadro Minutes para especificar cuán a menudo Word o PowerPoint debería guardar su archivo.**

5. **Haga clic sobre OK.**

Access 2002 guarda automáticamente su información le guste o no, así que no ofrece una opción AutoRecover que puede cambiar o deshabilitar.

Imprimir su Trabajo (Ctrl+P)

No importa cuán a menudo las revistas revenden el mito de la oficina sin papeles, su impresora es una de las partes más importantes de todo su sistema de cómputo. Cuando desee imprimir sus archivos, solo pulse Ctrl+P para hacer que aparezca el recuadro de diálogo Print. Especifique cuáles páginas desea imprimir y cuántas copias, luego haga clic sobre el botón OK.

Si está apurado por imprimir, solo haga clic sobre el botón Print en la barra de herramientas Standard. Al hacer clic sobre el botón Print automáticamente envía su archivo completo a la impresora, así que asegúrese de que realmente desea imprimir todas las páginas de ese documento.

Cortar (Ctrl+X), Copiar (Ctrl+C) y Pegar (Ctrl+V)

Si desea mover información de un lugar a otro, corte y péguela. Si desea que su información aparezca en el lugar original, así como en algún otro, copie y péguela. Para cortar o copiar información a otro lugar:

1. **Seleccione la información que desea cortar o copiar.**

2. **Pulse Ctrl+X o haga clic sobre el botón Cut en la barra de herramientas Standard para cortar la información. Pulse Ctrl+C o**

haga clic sobre el botón Copy en la barra de herramientas
Standard para copiar la información.

3. **Mueva el cursor a la ubicación donde desea que aparezca la información.**

4. **Pulse Ctrl+V o haga clic sobre el botón Paste en la barra de herramientas Standard.**

Cuando copie o corte cualquier cosa en un programa de Microsoft
Office XP, el objeto cortado o copiado se almacena en Windows
Clipboard (que solo puede retener un elemento a la vez) y Office
Clipboard, que puede retener hasta veinte elementos simultánea-
mente. Para visualizar Office Clipboard en Access, Excel,
PowerPoint o Word, escoja Edit⇨Office Clipboard. Windows
Clipboard es utilizado cuando copia o corta información de un pro-
grama de Office XP a un programa ajeno a este, como WordPerfect
o Quicken. Use Office Clipboard para copiar o cortar información
entre dos programas de Office XP.

Encontrar una Palabra o Frase (Ctrl+F)

En cualquier momento que desee buscar una palabra o número específico, puede utilizar el comando fabuloso Find pulsando Ctrl+F. Cuando
utiliza el comando Find, Microsoft Office XP le presenta el recuadro de
diálogo Find, el cual de brinda las siguientes opciones:

- **Match case (Coincidir mayúsculas y minúsculas):** si desea encontrar *Bill* no pierda el tiempo buscando *bill.*

- **Find whole words only (Encontrar solamente palabras enteras):**
  si desea encontrar *ser* pero no palabras como *serena y serpiente.*

- **Use wildcards (Utilizar comodines):** si desea encontrar partes de
  una secuencia. Por ejemplo, si desea encontrar todas las palabras
  que empiezan con *fin*, indíquele a Microsoft Office XP buscar *fin**
  (esta opción está solamente disponible en Word).

- **Sounds like (Suena como):** si sabe lo que desea encontrar
  pero no sabe cómo escribirlo, por ejemplo, buscar *elephant*
  cuando realmente desea *elefant* (esta opción está solamente
  disponible en Word).

- **Find all word forms (Encontrar todas las formas de la palabra):**
  si desea encontrar todos los usos de una palabra, como *canta,
  cantar* y *canta* (esta opción está solamente disponible en Word).

Encontrar y Remplazar una Palabra o Frase (Ctrl+H)

El comando Find and Replace le permite buscar una palabra o número y remplazarlo. Por ejemplo, puede escribir mal el nombre de su jefe como *Frank el Bruto* cuando el título real debería ser *Frank el Imbécil*. Aunque podría manualmente buscar *Frank el Bruto* y remplazarlo por *Frank el Imbécil*, es más fácil dejar esas tareas sin importancia, tediosas y aburridas a su computadora y Microsoft Office XP.

El comando Find and Replace le permite buscar tiras específicas. A diferencia del comando Find, el Find and Replace también remplaza automáticamente cualquier texto o números con una nueva tira de texto o números.

Cuando pulsa Ctrl+H para utilizar el comando Find and Replace, aparece el recuadro de diálogo Find and Replace y le ofrece dos botones: Replace y Replace All.

El botón Replace le permite revisar cada tira que encuentra en Microsoft Office XP, para que pueda asegurarse de que realmente *desea* remplazarla. El botón Replace All no le da la oportunidad de revisar cada tira encontrada; si hace clic sobre el botón Replace All, puede encontrar que Microsoft Office XP remplaza palabras que no debía, así que tenga cuidado.

Revisar su Ortografía (F7)

Desafortunadamente, la mala ortografía puede hacer que hasta el documento más brillantemente escrito se vea informal y pierda su calidad estelar. Para evitar una carcajada burlesca de las personas que mal interpretadan estos fallos como idiotas, revise la ortografía antes de que cualquier persona vea sus archivos.

Para revisar la ortografía en un documento de Microsoft Office XP, pulse F7 o haga clic sobre el botón Spell Check en la barra de herramientas Standard.

Si no desea que Office XP revise la ortografía de todo el archivo, destaque el texto que desea revisar y luego pulse F7.

Utilizar Undo (Ctrl+Z) y Redo (Ctrl+Y)

Microsoft Office XP es un trozo de software perdonador. Si comete un error en algún momento, puede deshacer su última acción haciendo clic sobre el botón Undo, en la barra de herramientas Standard, o pulsando Ctrl+Z.

No todas las acciones pueden deshacerse. Cuando está a punto de hacer algo que Microsoft Office XP no puede deshacer, aparece un recuadro de diálogo para advertirle que la siguiente acción es irreversible.

Si cometió un error al deshacer un acción, haga clic sobre el botón Redo, en la barra de herramientas Standard, o pulse Ctrl+Y para rehacer su última acción deshecha.

Si hace clic sobre la flecha hacia abajo junto a los botones Undo o Redo, en la barra de herramientas Standard, aparece una lista que cae de sus últimas acciones. Para deshacer o rehacer varias acciones, arrastre el mouse para destacar las que desee y luego haga clic sobre el botón izquierdo del mouse.

Indice

• M •

• R •